आलोचकथा

(आत्मसंस्मरण–परस्मरण)

आलोचकथा

(आत्मसंस्मरण–परस्मरण)

रामस्वरूप चतुर्वेदी

लोकभारती प्रकाशन

लोकभारती प्रकाशन
पहली मंजिल, दरबारी बिल्डिंग, महात्मा गांधी मार्ग
प्रयागराज-211 001

वेबसाइट : www.lokbhartiprakashan.com
ईमेल : info@lokbhartiprakashan.com

शाखाएँ : 1-बी, नेताजी सुभाष मार्ग, दरियागंज
नई दिल्ली-110 002
अशोक राजपथ, साइंस कॉलेज के सामने
पटना-800 006

प्रथम संस्करण : 2004
पहली आवृत्ति : 2023

बी.के. ऑफसेट
नवीन शाहदरा, दिल्ली-110 032
द्वारा मुद्रित

ALOCHKATHA
by Ramsawroop Chaturvedi

ISBN : 978-81-8031-016-4

मूल्य : ₹695

पैतृक गाँव कछपुरा (आगरा) की
सघन चित्रमाला के बीच
पितृव्य मेघराज की स्मृति में

क्रम

❑

आमुख

❑

कथा मूलतः कही जाती है, इसीलिए 'आलोचकथा' की बनावट में मुख्य प्रकरण कहे - बोले हुए रखे गए हैं। यहाँ केन्द्रीय चरित्र का वृत्त है।

इलाहाबाद का साहित्यिक चरित्र है, मित्रों - सहयोगियों के स्मृति-चित्र हैं, और अंत में लेखकीय 'जर्नल' के रूप में है आलोचक का आत्म-संवाद। इस प्रक्रिया में आलोचक की अपनी कथा, और उसकी आलोचना - प्रक्रिया की व्याख्या, दोनों एक-दूसरे में मिल गई हैं। लेखक की पिछली कृतियों के आगे साहित्य-चिंतन और विचार के क्षेत्र में इस बीच जो क्रम कहीं बढ़ा है, उस के संकेत जहाँ-तहाँ मिलेंगे। इस रूप में आलोचक के वृत्त के साथ-साथ आलोचना का कुछ वृत्त भी आ जाता है। यों, आत्मकथा-संस्मरण-रेखाचित्र-जर्नल और स्वयं आलोचना का सहज संगम है 'आलोचकथा' का संपूर्ण गद्य'। और फिर इस गद्य की व्यथा कहने - न कहने के बीच कविता में—'कहे बिनु रह्य न परत, कहे राम ! रस न रहत।'

भूमिका ग्रंथ पूरा होने पर लिखी जाती है। ग्रंथ पूरा हुआ या नहीं, नहीं जानता, भूमिका लिख दी है। ग्रंथ और भूमिका का फिर आप जो अर्थ लें।

आमुख-तिथि
६ मई, २००४

आमुख-तिथि को देख कर सम्भव है अनेक पाठकों को आश्चर्य हो क्योंकि डॉ० रामस्वरूप चतुर्वेदी का देहावसान २४ जुलाई, २००३ को हुआ था। वास्तव में, यह पुस्तक अभी तैयार ही की जा रही थी कि अचानक रामस्वरूप जी नहीं रहे। पुस्तक की लगभग तैयार पाण्डुलिपि उनकी अलमारी में रखी मिली। उनके हस्ताक्षरों में अंकित आमुख-तिथि से यही अनुमान होता है कि वे इसे अपने जन्म दिवस ६ मई को पूरा करके प्रकाशन के लिए सौंप देना चाहते रहे होंगे। इसीलिए इसमें कोई परिवर्तन न करके इसे यथावत दे दिया गया है।

—प्रकाशक

आलोचकथा

पूर्वार्द्ध

कबीर सब जग ढूँढ़िया, बुरा न मिलिया कोइ।
कबिरा सब काहू बुरा, कबीरै बुरा न होइ॥

सृजन और परिवेश

❑

आरम्भ में ही स्पष्ट करना होगा कि सृजन की भूमिका में आलोचक कैसे आता है!

आलोचना के सामान्य इतिहास में हम देखते हैं कि आरम्भ में प्रभावात्मक आलोचना का दौर रहता है। फिर व्याख्या केन्द्र में आती है, और तब विवेचना। प्रभावात्मक या कि प्रभावाभिव्यंजक आलोचना→व्याख्यात्मक आलोचना→विवेचनात्मक आलोचना—यह सामान्य क्रम-विकास देखा जा सकता है। हिंदी के संदर्भ में पद्मसिंह शर्मा, महावीर प्रसाद द्विवेदी और रामचंद्र शुक्ल इन प्रवृत्तियों के प्रतीक रूप में आते हैं।

विवेचनात्मक आलोचना आगे सर्जनात्मक क्षमता से अपने को सम्पन्न करती है। इस विकास-क्रम का कुछ संबंध समकालीन रचनात्मक साहित्य के साथ देखा जा सकता है। छायावाद के साथ-साथ रचना के भावक-पाठक की सक्रिय भागीदारी क्रमश: बढ़ती है, जो नयी कविता के दौर में एक नयी भंगिमा लेती है। अब आलोचकीय मान्यता बनती है कि रचना में अर्थ का सूक्ष्म आवेश भावक या कि आलोचक के माध्यम से संभव संवर्द्धित होता है। जैसे बैटरी की 'चार्जिंग' उसके उपयोग में होती है, वैसे ही रचना में अर्थ की संभावनाएँ बढ़ती और प्रशस्त होती हैं भावक - आलोचक के संस्पर्श में। रचना में अर्थ सघन होता है तीन तत्वों के संपर्क में—स्वयं रचना, रचना का अपना देश-काल तथा फिर भावक का अपना देश-काल। इन तीनों की टकराहट में रचना का अर्थ निरन्तर विकसनशील होता अक्षय बना रहता है। रचना के कालजयी-क्लैसिक होने का यही रहस्य है।

पर इस समूची प्रक्रिया में एक बुनियादी शर्त यह है कि भावक का अर्थ ऐसा हो जिसे मूल रचना वापस अपने में धारण कर सके, आत्मसात् कर सके। जहाँ तक रचना युग-युग के इस अर्थ-संवर्द्धन को अपने में धारण करती है, वहाँ तक व्याख्या है। जहाँ यह व्याख्या वापस रचना में नहीं पहुँचती, केवल एक अर्थ-चमत्कार बन कर रह जाती है, वहाँ से अतिव्याख्या का वर्जित क्षेत्र आरम्भ होता है। यों व्याख्या-विवेचना मिल कर आलोचकीय सर्जन संभव करते हैं, जिसे हम सर्जनात्मक आलोचना नाम देते हैं। तब आलोचक भी सर्जन और परिवेश के सूक्ष्म संबंध पर कुछ कहने का अधिकारी होता है।

●

आज की वार्त्ता का उपशीर्षक कहना चाहूँगा—साहित्यिक रूचि बनने की कहानी। एक बच्चा है, छोटे दर्जे से पढ़ना शुरू करता है, तीसरे-चौथे दर्जे से पढ़ाते हैं मास्टर,

मुंशीजी, पंडितजी। पढ़ते-पढ़ते वह ऊपर तक जाता है। कुछ मित्रों का सत्संग होता है, कुछ और क्रियाएँ-प्रतिक्रियाएँ होती हैं। तो इसमें लेखक-आलोचक बनने की बात तो बाद में है, उसमें साहित्यिक रुचि विकसित होने का वृत्त पहले है। कुछ व्यक्तिगत ब्यौरे यथावश्यक रूप में रहेंगे। इन व्यक्तिगत ब्यौरों और वृहत्तर समाज की क्रिया-प्रतिक्रिया के बीच यह वृत्त चलेगा।

जहाँ तक व्यक्तिगत ब्यौरे की बात है तो हम सब लोग जो इलाहाबाद में आए, किसी-न-किसी गाँव-देहात जनपद से आए। मुझे याद है यहाँ विश्वविद्यालय में पिछले वाइस चांसलर डॉ. आर. पी. मिश्र थे। बड़े विवादास्पद व्यक्ति रहे। मेरी उनसे बहुत खुल कर बात होती थी। लगभग मेरे ही समय के वे भी थे, या कुछ बाद के रहे हों पढ़ाई में। किसी समय उन्होंने कहा कि डॉक्टर साहब, आप लोग कहाँ से पढ़ कर आए, यह तो मैं नहीं जानता, मैं प्रतापगढ़ से आया यहाँ इलाहाबाद में पढ़ने। तो इलाहाबाद का कोई विद्यार्थी ऑक्सफ़र्ड पढ़ने जाए, उसको जैसा अटपटापन लगेगा, मैं कह सकता हूँ, उससे ज़्यादा अटपटापन मुझे तब लगा जब पचास के दशक में प्रतापगढ़ से इलाहाबाद मैं पढ़ने आया। उसी समय के आसपास मैं भी यहाँ आया था पढ़ने। इस इलाहाबाद तक आने के पीछे क्या तैयारी है, थोड़ा उसका उल्लेख मैं कर दूँगा, और फिर स्वभावत: चर्चा तो इलाहाबाद की ही होनी है।

हम लोगों का जनपद बहुत पिछड़ा रहा। वैसे तो हर व्यक्ति दावा करेगा कि मेरा जनपद बहुत पिछड़ा है; जब जनपद की बात होगी तो हर व्यक्ति चाहेगा कि मिट्टी ऊपर से थोड़ी और लेप दी जाए। 'नेताजी कहिन' में मनोहरश्याम जोशी के नेताजी ने कहा है कि दिल्ली की राजनीति में यदि जाओ तो थोड़ा गंदा कपड़ा पहन कर जाओ ताकि दिखाई दे ठेठ देहाती हो, देसी हो। बहरहाल, हमारा गाँव आगरा ज़िला में आगरा और इटावा के बीच जो सड़क है, उस पर लगभग पैंतालीस मील दूर था। तीन-चार मील दूर पर यह पक्की सड़क थी, उस सड़क पर दिन भर में एक बस चलती थी। उस बस का बड़ा संभ्रांत नाम था 'डेली मेल'; वह 'डेली मेल' हम लोगों की एकमात्र संपर्क-सूत्र थी शहर के लिए। और उसकी स्थिति यह थी कि इतनी टूटी हुई कि रास्ते भर मुसाफ़िर उतर-उतर कर स्वयं उसकी मरम्मत करते चलते थे—गड्ढे में मिटटी भर दी, ईंटा डाल दिया, गिर गया है पेड़ तो हटा दिया। इस तरह से छ:-सात घंटे की यात्रा होती थी उस गाँव से रास्ते में रुकते-रुकाते, आगरा के लिए। इस 'डेली मेल' में चढ़ कर ही पितृव्य मेघराज के साथ हाईस्कूल का फ़ार्म भरने और फिर परीक्षा देने आगरा गया था। कछपुरा हमारे गाँव का नाम था, जमुना किनारे बसने वाले काछियों (सब्ज़ी उगाने वालों) के नाम पर शायद उसका यह नामकरण हुआ हो। कभी कभी संस्कृतिकरण करके हम लोग उसे कंचनपुर कह देते थे। यहाँ से जब कभी काम पड़ने पर आगरा जाना होता था—या कोई शहर जाता हुआ तो उसके माध्यम से काम साधा जाता था। परिवार था मध्यमवर्गीय व्यवसायी, जिसका कुछ संबंध सुदूर कलकत्ता महानगर से था। आजकल बंबई में व्यवसाय का केन्द्र कुछ अधिक हो गया

है। वह ज़माना था जब कमाई के लिए लोग कलकत्ता जाते थे, जो लंबे समय तक ब्रिटिश शासन की राजधानी भी थी। परिवार में पितामह के समय से कुछ व्यवसाय था; पहले वे नहर विभाग में नौकरी करते थे पश्चिमी ज़िलों में, बाद में व्यवसाय के लिए कलकत्ता गए।

मेरे पितामह पुरुषोत्तमदास मिडिल स्कूल पास थे। एक तरह से, वे कहते थे और समझता हूँ ठीक ही कहते थे, कि अपने इलाके के वे विधिवत् कोई परीक्षा-पास पहले व्यक्ति थे, जिनके पास एक सर्टीफ़िकेट था। मिडिल की तब सार्वजनिक परीक्षा होती थी, और उत्तीर्ण विद्यार्थी को एक सर्टीफ़िकेट दिया जाता था। तो वे पहले विधिवत् परीक्षा उत्तीर्ण किए हुए व्यक्ति थे उन्नीसवीं शती उत्तरार्द्ध के। उनके छोटे पुत्र अर्थात् मेरे पिता त्रिलोकीनाथ ने बी. ए. किया, और पौत्र ने डी.फिल्., डी. लिट्., तो यह उसी क्रम का विस्तार है। तो यह हमारे ग्राम-समाज और परिवार में शिक्षा का वातावरण था।

आरम्भ में पितामह पश्चिम के ज़िलों में नौकरी करते थे, मुरादाबाद के आस-पास नहर विभाग में, बहुत मामूली वेतन पर। उन दिनों आर्यसमाज का केन्द्र पश्चिमी उत्तर प्रदेश (तब का संयुक्त प्रांत) और पंजाब था। वे, जिसे कहते हैं नयी रोशनी के, नये ख़याल के सुधारक थे, और इसीलिए मैंने उन्हें कभी पूजा-आराधना के लिए मंदिर में जाते नहीं देखा। वे संध्या करते थे, यों पारिवारिक जीवन में सामान्य सनातन धर्म की ही मान्यता थी। उनकी एक बड़ी विशेषता यह थी कि उनके पास पुस्तकों और पत्रिकाओं का बेजोड़ संग्रह था, बाद में जिसकी कुछ देख-रेख अपनी किशोरावस्था में अपनी माँ शांता के निर्देशन में छोटे भाई ब्रह्मानन्द और बहिन सत्यवती के साथ मैं प्रायः किया करता था। साहित्यिक रुचि का बीज-वपन, अब सोचता हूँ, उसी काल में हुआ। इस घरेलू पुस्तकालय में अधिकतर बँगला तथा कुछ अंग्रेज़ी उपन्यासों के अनुवाद थे। लेखकों में बंकिम और जार्ज रिनॉल्ड के नाम सबसे ऊपर हैं। बंकिम का 'कृष्णचरित्र' भी था। हिंदी के अपने उपन्यासों में तिलिस्मी और ऐयारी प्रधान कृतियाँ थीं 'चंद्रकांता' परिवार की राजा लक्ष्मण सिंह का 'मेघदूत', मैथिलीशरण गुप्त की 'भारत भारती' थी, सुंदरलाल का अंग्रेजी राज्य का इतिहास था। कुछ अंग्रेज़ी नाटकों के पारसी शैली के अनुवाद थे। राष्ट्रनायकों में तिलक-गांधी की जीवनी थी। कुछ क्रांतिकारियों के जीवन-चरित्र थे। यतीन्द्रनाथ दास की जीवनी कई बार पढ़ी थी; अंतिम अंश बड़ा हृदयद्रावक था। कुछ वृत्त विदेशी चरित्रों के थे, जैसे नैपोलियन या कि ग्वीसेथ मैज़िनी। जीवनी-आत्मकथा में दो और ध्यान में आती हैं—एक प्रिंस क्रोपाटकिन की आत्मकहानी (संभवतः प्रताप प्रेस, कानपुर द्वारा प्रकाशित), और दूसरी डॉ० धनीराम 'प्रेम' द्वारा प्रस्तुत फ्रेंच वीरांगना देवी जोन की कथा। कुछ प्रसंग समकालीन भी थे। और हाँ, तिलक का 'गीता-रहस्य' तथा स्वामी दयानंद का 'सत्यार्थ प्रकाश' था। पूरे संग्रह में, जिसे बाद में मेरे पितृव्य लक्ष्मणप्रसाद तथा राधामोहन और दामोदरदास ने भी बढ़ाया, साहित्यिक संस्पर्श था तो राष्ट्रीयता की ओर

झुकाव भी, यद्यपि सक्रिय राजनीति में परिवार का कोई सदस्य न था। सौभाग्य से उक्त संग्रह की कुछ पुस्तकें मेरे पुस्तकालय में सुरक्षित हैं, जिसे आगे देने के लिए किसी उपयुक्त संस्था की तलाश अभी चल रही है।

पुस्तकों के अतिरिक्त बहुसंख्यक पत्रिकाएँ आती थीं। दैनिक समाचार-पत्र एक आता था काशी का 'आज'। स्वतन्त्रता संग्राम के दौरान उसके कुछ समय तक बंद रहने पर उसका स्थानापन्न 'संसार' आने लगा था। एक दैनिक कलकत्ता से आता था 'लोकमान्य'। हमारे गाँव के रिश्ते के चाचा मदनलाल चतुर्वेदी उसके संपादक थे, जो ब्रजभाषा में कविता भी लिखते थे और 'विशाल भारत' पत्रिका में लेख। 'विशाल भारत' के संपादक विख्यात बनारसीदास चतुर्वेदी थे, जिनके पिता गनेशीलालजी पितामह के मित्र होते थे, कुछ इसलिए भी कि फ़ीरोज़ाबाद नगर में मेरी दादी का घर उनके बग़ल में था। यों दैनिक 'लोकमान्य' और मासिक 'विशाल भारत' से हमारे परिवार का आत्मीय लगाव था। अख़बार पढ़ने के लिए आस-पास के गाँव के कई युवक शाम को हमारे यहाँ आते थे, क्योंकि दैनिक समाचार-पत्र उन दिनों शायद ही किसी अन्य परिवार में उधर आता हो, यद्यपि मेरे समय में तीन गाँव में (हमारे तीन गाँव एक-दूसरे से लगे-लगे थे : कछपुरा, कमतरी और चंद्रपुर) पढ़े-लिखे परिवार बहुत-से हो गए थे, बड़े मैदान में कबड्डी, हुलकडंडा जैसे परम्परागत खेलों के आगे क्रिकेट और बॉलीबाल होने लगा था।

आरम्भिक दिनों में समय बताने के लिए घड़ी बहुत कम घरों में थी। हमारे यहाँ दूर-दूर से लोग समय पूछने आते थे, विशेष रूप में पुत्र-जन्म के समय संतान होने का समय जानने के लिए। बच्चे की जन्म-पत्री बनवाने के लिए उसके जन्म-समय का ज्ञान आवश्यक था। अख़बार की तरह घड़ी भी गिने-चुने घरों में ही थी। पितामह को पत्र-पत्रिकाओं से बड़ा लगाव था, यह कह चुका हूँ। रोचक बात यह थी कि उनके दैनिक कार्यकलाप से इन पत्र-पत्रिकाओं का कोई प्रयोजन न था। न तब, जब वे पहले नौकरी या व्यवसाय में थे और न अब, जब वे पूरी तरह से कार्यमुक्त हो कर—कलकत्ता-कानपुर के बहुत मामूली-से काम वे अपने बेटों को सहेज चुके थे—पैतृक गाँव में आ कर रहने लगे। सामान्य साहित्यिक पत्रिकाओं में 'सरस्वती' तो थी ही, 'विशाल भारत' का उल्लेख पहले हो चुका है। इसके अतिरिक्त 'चाँद', 'माधुरी', 'प्रभा', 'देशदूत' साप्ताहिक आते थे। बचपन में मेरे लिए सुदर्शनाचार्य द्वारा संस्थापित 'शिशु' (इलाहाबाद) आता था, बाद में इंडियन प्रेस का 'बालसखा'। चचेरी बहिन के लिए ठाकुर श्रीनाथ सिंह द्वारा परिचालित 'दीदी' आई। विशेष रुचि की पत्रिकाओं मैं 'कल्याण' तो थी ही एक 'शिक्षण-पत्रिका' भी आती थी। यहाँ स्पष्ट कर दूँ कि हमारे यहाँ न ज़मींदारी थी, न रईसी। सामान्य खाता-पीता मध्यवित्त परिवार था, पर लिखने-पढ़ने का यह लगाव सीमित साधनों के बीच असाधारण था। बाद में इलाहाबाद आने पर कई मित्रों से बातचीत में लगा कि उनके अपने परिवारों में भी वातावरण बहुत-कुछ ऐसा ही था। पितामह की विशेषता यह थी कि कहीं विज्ञापन से

किसी अच्छी नयी पुस्तक-पत्रिका का पता चलता तो वे पत्र लिख कर वी. पी. से उसे मँगाते। बाल-साहित्य और बाल-पत्रिका के साथ रामनरेश त्रिपाठी ने बच्चों को शब्द-रचना सिखाने के लिए तब ताश की तरह का एक खेल भी चलाया था—'नागर पत्ता'। वह भी इसी क्रम में आया।

परिवार में इस रुचि का कुछ कारण १९वीं-२०वीं शती का पुनर्जागरण कहा जा सकता है। पितामह के संदर्भ में पुनर्जागरण का प्रकाश-प्रभाव पूर्व और पश्चिम दोनों ओर से आ रहा था। पश्चिम का आर्य समाज का प्रभाव और कलकत्ता का अंग्रेज़ी शिक्षा-दीक्षा का प्रभाव। यहाँ स्पष्ट कर दूँ कि उनका अंग्रेज़ी ज्ञान डाक पर पता लिखने तक सीमित था। हिंदी के अतिरिक्त उर्दू जानते थे, और उस संबंध से कुछ फ़ारसी। संस्कृत की जानकारी संध्या-वंदन प्रसंग में थी। इस सीमित ज्ञान और साधन के बावजूद उनका पुस्तक-पत्रिका संग्रह विशिष्ट था। क्यों था? मैं इसकी कोई संतोषजनक व्याख्या नहीं दे सकता। पिता-पितृव्य सभी व्यवसाय में थे, पितामह भी व्यवसाय में थे; व्यवसायी लोगों की क्यों रुचि रही ऐसी पुस्तकों-पत्रिकाओं में? शिक्षा-सभ्यता के केन्द्रों से दूर निपट गाँव में ऐसा संग्रह कैसे तैयार हुआ?—कहना मुश्किल है। मैं केवल आपको यह बताना चाहता हूँ कि उस समय बीसवीं शती के आरंभिक दशकों में जो कहीं कुछ पढ़े-लिखे परिवार थे, उनकी क्या स्थिति थी। हमारे मित्र श्यामकिशोर सेठ बैठे हैं, इनका भी परिवार कुछ इसी तरह का मिर्ज़ापुर में था, भौगोलिक दृष्टि से कलकत्ता के निकटतर। इनके परिवार का निरालाजी से आत्मीय संबंध रहा। बाबू महादेवप्रसाद सेठ इसी परिवार के थे। इनके यहाँ भी शायद ऐसा ही रहा होगा। व्यवसाय था, लेकिन उसके साथ-साथ कुछ साहित्यिक रुचि थी, वह रुचि कुछ राष्ट्रीयता से भी जुड़ी हुई थी। तो इस घरेलू पुस्तकालय में साहित्यिक रुचि बनने का कुछ अवसर हुआ। राष्ट्रीयता का संस्कार कुछ बढ़ा, इस अर्थ में कि परिवार में खद्दर—जिसे हमारे यहाँ गाढ़ा कहा जाता था—का चलन था। मैं पूरी तरह से खद्दर पहिनने लगा। कपड़े की कमी के ज़माने में—द्वितीय महायुद्ध के दिनों—खद्दर का कोटा बाँध दिया गया था। खद्दर-भंडार के बोर्ड और नक़द-पर्ची पर लिखा था—'जो कातें वे पहिनें, जो पहिनें वे कातें'। सूत कात कर उसकी 'गुंडी' बना कर दी जाती थी, उसके आधार पर खद्दर मिलता था। उस स्वावलंबन के जमाने में मैंने खद्दर पहिना। दूर के रिश्ते के भाई—मैनपुरी के परमानन्द सोती थे। बयालीस के आंदोलन में जेल गए थे। उनके पास एक पोर्टेबल चरखा—यरवदा चक्र—अतिरिक्त था। मेरी रुचि देख कर वे उस चरखे को गाँव में मुझे दे गए थे। उस चरखे पर सूत कातता, जिसे देने पर कानपुर के खद्दर भंडार से खद्दर ख़रीद सकता था। विश्वविद्यालय के आरंभिक वर्षों तक नियमित खद्दर पहनने का यह क्रम चला।

मेरा जन्म कानपुर में हुआ—६ मई, १९३१ को—जहाँ मेरे पिता व्यवसाय में थे, और आरम्भिक शिक्षा गाँव कछपुरा में हुई। हाईस्कूल तक अपने पितामह की देख-रेख में। उसी गाँव में जहाँ हम लोग दीवट और लालटेन के सहारे रात में पढ़ते थे। मुझे

अच्छी तरह याद है बच्चन के काव्य-संग्रह 'मधुशाला' और 'मधुकलश' मैंने उसी दीवट की रोशनी में पढ़े थे। इन कविताओं से परिचय भी बड़ा विचित्र था। गाँव में कुछ संबंधी, मित्र बाहर से कभी-कभार आते थे। गाँव की एक बैठक में संध्या को ऐसे ही एक सज्जन ने बच्चन की कविता—'कह रहा जग वासनामय हो रहा उद्गार मेरा।' सस्वर पढ़ कर सुनाई। उस पाठ ने मन को बहुत प्रभावित किया। कविता की समझ तो बहुत कम ही रही होगी, पर मुझे लगा कि ये कविताएँ बहुत आकर्षक हैं—यों बच्चनजी का नाम जाना। उसके पहले तो गाँव के काव्य-पाठ आयोजनों में रीतिकाल के कवित्त-सवैये सुने थे—उनका पाठ भी अच्छा लगता था। रत्नाकर के 'उद्धव शतक' के छन्द सुनना मेरे पिता को भी अच्छा लगता था—पर सिर्फ़ सुनना, सुनाने में उनकी गति न थी। बहरहाल, बच्चनजी की लगभग सारी पुस्तकें मैंने वहीं से पढ़नी शुरू कीं, और वह दौर था जब बच्चनजी मेरे प्रिय कवि थे—शायद ही उनकी कोई पुस्तक बची हो पढ़ने से—'ख़ैयाम की मधुशाला' से ले कर 'सतरंगिनी' के ज़माने तक की। मुझे याद है कि तब इन संग्रहों का प्रकाशन 'सुषमा निकुंज' तथा 'भारती भंडार', प्रयाग से होता था। ख़ैयाम का (मूल) अंग्रेज़ी अनुवाद फ़िटज़ेराल्ड का बहुत बाद में जाना। कानपुर में पिताजी की थोड़ी सी अंग्रेज़ी पुस्तकें थीं—जिनमें 'होली बाइबिल' की जिल्द सुनहरे अक्षरों के साथ बड़ी आकर्षक लगती थी, जो उस ज़माने में हर ग्रैजुएट को दीक्षांत समारोह के अवसर पर उपहार-स्वरूप दी जाती थी। उसी के बग़ल में 'रूबाइयत उमर ख़ैयाम' के अनुवाद की जिल्द थी, जिसमें फ़िटज़ेराल्ड कृत अनुवाद के चारों विकसनशील संस्करण एक साथ बँधे थे। ज़ेन ग्रे के एकाध उपन्यास भी याद आते हैं और रस्किन का 'अन टू दिस लास्ट' भी। पर यह सब तब मेरे लिए पढ़ने से अधिक देखने की सामग्री थी।

एक बार परिवार में मेरे एक संबंधी परमानन्द सोती आए—जिन का उल्लेख यरवदा-चक्र के प्रसंग में पहले कर चुका हूँ। उन्होंने नरेन्द्र शर्मा का एक गीत सस्वर सुनाया। गाँव के जो 'कवि सम्मेलन' होते थे, वे इसी तरह के होते थे। अपनी कविता सुनाने वाले एक-दो बिरले थे। ज़्यादातर लोग देव, बिहारी, मतिराम या कुछ अल्पज्ञात रीति कवियों को सुनाते थे, कुछ नये शौकीन तबीयत वाले लोग बच्चन या अन्य कवियों को सुनाते थे। तो उन संबंधी ने नरेन्द्र शर्मा की कविता सुनाई सस्वर—'आज के बिछुड़े न जाने कब मिलेंगे।' बड़ी आकर्षक मुझे लगी। मैं हाई स्कूल की स्थिति में था। तो बिछुड़ा-मिलना उसका क्या अर्थ है मैं नहीं समझ सकता था, केवल मेरे कानों में उनका कंठ-स्वर गूँजता था। हम लोगों का यह ढंग था कि जो किताब मुझे अच्छी लगती थी, पिता जी को लिख देता था कि यह किताब मुझे चाहिए। मैंने अपने पिता को लिखा कि 'प्रवासी के गीत' की एक प्रति मुझे भेज दी जाए। उस ज़माने में 'प्रवासी के गीत' संकलन छपा-छपा था तो उन्होंने बड़ी उदारता से मुझे भेजा। ऊपर आवरण-पृष्ठ पर उन्हीं की लिखावट में निर्देश है—'इस तरह की पुस्तकें सप्ताह में एक दिन पढ़ना चाहिए अन्यथा कोर्स में त्रुटि होती है।'

हमारे अध्यापक थे पं० राजबहादुर अवस्थी। मुझे प्राइवेट हाई स्कूल देना था, वे घर पर पढ़ाने आते थे। वे स्वयं आगरा से बी.एससी. थे, गणित विशेष रूप से अच्छा पढ़ाते थे। पता नहीं कैसे संस्कार की बात है—कानपुर के पास रूरा एक गाँव है, वहाँ के रहने वाले थे, पता नहीं कैसे संयोगवश हमारे गाँव पहुँच गए थे। वहाँ कुछ दो-चार पढ़े-लिखे व्यक्तियों की प्रेरणा और सहायता से एक प्राइवेट स्कूल चलाते थे अंग्रेज़ी का - कमतरी इंग्लिश स्कूल। बच्चों को घर पर भी पढ़ाते थे। उनकी रुचि शत-प्रतिशत साहित्य में थी। उन्होंने हमारे पिता को कभी घर आने पर राय दी, हाई स्कूल की तैयारी करनी है, लड़के को फ़र्स्ट डिवीज़न लाना है, अच्छी तैयारी होनी चाहिए और हिंदी साहित्य का इतिहास अच्छा सा पढ़ा जाना चाहिए। अब आप जान सकते हैं कि हाई स्कूल में हिंदी साहित्य के इतिहास का बड़ा विस्तार नहीं था। लेकिन हमारे मास्टर साहब ने सुझाव दिया कि रामचन्द्र शुक्ल का इतिहास पढ़ना चाहिए, तो मेरी यह वही प्रति 1945 ई. के संस्करण की अब तक काम देती है जो गाँव में पढ़ी थी। पिछले पचास वर्ष से अधिक समय के दौर में जो पढ़ा-पढ़ाया और अपढ़ाया, उसमें इस एक अकेले ग्रंथ की विशिष्ट भूमिका रही है। और इस सब के लिए शैक्षणिक पोषण मेरा वहाँ हुआ जहाँ कोई बहुत व्यावहारिक सुविधाएँ नहीं थीं शिक्षा की।

मास्टर साहब ने कहा था कि मैं 'पथिक' पढ़ाऊँगा रामनरेश त्रिपाठी का। इस काव्य का हमारे पाठ्यक्रम से कहीं कोई संबंध नहीं था। इस स्वच्छंदतावादी राष्ट्रीय चेतना के खण्ड काव्य से मास्टर साहब का लगाव रहा होगा। तो चार छंद रोज़ 'पथिक' के पढ़ाते थे, उसके बाद कोर्स की पढ़ाई होती थी। यह मेरा गाँव का वातावरण था। हाई स्कूल कर लिया १९४६ में तो कानपुर पढ़ने के लिए आया, जहाँ देख-रेख पितामह की नहीं, पिता की थी। गाँव में स्पष्ट ही आगे की शिक्षा के लिए कोई संभावना नहीं थी, तो गाँव से फिर शहर आया, जैसे मेरे अनेक सहपाठी-सहयोगी आए होंगे इस दौर में।

●

क्राइस्ट चर्च कॉलेज हमारे पिता का भी कॉलेज था, उसमें मेरा नाम लिखाया गया। आप मेरी विषमता सोच सकते हैं : एकदम ठेठ गाँव का इलाका, कबड्डी खेलने वाले हम लोग, पेड़ पर चढ़ कर हुलकडंडा खेलने वाले, और जो सब गाँव में होता है आप लोग जानते हैं, हम लोग उसी के हिस्सेदार थे। वहाँ से उठा कर मुझको एक ऐसे कॉलेज में रख दिया गया जहाँ कक्षा में अंग्रेज़ी में पढ़ाई होती ही थी, कक्षा के बाहर भी लगभग नब्बे प्रतिशत अध्यापक अंग्रेज़ी बोलते थे। अंग्रेज़ों का कॉलेज था—अध्यापक भी अनेक अंग्रेज़ थे। लड़के हमारे साथ के थे—डराते थे, मज़ाक करते थे : प्रिंसिपल के कमरे में मत जाना, अंग्रेज़ हैं, केवल अंग्रेज़ी बोलता है। जो लड़के जाना चाहते थे तो जैसे परीक्षा की तैयारी होती है तैयार करके जो कहना होता था कई बार रट के जाते थे प्रिंसिपल से बात करने। हम लोगों के गाँव में ब्रजभाषा बोली जाती थी; आज भी परिवार में अक्सर ब्रजभाषा बोलते हैं। खड़ी बोली बोलना वहाँ अटपटा

लगता है; टेलीफ़ोन पर भी बात होगी तो ब्रजभाषा में ही। अब ब्रजभाषा से एकदम अंग्रेज़ी—बीच में परिनिष्ठित खड़ी बोली हिंदी की सीढ़ी ही ग़ायब हो गई हो जैसे। कहाँ ब्रजभाषा बोलते थे—कहाँ अब अंग्रेज़ी। कहाँ शुद्ध गाँव है, कहाँ १९४६ में आज़ादी आई नहीं थी, तैयारियाँ चल रही थीं, उस समय का सारा अंग्रेज़ियत का वातावरण हमारे कॉलेज का। लेकिन किसी तरह मैंने निभाया। उसका एक कारण यह था कि अंग्रेज़ी साहित्य में रुचि थी तो गाँव से अंग्रेज़ी साहित्य की कुछ पुस्तकें—मूल और अनुवाद में—थोड़ी-बहुत पढ़ कर आया था। और परिवार में क्योंकि पिता ने बी.ए. किया था और उस ज़माने में अंग्रेज़ी लिटरेचर कम्पलसरी विषय होता था तो उनकी पुस्तकें भी जो कानपुर में थीं, उन्हें उलटता—पुलटता रहता था। तो ब्रजभाषा बोलने के बाद शुद्ध अंग्रेज़ी बोलना शुरू किया मैंने और किसी तरह उस तनाव को झेल ही गया।

वहाँ के अध्यापकों में रेवरेंड आर. जी. स्लेटर प्रिंसिपल थे, जिनका मैंने ज़िक्र किया; साहित्य ख़ुद पढ़ाते थे, वर्ड्सवर्थ-शेली-कीट्स बड़ी तन्मयता से पढ़ाया, स्वयं केम्ब्रिज में पढ़े थे वहाँ के विख्यात प्रोफ़ेसरों से। उन्हीं दिनों रवीन्द्रनाथ की कविता 'उर्वशी' पाठ्यक्रम में आ गई थी बी.ए. के। आप को याद होगी वह कविता। मूल बँगला का अनुवाद है। स्लेटर साहब ने कहा, अब तो समय नहीं है—प्रिंसिपल थे, कुछ व्यस्तता रहती थी—वह कविता आख़िरी कविता है, परीक्षा सन्निकट है, पढ़ लेना। हम लोगों को लगा कि यह आदमी जान-बूझ कर बच रहा है। सारे अंग्रेज़ कवियों की कविताएँ तो पढ़ा दीं, और एक ही भारतीय कवि है रवीन्द्रनाथ, उसको या तो इसे आता नहीं है या अपने नक्शे में है, पढ़ाना नहीं चाहता कि क्या रवीन्द्रनाथ की कविता पढ़ाएँ। तो हम लोग आठ-दस तो जमा विद्यार्थी ही थे, बड़ा आग्रह किया कि सर, वह कविता समझ में नहीं आती, ऐसी है-वैसी है। तो कहा कि अच्छी बात है, एक दिन ले लेंगे। दो दिन बाद एक अवकाश का सबेरा निर्धारित कर दिया।

स्लेटर ने इतने बेहतरीन तरीके से 'उर्वशी' की व्याख्या की कि हम सभी लोग अभिभूत। वह जो हम लोगों के मन में भाव था कि ज़रूर ये बच रहे हैं इस कविता को पढ़ाने से, मिथ्या साबित हुआ, और यह हम लोगों के लिए बड़ा एक प्रीतिकर आश्वासन था कि हमारे अध्यापक अपने दायित्व में कितने निष्ठावान हैं। बाद में अपनी पुस्तक 'भाषा और संवेदना' (१९६४) का समर्थन मैंने दो गुरुजनों के नाम लिखा—इलाहाबाद विश्वविालय के प्रो. धीरेन्द्र वर्मा तथा क्राइस्ट चर्च कॉलेज, कानपुर के प्रिंसिपल रेवरेन्ड आर. जी. स्लेटर।

कॉलेज में अंग्रेज़ी साहित्य के हमारे एक और अध्यापक मिस्टर सी. एन. चौहान थे, अज्ञेय के लगभग समकालीन क्रिश्चियन कॉलेज, लाहौर में। कृश्नचन्दर और वात्स्यायन इनके आगे-पीछे थे, वात्स्यायन का हल्का स्मरण भी था उन्हें। वे पढ़ाते थे हम लोगों को नाटक—स्वयं अभिनय में रुचि भी रखते थे। तब कक्षा में पढ़ाते समय अभिनय की कुछ झलक आ जाती थी। तो अंग्रेज़ी नाटक और अंग्रेज़ी कविता की

पढ़ाई बहुत अच्छी थी। 'नयी कविताएँ : एक साक्ष्य' (१९७६) के समर्पण में मैंने चौहान साहब के साथ अपने गाँव के मास्टर साहब पं. राजबहादुर अवस्थी का नाम रक्खा था। क्राइस्ट चर्च में तीन अध्यापक—एम.एन. सेन (अंग्रेज़ी), स्वामी दयाल सेठ (वाइस प्रिंसिपल), तथा मेजर ताराचंद (अर्थशास्त्र) ऐसे थे, जिन्होंने मेरे पिता को भी पढ़ाया था। ताराचंद इलाहाबाद के पूर्व-छात्र थे और वहाँ के प्रख्यात प्रोफ़ेसर बेनीप्रसाद के छोटे भाई। उनसे तथा अंग्रेज़ी प्रवक्ता राधेश्याम टंडन से कभी-कभार इलाहाबाद परिसर का वृत्त सुनता था, यद्यपि तब तक मन में ऐसा कुछ भाव नहीं था कि वहाँ पढ़ने के लिए जाना है।

हिन्दी के अध्यापक थे पंडित भूदेव शर्मा। वे आर्यसमाजी थे, और आर्यसमाजी होने के नाते उनका सिद्धान्त यह था कि हिंदी साहित्य तो आधुनिक काल से शुरू होता है। सूर-तुलसी आदि सब बेकार हैं। अपने काल-विभाजन में वे भक्ति-काल को नैश काल कहते थे। भारतेन्दु के समय को उषा-काल और उसके बाद से अभ्युदय काल। यों वे हिंदी का प्रथम कवि भारतेन्दु को ही मानते थे। कुछ सहानुभूति केशवदास के प्रति भी थी। पंडितजी प्रखर आर्यसमाजी थे। अपने ढंग से पढ़ाते। उनकी जो व्याख्या होती, हम लोग कुछ-कुछ डरते उसे सुन लेते। लेकिन ज़ाहिर है कि वैसे प्रखर आर्यसमाज से हिंदी साहित्य की व्याख्या में कठिनाई ही ज़्यादा होती है, कुछ बहुत लाभ नहीं मिलता था। दर्शन-मनोविज्ञान एक केरलीय मिस्टर चैको पढ़ाते थे। परिसर पर एक प्रमुख अध्यापक थे क्रिस्टोफ़र ऍकरॉयड, अपनी दाढ़ी में सी.एफ़. ऐंड्रूज़ के भाई जैसे लगते, पर विचारधारा में कुछ झुकाव समाजवाद-साम्यवाद की ओर था। कॉलेज के वैसी रुझान वाले विद्यार्थी उनके आस-पास रहते, अविवाहित होने के कारण उनके पास समय भी अधिक रहता। हम लोगों को कभी-कभी वे अंग्रेज़ी भाषा-साहित्य पढ़ाते। यों, कुल मिला कर अंग्रेज़ी साहित्य की पढ़ाई जैसी अच्छी हो सकी, वैसी हिंदी साहित्य की नहीं।

●

इस तैयारी के बाद १९५० में मैं इलाहाबाद आया। मेरे एक सहपाठी मित्र थे शिवकुमार शर्मा जो मुझसे एक साल आगे थे, क्राइस्ट चर्च में। वे यहाँ अपनी प्रतियोगिता परीक्षा के लिए पढ़ने आ रहे थे। हमारे घर में प्रतियोगिता परीक्षा का कोई वातावरण नहीं था। व्यवसाय के सामान्य मध्यमवर्गीय परिवार में हम जानते ही न थे कि आई.ए.एस., पी.सी.एस., आई.सी.एस. क्या होता है? इलाहाबाद में कम्पटीशन का क्या महत्व है? अगले वर्ष उन्होंने आग्रह किया, तुम भी हिंदी पढ़ने यहीं आ जाओ, और मैं भी बी.ए. करके यहाँ आ गया—एम.ए. के लिए। पी.सी. बनर्जी हॉस्टल में थे हम लोग। मित्रवर श्यामकिशोर सेठ थे वहाँ, कुछ और नये मित्र बन गए। टेनिस होता था, गपशप होती थी, काव्य-चर्चा होती थी। अब मुड़ कर देखता हूँ तो लगता है कि इस अवधि में इलाहाबाद विश्वविद्यालय अपने चरम शिखर पर था, दोनों दुनियाओं के श्रेष्ठतम को लिये हुए : एक ओर नयी-नयी आज़ादी का उत्साह-उल्लास था, तो

दूसरी ओर अंग्रेज़ी ज़माने की कुछ अच्छी परम्पराएँ बरक़रार थीं। विद्यार्थियों की संख्या अनियंत्रित नहीं हुई थी, परिसर पर अनुशासन था, खेल-कूद, नाटक-संगीत के आयोजन थे; कुछ प्रसिद्ध शिक्षक अवकाश प्राप्त होने पर चले ज़रूर गए थे, या कई का देहावसान हो चुका था, फिर भी कुछ विख्यात प्रोफ़ेसर परिसर पर थे। और यों, कुल मिला कर शैक्षणिक वातावरण अत्यंत तोषप्रद था। प्रतियोगिता परीक्षा वालों का अपना विस्तृत क्षेत्र था, पर साहित्यिक रुचि वाले विद्यार्थियों की भी कमी न थी। अच्छी बात एक यह थी कि प्रतियोगिता परीक्षा वाले विद्यार्थी भी बहुत बार साहित्य में अच्छी रुचि और गति रखते थे।

इलाहाबाद में शिवकुमार के मित्र थे विनोद दुबे, भूगोल के प्रोफ़ेसर डॉक्टर रामनाथ दुबे के बेटे। विनोद, उनकी बहिन प्रकाशवती, बहनोई त्रिलोकीनाथ चतुर्वेदी (क्रमशः भारत सरकार के गृह-सचिव, भारत के नियंत्रक महालेखा परीक्षक, सांसद : वर्तमान में राज्यपाल, कर्नाटक) का घर मेरे लिए बराबर एक घर जैसा रहा है, अब भी है। इलाहाबाद में पहला खाना मैंने १९५० की गर्मियों में विनोद की 'ममी' के हाथ का बना खाया था, जिसकी स्मृति अभी बनी हुई है। पचास के दशक में पाशो (प्रकाशवती)-त्रिलोकीजी के विवाह के बाद, प्रायः पाँच बरस के भीतर, मेरा सुषमा के साथ और विनोद का सुशीला के साथ विवाह हुआ। तब से लगभग पचास बरस बीत रहे हैं, हम तीनों दंपतियों का कुछ बहुत अच्छा समय देश-विदेश में साथ-साथ बीता है। जहाँ विदेश में बहुत बार पुराने साथी सतीश कुमार सिंह का भी सान्निध्य हो जाता है। इस दंपति-मंडली को ही मैंने अपनी पुस्तक 'हिंदी साहित्य और संवेदना का विकास' (१९८६) समर्पित की है। इनमें से प्रायः एक दशक पूर्व पाशों का असामयिक निधन हो गया। अब इस मंडली में छः की जगह पाँच सदस्य रह गए हैं।

धर्मवीर भारती जब 'धर्मयुग' का सम्पादन-दायित्व सँभालने इलाहाबाद से बम्बई पहुँचे तो उनका आरंभ का समय मेरे मित्र शिवकुमार शर्मा के यहाँ बीता, जो उन दिनों वहीं अपना व्यवसाय देख रहे थे। इन दोनों का कुछ अच्छा-बुरा समय साथ-साथ बीता। 'कविता यात्रा' के समर्पण में इन दोनों मित्रों का नाम है। इन सभी मित्रों का सहयोग मेरे लिखने-पढ़ने में रहा, जिसका कुछ उल्लेख आगे होगा।

पी. सी. बनर्जी हॉस्टल में १९५० से १९५४ तक रहा—चार पूरे सत्र। अंतिम सत्र में विश्वविद्यालय में पढ़ाने भी लगा था। हॉस्टल का समय, जैसा संकेत किया, बहुत अच्छा बीता—सामान्य रहन की दृष्टि से, शैक्षणिक दृष्टि से, और लेखनारंभ की दृष्टि से भी। वहाँ कई तरह के मित्र थे - एक थे महेश विद्यार्थी जो लगातार सनकी जैसी धजा बनाए रहते और 'कामायनी' के प्रकांड प्रेमी और पक्षधर थे। १९५० में 'कामायनी' को प्रकाशित हुए कुछ बहुत समय नहीं बीता था—लगभग बारह-तेरह साल हुए थे। विद्यार्थी समाज में छन कर आते-आते किसी रचना को इससे अधिक वक़्त लगता है, और विशेष बात यह थी कि महेश विद्यार्थी ने 'कामायनी' पाठ्य पुस्तक के रूप में नहीं पढ़ी थी; वे अपनी बी.ए. की कक्षा में हिंदी साहित्य के

विद्यार्थी न थे। मैं एम.ए., हिंदी साहित्य का विद्यार्थी, पर उन्हें 'कामायनी' मुझसे अधिक याद थी, और इस काव्य से उनका लगाव भी अधिक था। तो बहुत बार मेरे कमरे में आ कर वे 'कामायनी' के अंश सुनाते और उसके महत्त्व की व्याख्या करते। मेरे पक्ष से यह कुछ अटपटा ही लगता : बी.ए. का विद्यार्थी, जिसका विषय हिंदी साहित्य नहीं है, एम.ए., हिंदी के छात्र को 'कामायनी' का वैशिष्ट्य बताए। उनके 'कामायनी'-अनुराग की एक और समस्या भी थी। महेश को 'फ़िराक़' की शायरी भी बहुत प्रिय थी—वे रघुपतिसहाय 'फ़िराक़' की कक्षा में भी थे, जो अंग्रेज़ी साहित्य पढ़ाते थे, और कई बार परिसर पर उनके घर में जमने वाली मित्रों-प्रशंसकों की बैठक में भी चले जाते। 'फ़िराक़' उर्दू शायरी की परिपक्वता की तुलना में आधुनिक खड़ी बोली हिन्दी काव्य की बहुत खिल्ली उड़ाते, विशेष रूप से भाषिक विन्यास को ले कर। नयी-नयी बहुचर्चित और प्रशंसित 'कामायनी' उनके व्यंग का मुख्य लक्ष्य रहती। अब महेश की कठिनाई यह कि उन्हें 'कामायनी' भी प्रिय, और 'फ़िराक़' की शायरी तथा बातचीत भी। पर 'फ़िराक़' के लिए 'कामायनी' कुछ वैसे, जैसे मुहाविरे के बैल के लिए लाल कपड़ा। महेश से 'फ़िराक़' के सामने चुप बैठते भी नहीं बनता। गुरु और शिष्य दोनों प्रगल्भ! तो अपनी साहित्यिक विडंबना के ये ब्यौरे महेश मुझे आ कर सुनाते और यों कुछ अपना चित्त हल्का करते। बोलना-कहना तो अध्यापक-मात्र का सहज स्वभाव और वृत्ति है, पर मुझे सुनना भी सदैव से अच्छा लगता रहा है। यों मैं अपने मित्र के लिए एक अच्छा श्रोता बना रहता। कुल मिला कर ऐसे निर्दोष झमेले इलाहाबाद के शैक्षणिक-साहित्यिक वातावरण की ख़ास पहिचान रहे हैं और उनमें पड़ने वालों को कुछ वैचारिक उत्तेजन ही मिला है।

इलाहाबाद में आ कर हमने स्नातकोत्तर पढ़ाई आरम्भ की। जैसा बताया, हिंदी विषय लिया। डॉ. धीरेन्द्र वर्मा हमारे अध्यक्ष थे, रामकुमारजी नम्बर दो थे। ये दो अलग-अलग तरह के व्यक्तित्व थे। धीरेन्द्रजी भाषाविज्ञान के बड़े व्यवस्था-प्रिय, लगभग रूखे, मितभाषी। तीन मितभाषी हम लोगों ने देखे हैं इस विश्वविद्यालय में—एक प्रो. धीरेन्द्र वर्मा, एक हम लोगों के मित्र थे—डॉ. रामासिंह तोमर। तोमर जी के साथ रघुवंश जी एक बार अज्ञेय जी से मिलने गए, जो उस ज़माने में यहीं इलाहाबाद में हेस्टिंग रोड पर रहते थे, संभवत: उस बँगले में जिसमें इन दिनों उत्तर मध्य क्षेत्र सांस्कृतिक केन्द्र अवस्थित है। अज्ञेय जी एक मितभाषी, तोमर जी दूसरे—बराबर की टक्कर। उस भेंट का सारांश, जो रघुवंशजी ने मुझे स्वयं बताया, यों कि आधे घंटे के लगभग दोनों मित्र अज्ञेय जी के बँगले में बैठे रहे और नमस्कार पहुंचते समय और आधा घंटे मौन के बाद दूसरा चलते समय। मौन सम्प्रेषण का सैद्धांतिक विवेचन वात्स्यायनजी ने बाद में अपने उत्तरकालीन लेखन में जगह-जगह किया है, पर उसका आचरण वे यों लंबे समय से करते आ रहे थे। तीसरे मितभाषी यहाँ हम लोगों के बीच बैठे प्रो. गोविंदचन्द्र पाण्डे हैं। आज आप देख रहे हैं, और मेरा ख़याल है, बहुत बोलने लगे हैं। हम लोगों ने जब देखा था तो पांडेजी को सुनना बड़े

सौभाग्य की बात थी। पांडेजी कहीं बोल रहे हों तो यत्न करके सुन लो क्या कह रहे हैं। इसके उलटे फ़िराक़ साहब स्वयं के बारे में घोषित करते थे। उनका कहना यह था कि—

अब तो बहुत चुप-चुप सा रहे हैं कभू-कभू लब खोले हैं।
पहले फ़िराक़ को देखा होता अब तो बहुत कम बोले है॥

आप पांडेजी को उलटे रूप में देख रहे हैं—पहले बहुत कम बोलते थे, अब अधिक बोलने लगे हैं।

बहरहाल धीरेन्द्रजी इसी कोटि के थे, बहुत कम बोलते थे। उनकी चेष्टाओं से, अदाओं से यह अंदाज़ लगता था कि क्या चाहते हैं। उनके कमरे में गए, एक-दो मिनट में बात ख़त्म हुई, और वे दिखा देंगे—कहने की ज़रूरत नहीं—कि आप जा सकते हैं, उनको कहना नहीं पड़ता था। मार्कण्डेयजी और केशवजी यहाँ बैठे हैं, उन्हें इसका अंदाज होगा।

रामकुमारजी का लहजा बिलकुल दूसरा था—वे बराबर साहित्यकार लगते थे : अपनी वेश-भूषा में औपचारिक प्रसंगों में सूट-टाई, अनौपचारिक रूप में धोती-कुर्ता—अपनी भाषा में, समूचे रख-रखाव में। भाषा-विज्ञान और साहित्य का यह तालमेल जो एक तरह से हमारे विभाग का वैशिष्ट्य था, जैसे जाने-अनजाने मेरे व्यक्तित्व में क्रमश: प्रविष्ट हो गया, जिसका कुछ और उल्लेख आगे होगा।

हम लोगों के तीसरे गुरु थे रसाल जी—डॉ. रमाशंकर शुक्ल 'रसाल' : ब्रजभाषा और फिर बाद में खड़ी बोली के कवि और प्रख्यात काव्यशास्त्री, 'रसिक मण्डल', प्रयाग द्वारा प्रकाशित 'रत्नाकर' के काव्य 'उद्धव-शतक' के भूमिका-लेखक तथा शौकिया ज्योतिष शास्त्री। मैं उन सौभाग्यशाली विद्यार्थियों में था कि मैं रसालजी की अंतिम कक्षा का विद्यार्थी था, जब वे प्रीवियस में पढ़ा रहे थे, और पं. देवीप्रसाद शुक्ल (भगवन) के बैच में था जब वे विश्वविद्यालय में अंतिम बार एम.ए. (फाइनल) को पढ़ा रहे थे। पुरानी परम्परा के अध्यापकों की यह विलक्षण जोड़ी थी। रसालजी नये-नये व्यवस्थित सागर विश्वविद्यालय चले गए थे, भगवन अपने लंबे कार्य-काल को पूरा करके अध्यापन से अवकाश ग्रहण कर रहे थे। मेरी कक्षा के बाद उन्होंने फिर नहीं पढ़ाया। यों एक सत्र बाद जब मेरी नियुक्ति विभाग में हो गई थी तो प्रति शुक्रवार आयोजित होने वाली अध्यापक-कक्ष की बैठकों में कभी-कभार वे आ जाते थे। तब उनकी चाय-नाश्ते की व्यवस्था कुल्हड़-दोने में होती थी। यों धीरेन्द्र जी विभागाध्यक्ष थे, पर भगवन न केवल आयु में उनसे बहुत बड़े थे, पर हिंदू हॉस्टल में उनके आवासीय काल में वहाँ के वे अधीक्षक भी थे। इस दृष्टि से धीरेन्द्रजी उनको 'पंडितजी' कहते थे, और कक्ष में उनके आने पर बाक़ायदा खड़े हो जाते थे। अपने वार्तालाप में 'भगवन' संबोधन का प्राय: प्रयोग करने के ही कारण पं. देवीप्रसाद शुक्ल को पूरा विश्वविद्यालय-समाज 'भगवन' नाम से जानता था। एक बार पं. महावीर

प्रसाद द्विवेदी के अस्वस्थ हो जाने के समय कुछ काल तक शुक्ल जी 'सरस्वती' पत्रिका के संपादक भी रहे थे।

मेरा सौभाग्य इस बात में भी था कि मैं उस कक्षा में था जिसकी प्रीवियस परीक्षा में मिश्र-बंधुओं में जो सबसे छोटे थे वे मौखिक परीक्षा लेने आते थे। यहाँ भी हम लोगों का 'बैच' अंतिम था। रामकुमारजी के साथ वे बैठते थे—आयु काफ़ी हो चुकी थी, बोलने में कुछ कठिनाई का अनुभव करते थे। दिन भर चलने वाले परीक्षा-क्रम में कहाँ तक बोलें। कई बार परीक्षार्थी से कह देते थे—कबीर के बारे में तीन मिनट तक कुछ कहिए। लड़का घड़ी लगाए देख रहा है—कबीरदास के रहस्यवाद पर बोले, भाषा पर सधुक्कड़ी पर, भक्ति-स्वरूप पर कहाँ कुछ कहे? बस तीन मिनट तक कबीरदास पर बोलना है। यह सब हम लोगों के लिए इतिहास से सीधा साक्षात्कार था।

हम लोगों के अध्यापक-मण्डल में डॉ. माताप्रसाद गुप्त थे, जो बड़ी निष्ठा के साथ एक के बाद एक मध्यकालीन कवियों के सुसंपादित संस्करण प्रस्तुत कर रहे थे—'रामचरितमानस' का उनका संस्करण छप चुका था—'अर्द्धकथा' (बनारसीदास जैन) पर एक आरंभिक कार्य करने के बाद। उन दिनों 'पद्मावत' पर कार्य चल रहा था। बाद में उन्होंने 'सूरसागर' और 'कबीर ग्रंथावली' के पाठ प्रस्तुत किए—लगभग एक संस्था का कार्य उन्होंने अकेले किया और तब जबकि आजकल के बहुत-से वैज्ञानिक साधन सुलभ नहीं थे। पाठ विज्ञान का कार्य करते-करते उनकी आँखें लाल हो जाती थीं—और कुछ थके-से रहते थे। वे स्वभाव से ही परिश्रमी, मितभाषी और विनम्र थे। एक बार अध्यापक हो जाने के बाद जब मैं 'कक्ष' में बैठा हुआ था तो किसी छंद की व्याख्या का संदर्भ चल रहा था। पं. उमाशंकर शुक्ल, डॉ. ब्रजेश्वर वर्मा के साथ-साथ डॉ. उदयनारायण तिवारी तथा डॉ. लक्ष्मीसागर वार्ष्णेय थे। हम और कुछ नये सहयोगी भी बैठे हुए थे। पाठ-विज्ञान और साहित्य व्याख्या के बीच का अंतर था। डॉ. माता प्रसाद जी ने अपने पक्ष की कमज़ोरी बताते हुए एक मार्मिक टिप्पणी की, जायसी के इस दोहे के माध्यम से—

भँवर आइ वनखंड हुति लेहि कंवल कै बास।
दादुर बास न पावहीं भलेहिं जो आछहिं पास॥

इस साधु-संग में मुझे पढ़ने का अवसर मिला। हमारे सहयोगी मित्रों में थे अजित कुमार। हम और अजित क्लास में साथ-साथ बैठते थे, ख़ूब निभती थी। मैं पी.सी.बी. हॉस्टल में था, अजित कायस्थ पाठशाला के यूनिवर्सिटी हॉस्टल—के.पी.यू.सी. में। अजित के साथ-साथ उनके घनिष्ट मित्र ओंकारनाथ श्रीवास्तव भी थे। हॉस्टल में दोनों के कमरे बग़ल-बग़ल थे, जिनमें से एक को वे बैठक की तरह रखते थे। यहाँ हम मित्रों की बैठक बहुत बार जमती थी। ओंकार अर्थशास्त्र के विद्यार्थी थे, जहाँ उनके साथी सूरतदास श्रीवास्तव थे। सूरतदास मेधावी विद्यार्थी थे, जिनके बारे में विश्वविद्यालय-समाज में पहले ही जनमत बन जाता था कि ये तो पहली बार में ही आई.ए.एस. के लिए चुने जायेंगे। वे कविता लिखते थे और हर तरह की बहस में

भागीदार होते थे, अपने विषय के तो अच्छे जानकार थे ही, जिसमें एम. ए. करते ही वे अध्यापक हो गए थे। बाद में जैसा कि जनमत था, वे आई.ए.एस हो गए। विश्वविद्यालय समाज का जनमत ऐसे विद्यार्थियों की नियति जैसे पहले ही निर्धारित कर देता था, मानो परीक्षा में बैठने की औपचारिकता पूरी करना उनके लिए शेष रह जाता था।

अजितोंकार की जोड़ी के प्रयत्न तथा कुछ अन्य मित्रों के सहयोग से हम लोगों का पहला साहित्यिक क्लब 'साहित्यिकी' बना था, जिसकी बैठकें के.पी.यू.सी. के सभा-कक्ष में आयोजित होती थीं। कई बार कुछ विशिष्ट अतिथि भी आते थे—विश्वविद्यालय में अंग्रेज़ी के अध्यापक तथा प्रसिद्ध प्रगतिवादी समीक्षक प्रकाशचंद्र गुप्त तथा गंगा ग्रंथागार, लखनऊ के संचालक तथा साहित्यकार दुलारेलाल भार्गव का वहाँ आना मुझे स्मरण है। वहीं शरत् के उपन्यास 'शेष प्रश्न' पर अपना निबंध मैंने पढ़ा था, जो कानपुर से प्रकाशित कथा-मासिक 'सुमित्रा' में प्रकाशित हुआ। इस निबंध के बाद ही शरत् के नारी पात्रों पर क्रमबद्ध रूप में मैंने लिखना आरंभ किया, जिनका धारावाहिक प्रकाशन भी 'सुमित्रा' में हुआ। बाद में यह सामग्री 'शरत् के नारी पात्र' रूप में पुस्तकाकार भारतीय ज्ञानपीठ से प्रकाशित हुई (१९५५ में) साहित्य भवन के श्री नर्मदेश्वर चतुर्वेदी के माध्यम से। यह मेरा पुस्तकाकार पहला प्रकाशन था, जो लगभग आप-से-आप भारतीजी-नर्मदेश्वरजी के हाथों होता हुआ, श्री लक्ष्मीचंद्र जैन द्वारा बहुत उत्साहपूर्वक ज्ञानपीठ से मुद्रित हुआ।

अजित की माँ श्रीमती सुमित्राकुमारी सिनहा अपने समय की प्रसिद्ध कवयित्री थीं। इस संबंध-सूत्र से इलाहाबाद के कई साहित्यिक परिवारों में आना-जाना था। अजित का भाव था कि मैं भी उनके साथ इन घरों में आना-जाना रखूँ। पर अपने संकोची स्वभाव के कारण यह मेरे लिए संभव नहीं हुआ। इसी प्रकार विख्यात प्रोफ़ेसरों के घर आने-जाने में भी मेरी रुचि नहीं थी। मैं एकदम सामान्य विद्यार्थी की तरह विभाग और छात्रावास में रहता था। उस क्रम में जो मित्र बने सो बने, कहीं कोई विशेष प्रयत्न नहीं किया। अब अपने पूरे जीवन-क्रम पर पीछे देखने में लगता है कि यह सब तो होना ही था निर्विकल्प रूप में। जैसे घटनाएँ पहले से हुई रक्खी थीं, मैं अपनी सामान्य गति से चलता गया, और उन घटनाओं तक पहुँचता गया।

अजित के अतिरिक्त कक्षा में मेरे एक और मित्र थे—सुरेन्द्र चतुर्वेदी। वे हम लोगों के ही क्षेत्र के थे, यद्यपि कोई संबंधी नहीं। सुरेन्द्र का व्यक्तित्व बड़ा आकर्षक था, और स्वभाव कुछ फक्कड़पन लिये हुये। बाद में वे 'नवभारत टाइम्स' के संपादकीय विभाग में हो गए थे; दुर्भाग्यवश एक स्कूटर-दुर्घटना में उनकी असामयिक मृत्यु हो गई। पढ़ने में अच्छे, पर पढ़ने के लिए उन्हें समय ही कम मिलता तरह-तरह के प्रपंचों के बीच। वह ज़माना था जब हम लोगों ने अपने समय की भाषाविज्ञान विषयक सभी पुस्तकें पढ़ डाली थीं। कुछ हमने पढ़ीं और अपने नोट्स अजित को दे दिए और कुछ अजित ने पढ़ीं और अपने नोट्स मुझे दे दिए। सुरेन्द्र चतुर्वेदी कहते थे तुम दोनों

लोग जब पढ़ लो तो अपने नोट्स हमें दे देना, हम उससे काम चला लेंगे। उनका भी फ़र्स्ट डिवीज़न आया था। हम दो का तो आ ही गया था। उनका बधाई का संदेश आया तो उन्होंने पत्र में यही लिखा था कि यह तुम अपना ही दूसरा फ़र्स्ट डिवीजन समझो, मेरा इसमें कुछ नहीं है। बहरहाल, यह तो कक्षाओं में पढ़ाई का वातावरण था।

बाहर क्या था? आप जानते हैं कि खड़ी बोली कविता का जो दौर चल रहा था, रसाल जी उसके बहुत अनुकूल नहीं थे। रामकुमार जी, मैथिलीशरण गुप्त, जयशंकर प्रसाद आदि पर उनके कटाक्ष बराबर चलते। फ़िराक़ अपने ढंग से कटाक्ष करते थे उर्दू की तरफ़ से खड़ी बोली कविता पर और रसाल जी करते थे ब्रजभाषा के पक्ष से खड़ी बोली कविता पर। दोनों एक बिंदु पर लगभग समान स्थिति में होते थे। जब इन दोनों में अपना झगड़ा होता रसाल जी और फ़िराक़ साहब के बीच तो वह अलग ही दृश्य था। विभाग के बाहर अंग्रेज़ी के प्रोफ़ेसर एस.सी. देब से हम लोग बहुत अभिभूत रहते। देब साहब के व्याख्यानों को व्याजसंस्तुति में कहा जाता था प्रो. देब के 'डाइवर्ज़न', अर्थात प्रो. देब के विषयान्तर। क्योंकि जो विषय प्रस्तुत है उस पर वे सीधे नहीं पढ़ाते थे। तमाम ज्ञान का अनंत भंडार उनके पास था, उसमें से वे बताते थे। लेकिन विशेषता ऐसी बोलने की कि जैसे शास्त्रीय संगीत का गवैया सम से उठाता है, और न जाने कितनी जगह से घुमाता-फिराता आरोह-अवरोह में से फिर सम पर आ जाता है। यह बड़े कुशल वक्ता का रूप था और देब साहब यूरोप-एशिया की सैर कराके फिर उसी बिंदु पर ले आते थे, जहाँ से उन्होंने व्याख्यान शुरू किया था। तब लगता कि विषयान्तर में भी विषय ही चल रहा था। हम लोग अभिभूत रहते थे। प्रो. देब की स्मरण-शक्ति से, उनकी विनम्रता से, उनके व्याख्यान-कौशल से। मैं उनका विद्यार्थी नहीं था, लेकिन कोई अवसर मिलता था तो देब साहब का व्याख्यान सुनने ज़रूर जाता था। हम लोग सोचते थे कि उनके लंबे घुमावदार वाक्य-विन्यास में कहीं कोई ग़लती निकले। जैसा विषय का विन्यास था, वैसा ही भाषा का। कहाँ से बात शुरू कर रहे हैं, कहाँ जा रहे हैं अपने वाक्य-भंग में, और कहाँ वाक्य पूरा हो रहा है—सब कुछ सुनते बनता था। घंटों हम लोगों ने उन्हें सुना, पर क्या मजाल कि आप कोई त्रुटि पकड़ें, ऐसा नीरन्ध्र वाक्य-विन्यास। हम लोग उतनी अच्छी हिंदी नहीं बोल पाते थे, जैसे अधिकार से वे अंग्रेज़ी बोलते थे। सचमुच एक विलक्षण अनुभूति होती थी उनका व्याख्यान सुनना, जैसे किसी अच्छे गायक का संगीत।

कविता-पाठ की दृष्टि से निराला के मुख से 'राम की शक्ति-पूजा' और फ़िराक़ से उनकी नज़्म 'आधी रात को' देर रात कवि सम्मेलन/मुशायरे में अलग-अलग सुनने का अवसर इस अवधि में हुआ था। पर तब इन दोनों समकालीन वैकल्पिक रचनाओं को अच्छी तरह समझने की क्षमता विकसित नहीं हुई थी। यूनियन-हॉल में बच्चनजी का काव्य-पाठ भी कई बार जमता था। उन काव्य-पाठों के स्वर, भंगिमाएँ अभी स्मृति में सुरक्षित हैं।

इसी प्रकार से कुछ रचनाओं का पाठ-क्रम तथा पाठ-समय की स्मृतियाँ मन में बनी हुई हैं—कहाँ वे रचनाएँ पढ़ी गईं—उस समय का मौसम—कभी-कभी तो उस समय के आकाश का दृश्य भी याद होगा। इनमें से कुछ रचनाएँ : सीताराम (बंकिम) - पीतल की मूर्त्ति (जॉर्ज रिनाल्ड)—'शेष प्रश्न' (शरत्)—'आरोग्य निकेतन' (ताराशंकर बनर्जी)—'गोदान'—'शेखर'—'मैला आँचल'—'वैली ऑफ़ फ़ियर' (होम्स कथा : कॉनन डॉयल)—'बिवेयर ऑफ पिटी' स्टीफ़ेन (ज़्विग)—'द स्टोरी ऑफ़ शाँ मिशेल' (ऐक्सेल मुंथे)—'गीतांजलि'—'हिमहास' (रामकुमार वर्मा का गद्य-काव्य)—'इरावती' (प्रसाद)'—'ए स्ट्रीट कार नेम्ड डिज़ायर' (टेनेसी विलियम्स)— 'टेढ़े-मेढ़े रास्ते'—'एकांत संगीत' : स्पष्ट ही ये आरंभिक वर्षों के पाठ हैं, सूची क्रमहीन अधूरी है—आगे बढ़ने को बहुत कुछ हैं। कथाकार प्रूस्त के न्याय से पहले पढ़ी-सुनी ऐसी रचनाओं का प्रभाव और सघन हो जाता है।

●

विश्वविद्यालय के वातावरण में ही हम लोगों का साहित्यिक संस्कार शुरू हो गया। मैं जब १९५० में पढ़ने आया तो उन दिनों धर्मवीर भारती का पहला उपन्यास 'गुनाहों का देवता' प्रकाशित हुआ था। मेरे हॉस्टल में उसकी ख़ासी चर्चा थी—शायद उसका एक कारण यह भी हो कि वह कथा विश्वविद्यालय परिसर पर घूमती थी। मैं भी उपन्यास लाया और उसे पढ़ा, बड़ा अभिभूत हुआ। इसलिए अभिभूत हुआ कि शरत्चन्द्र चट्टोपाध्याय पहले से ही मेरे प्रिय कथाकार थे। तो शरत् का 'देवदास' पढ़ने की जो अनुभूति थी, कुछ वैसी ही अनुभूति 'गुनाहों का देवता' पढ़ने पर हुई। शरत् से अपने लगाव का कुछ उल्लेख पहले भी कर चुका हूँ।

हॉस्टल में एक मित्र थे दुष्यंतकुमार त्यागी, जो उस ज़माने में 'परदेशी' उपनाम से गीत लिखते थे। हमसे कुछ आगे के, कमलेश्वर और मार्कण्डेय के साथ के थे। इन तीनों मित्रों में बनती भी ख़ूब थी। दुष्यंत को अब आप दुष्यंतकुमार के नाम से जानते हैं, उनकी ग़ज़लें आपने पढ़ी होंगी। एकदम उनमें रूपान्तरण हुआ शुद्ध गीत से नयी कविता में। कुछ उनसे चर्चा हुई और 'गुनाहों का देवता' पर मैंने एक निबंध लिखा। ऊनविंशी रचना के प्रति ऊनविंशी प्रतिक्रिया। यह निबंध १९५० में जब प्रकाशित हुआ तो मेरी आयु उन्नीस वर्ष थी। शरत् के यहाँ 'देवदास' से ले कर 'शेष प्रश्न' तक की जैसी रचना-यात्रा है, उससे कुछ मिलती-जुलती रचना-यात्रा परिलक्षित की जा सकती है 'गुनाहों का देवता' से 'अंधा युग' तक। मेरे संदर्भ में एक रोचक तथ्य यह कि १९५० में जब मैं 'गुनाहों का देवता' पर लिख रहा था, उसी समय 'शेष प्रश्न' पर भी लिख रहा था। दोनों की जीवन-समस्याएँ अलग-अलग स्तर की थीं, पर कथा-सघनता एक जैसी। 'शेष प्रश्न' की कमल के चरित्र ने ही कहीं मन को प्रेरित किया शरत् के नारी पात्रों के व्यवस्थित अध्ययन के लिए।

उन दिनों एक नयनाभिराम मासिक पत्रिका कानपुर के भार्गव प्रेस से निकलती थी 'सुमित्रा'। मैं कानपुर में रहा था, मेरी दो-एक कविताएँ उसमें छपी थीं, शरत्चंद्र के

'शेष प्रश्न' पर मेरा एक निबंध भी वहीं छपा था। 'शेष प्रश्न' भी, जैसा मैंने बताया मुझे बड़ा अच्छा लगा था। इसी के आस-पास 'गुनाहों का देवता' पर लिखा, ज़रा-सा आकर्षक शीर्षक बनाते हुए 'साहित्य मंदिर में गुनाहों का देवता'। मैंने भेजा निबंध और वह छप गया।

यहाँ थोड़ा इस बात का भी उल्लेख कर दूँ कि मेरी पहली प्रकाशित रचना कौन है और कहाँ मैंने अपना मुद्रित नाम पहली बार देखा। मेरे परिवार में, जैसा मैंने बताया, तरह-तरह की पत्रिकाएँ आती थीं, बच्चों की आती थी और बड़े बच्चों की आती थी 'बालसखा'। तो पहले मैंने 'शिशु' पढ़ा, फिर 'बालसखा' के स्तर पर आ गया। उन दिनों लड़ाई का दौर था, काग़ज़ की बहुत कमी थी। पत्रिका का आकार छोटा हो गया था। उन्हीं दिनों मैंने कुछ लिखने की चेष्टा की, शायद कविता लिखी और 'बालसखा' में छपने को भेजी, और दुर्योग से उन्हीं दिनों उसके पृष्ठ कम हो गए। वे एक सूची निकालते थे कि पृष्ठाभाव के कारण ये-ये रचनाएँ नहीं छपेंगी—सूचना दे देते थे। कविता मेरी नहीं छपी और 'नहीं छपेंगे' वाली सूची में नाम आ गया रामस्वरूप चतुर्वेदी। बड़ रोमांच हुआ। 'नहीं छपेंगे' था ज़रूर, लेकिन नाम तो था अपना छपा हुआ नाम यों मैंने 'बालसखा' में देखा। फिर जैसा सब मित्रों के साथ होता है, कॉलेज की पत्रिकाओं में लोग लिखते हैं, मैंने भी क्राइस्ट चर्च कॉलेज पत्रिका तथा हिंदी विभाग की पत्रिका 'साधना' में लिखा—दोनों का क्रमशः संपादन भी किया जब गुरुवर रामकुमार जी ने मुझे प्रूफ़ देखना सिखाया। लेकिन कुछ गंभीर ढंग का लिखना 'सुमित्रा' में ही हुआ।

बचपन तथा किशोरावस्था में जिन पत्रिकाओं-लेखकों-संपादकों के सहारे से मानसिक पोषण मिला, उनकी छाप बहुत स्पष्ट है। 'शिशु'-'बालसखा'—चचेरी बड़ी बहिन की 'दीदी' उनके लेखक-संपादक प्रमुखतः ठाकुर श्रीनाथसिंह, शिक्षार्थी, रामनरेश त्रिपाठी, भूपनारायण दीक्षित (गंगा ग्रंथागार, लखनऊ), फिर अज़ीमबेग चग़ताई - शौकत थानवी के नाम और उनका लेखन अच्छी तरह से याद है। इनमें से श्रीनाथसिंह, रामनरेश त्रिपाठी का साथ तो बाद तक रहा, बचपन से पूरी वयस्कावस्था तक। पत्रिकाएँ-पुस्तकें अधिकार इंडियन प्रेस से आती थीं। मुझे याद है, इलाहाबाद आने पर जब इंडियन प्रेस के भवन के सामने से निकला था तो कुछ रोमांच-सा हो आया, कुछ संभ्रम की मुद्रा में उस भवन और नाम-पट्ट को देखा, जैसे किसी तीर्थस्थल के सामने से जा रहे हों। अब तो भवन शेष है, प्रकाशन बंद है। 'सरस्वती' पत्रिका के हीरक विशेषांक आयोजन में मैं भी निमंत्रित था—वह जैसे दीपक की अंतिम लौ थी। अब उधर से निकलने पर वैसा ही बुरा भी लगता है।

बंधुवर जगदीश जी होते तो मैं कुछ ज़्यादा इत्मीनान से बता सकता था 'सुकवि' पत्रिका के बारे में, जिसमें कविता पहली बार छपी, जातीय पत्रिका 'चतुर्वेदी' के बाद। 'चतुर्वेदी' में लॉगफ़ेलो की प्रसिद्ध कविता 'साम ऑफ़ लाइफ़' का अनुवाद छपा था—'शोकसूचक शब्दों में कहो न मुझसे एक स्वप्न संसार'। 'सुकवि' में नाम-उपनाम

से ब्रजभाषा-खड़ी बोली की समस्या-पूर्त्तियाँ छपती थीं। जगदीश जी से परिचय इलाहाबाद आने के पूर्व ही इस पत्रिका के माध्यम से हुआ था, जहाँ उनके सवैये सचित्र छपते थे। इन सवैयों में—जिन्हें बाद में डॉ. नगेन्द्र हँसी-हँसी में 'भ्रष्टाचार के सवैये' कहते—बराबर कविता की चमक होती। कानपुर से सनेही जी इस पत्रिका को निकालते थे, जहाँ एक तरह से ब्रजभाषा-खड़ी बोली का सम्मिलन होता। जगदीशजी 'सुकवि' के प्रतिष्ठित कवि थे, मैं नवागन्तुक। फिर खड़ी बोली में लिखे गये कुछ गीत 'सुमित्रा' (कानपुर), दिल्ली से निकलने वाले 'नवयुग' और 'प्रयाग' के 'संगम' में छपे। सौभाग्य से बहुत जल्दी मैंने समझ लिया कि कविता मेरा क्षेत्र नहीं है। जीवन के प्रथम प्रेम की तरह कविता लिखना है बहुत आकर्षक, उन्मादपूर्ण और स्फूर्तिदायक, पर ज़रूरी नहीं कि आप आग्रह किए उसी पर रुके रहें। हिंदी के बड़े-बड़े आलोचकों के कविता-संग्रह हैं। कवि आलोचना लिखता है तो एक बात है, आलोचक कविता लिखता है, और उस पर मान्यता चाहता है, तो कई बार अचरज होता है समझदार की नादानी पर। आलोचक तो अच्छे से जानता-समझता है कि कविता क्या है? उसे जानना ही चाहिए? और जब स्वयं अपने प्रसंग में वह आत्मालोचन न कर पाए तो यह एक अनावश्यक रूप में खेदजनक स्थिति होती है। ऐसी आलोचकीय कविताएँ पढ़ने पर प्राय: कवि मलार्मे की बात याद आती है जो उसने अपने चित्रकार मित्र देगास से कही थी—कविता विचारों से नहीं, शब्दों से लिखी जाती है।

कविता मैं नहीं लिख सका, यह स्पष्ट है, इसका कुछ खेद भी नहीं। जैसा कहा, प्रथम प्रेम की स्मृति की तरह इस लेखन की स्मृति स्फूर्तिदायक है। आलोचना में क्या कर सका, इससे तो आप किसी क़दर परिचित हैं। कविता के बारे में तो जैसे पुराने पत्र बहुत बार छिपा कर रखे जाते हैं, वैसी ही स्थिति है। पर इसमें मित्रवर केशवचंद्र वर्मा की ओर से बराबर ख़तरा रहता है। उनका दावा है कि उनके पास हर पत्रिका की पूरी फ़ाइल है, और इनसे मैं इसीलिए बहुत घबराता हूँ। केशवजी को हमेशा प्रसन्न किए रहता हूँ, क्योंकि पता नहीं मेरी कौन-सी कविता किसी को दिखा दें। अंग्रेज़ी साहित्य में वुडहाउस का एक प्रसिद्ध चरित्र है—बड़े घरानों का एक बेयरा-बटलर। उसके पास जब पैसों की कमी होती है तो सहसा अख़बार में विज्ञप्ति देता है कि मैं अब अपने संस्मरण लिखने जा रहा हूँ। जितने राज घराने और बड़े घराने की महिलाएँ हैं, उसे पत्र लिखती हैं कि तुम अपने संस्मरण न छपवाओ, कुछ रुपये की ज़रूरत हो तो भले ले लो। क्योंकि वह बड़े परिवारों में रहा है और किसके घर में किसका आना-जाना था, सब उसे पता है। तो केशवजी की कुछ वैसी ही स्पृहणीय स्थिति है हिंदी साहित्य में कि कोई इनके आगे मुँह नहीं खोल सकता, सबका बही-खाता इनके पास मौजूद है।

यहाँ विश्वविद्यालय में जब मैं पढ़ रहा था तो रघुवंशजी अध्यापक हो गए थे। जगदीशजी भी लगभग इसी वर्ष आ गए थे। थोड़े दिन बाद भारतीजी भी अध्यापक हो गए। भारतीजी के बाद माताबदल जायसवालजी थे, उसके बाद १९५३ के अंत में मेरी

नियुक्ति हुई। नये वर्ष में मैंने कार्यारम्भ किया। तब जायसवालजी भाषाविज्ञान के थे; लेकिन रघुवंशजी, भारतीजी, जगदीशजी और मैं, सब साहित्य के थे, और हम लोगों की बनती भी अच्छी थी। भारतीजी की शादी नहीं हुई थी, अकेले माँ के पास रहते थे, चौक के अतरसुइया मुहल्ले में। अकेले इस अर्थ में कि वे तो दिन भर छुट्टा घूमते थे और माँ उनका खाना उठा कर रख देती थीं। भारतीजी हालाँकि कक्षा में, उम्र में, लेखन में बहुत बड़े थे, लेकिन साथ था, क्योंकि हम दोनों ख़ाली थे। मैं भी हॉस्टल में था। समय हमारे पास था, साइकिलें उठा कर घूमते थे। यह कॉफ़ी हाउस तो तब नहीं था, कुछ रेस्तराँ थे जो कॉफ़ी हाउस के पूर्ववर्ती थे। कॉफ़ी हाउस दूसरे बँगले में आया। अक्सर पुस्तकों की दुकान में जाना होता—यूनिवर्सल बुक कम्पनी थी, और थॉर्नहिल रोड पर मुखर्जी साहब होते थे। अपने बहुत बड़े बँगले के वैसे ही प्रशस्त ड्राइंगरूम में 'द बुक्स' नाम से पुस्तकों की दुकान उन्होंने खोल रक्खी थी। अलग जगह होने के कारण उनके यहाँ अपेक्षया कम लोग पहुँचते थे। बड़ी रुचि से पुस्तकें हम लोग उनके यहाँ देखते और ख़रीदते। वे कमीशन नहीं देते थे—और पुस्तक-विक्रेता अध्यापकों को सामान्य रूप में दस प्रतिशत कमीशन देते। फिर भी जो पुस्तकें वहाँ मिलतीं, वे अन्यत्र सुलभ न होतीं। तो भारतीजी और मैं प्राय: विश्वविद्यालय के बाद तीसरे पहर का कुछ समय 'द बुक्स' में व्यतीत करते। एक तरह से शौक था, नयी-नयी पुस्तकें पढ़ना, नये-से-नये लेखक को पढ़ना। प्राचीन और मध्यकालीन तो अध्यापन की तैयारी में पढ़ते ही रहते थे। इन्हीं दिनों नये लेखकों की गोष्ठी 'परिमल' और प्रगतिशील लेखक संघ का दौर चल रहा था संघर्ष का। विश्वविद्यालय से भारती, रघुवंशजी, साही साहब, जगदीशजी और मैं 'परिमल' के सदस्य थे, विपिन अग्रवाल कुछ बाद में आए। भारती तो एक तरह से मुखिया ही थे। इसी अवधि में नेमिचंद्र जैन की दुकान 'आधुनिक पुस्तक भंडार' चलती थी सिविल लाइन्स में। अपने नाम के अनुरूप यहाँ देशी-विदेशी नवलेखन की रचनाएँ दिखती थीं। नेमिजी मृदुभाषी, 'तारसप्तक' के कवि और स्वयं बहुअधीत व्यक्ति थे। प्रगतिशील लेखकों में वे अग्रणी थे। स्वभावत: उनके भंडार में पुस्तक-चयन मार्क्सवादी साहित्य के पक्ष में रहता, पर अन्य पुस्तकें भी बहुतायत से मिलतीं, नयी देशी-विदेशी पत्रिकाएँ भी। यहाँ सभी मित्र सिविल लाइन्स आते-जाते कुछ समय रुकते, पुस्तकें दिखतीं, गप-शप होती। मजलिस में 'परिमल', 'प्रगतिशील' का कोई भेद-भाव नहीं। उन्मुक्त हँसी-मज़ाक का वातावरण रहता। नेमिजी नयी-से-नयी पुस्तकें मँगाते और उन पर चर्चा होती। हम लोगों के लिखने-पढ़ने में 'आधुनिक पुस्तक भंडार' का भी सहयोग था। सायं भ्रमण में यों गंभीरता और हँसोड़पन साथ-साथ चलते।

एक बार यहाँ हमारे मित्र ने, शायद फ़ातमी साहब उसमें जुड़े हुए थे, शरद जोशी के निमित्त से एक आयोजन किया, कुछ हास्य रस के संबंध में। मुझसे भी कहा गया कि आप भी कुछ बोलिए। मैंने कहा—देखिए, मैंने हास्य रस से संबंधित इधर कोई किताब नहीं पढ़ी। क्योंकि हम लोग परिसर पर उनमें से थे ही नहीं कि पुस्तक हाथ

में लिए पढ़ रहे हैं, और हँस रहे हैं : हा हा ही ही...बड़ी अच्छी पुस्तक लिखी है। हँसने के लिए किताब पढ़ने की ज़रूरत हमें न थी, किसी किताब के पढ़ने से हँसी आ जाए, वह बात दूसरी है। जो लोग बातचीत में हँसी नहीं ला सकते, उनके लिए पुस्तक का सहारा है—आप हरिशंकर परसाई को पढ़िए, केशवचंद्र वर्मा को पढ़िए तथा अन्य लेखकों को पढ़िए और हँसिए। हम लोग पुस्तक पढ़ कर क्यों हँसें, जब अपनी बातचीत में ही हँस सकते हैं।

'परिमल' के मित्रों में हँसोड़पन शायद उनकी सदस्यता के लिए एक अघोषित आवश्यकता थी। यह वृत्ति गोष्ठियों में, कॉफ़ी हाउस की मेज़ पर, घर की बैठकों में तो दिखती ही थी, सड़क चलते मित्रों के बीच भी देखी-सुनी जा सकती थी, चलना चाहे पैदल हो या साइकिल पर। उस क्रम में हँसी-मज़ाक होते थे—जिन्हें थोड़े गंभीर भाव से पर-निंदा कहा जाता था, कठिन तुकबंदियाँ होती थीं, समस्यापूर्त्ति चलती थी। इस सबको सामूहिक रूप में नाम दिया गया था 'सड़क साहित्य'। प्रमुख भागीदार होते साही-सर्वेश्वर-भारती-जगदीश-विपिन-केशव और मैं। मौखिक परम्परा का यह 'साहित्य' इस अर्थ में तो साहित्य होता ही कि इसकी रचना सहित रूप में होती। इसमें की कुछ बानगी केशवजी अपनी हास्य-व्यंग की पत्रिका 'तुंगश्रृंग' में छाप भी देते थे। मेरा भी योगदान इस क्रम में 'चस्काचार्य' नाम से छप गया।

हास्य-व्यंग वार्ताओं में अधिकतर जगदीशजी आलंबन होते, कुछ अपने आकार-प्रकार के कारण, और भारती आश्रय। दोनों की उमर बीती, शादी हुई, बच्चे हैं, श्वसुर हो गए, लेकिन बातचीत का अंदाज भारती और जगदीश का वही रहा। बरसों बाद कभी जब मिलना हुआ तो कुछ देर तक बोलने-बात करने का लहजा वही रहता। कभी-कभार पत्र आए तो उसमें भी वही शरारत का मुहाविरा रहेगा । लगता है कि हम लोग शायद रहते बच्चे ही हैं बराबर, पहले छोटे बच्चे रहते हैं, फिर कुछ बड़े बच्चे हो जाते हैं, और बुढ़ापे को तो दूसरा बचपन कहा ही गया है। यों ढंग वही रहता है, उस बचपन से छुट्टी नहीं मिलती और मेरा ख़याल है कि यह अच्छा ही है जो अपने थोड़े बचपन को हम कहीं बचा कर रख सकें।

भारती जी के साथ यहाँ सेंट जोसेफ़ सेमिनरी में हम लोगों के एक मित्र थे, फ़ादर मॉन्सिनियर एक्सट्रॉस। वे गुवानीज़ मूल के थे, हिंदी बहुत कम जानते थे, और इसके लिए हम लोगों से बहुत लज्जित-संकुचित भी रहते। बड़े प्रसन्न हुए थे जब मैंने अपने बच्चों को उन्हीं के अंग्रेज़ी माध्यम स्कूल से हटा कर हिंदी माध्यम स्कूल में रक्खा। बड़े गद्गद हो कर कहा कि तुमने बड़ा ही अच्छा काम किया जो इन्हें अंग्रेज़ी स्कूल से हटा लिया। वे यत्न कर रहे थे अपने प्रशासनिक स्तर पर कि यहाँ हिंदी में पढ़ाई होनी चाहिए सेंट जोसेफ़ में—कुछ विषय हिंदी माध्यम से, कुछ अंग्रेज़ी माध्यम से। पर वे बोले—लेकिन मैं करूँ क्या? हिंदी क्षेत्र के अभिभावक ही बल दे रहे हैं कि पढ़ाई अंग्रेज़ी में हो। तुमने अच्छा किया जो बच्चों को सेंट जोसेफ़ से हटा कर भारत स्काउट

स्कूल में दाख़िला कराया, विशेष रूप से बच्चों का परीक्षा-फल जब उत्तम कोटि में आ रहा था। इस प्रसंग में इलाहाबाद के बिशप से हुआ पत्राचार मेरे पास सुरक्षित है।

तो ऐसे तेवर के थे फ़ादर एक्सट्रॉस जो स्वयं अटक-अटक कर हिंदी बोल पाते थे। आप लोगों में से बहुतों ने उन्हें विद्वत सभाओं में देखा होगा, हमारे सभाध्यक्ष महोदय (प्रो. गोविंदचन्द्र पाण्डे) के व्यक्तिगत मित्रों में थे वे। वे कैथोलिक मिशनरी थे और धार्मिक सीमाओं में बँधे हुए थे, लेकिन इतने उदार और अध्ययनशील कि धर्म-ग्रंथों से इतर सारे यूरोप का साहित्य उनके लिए हस्तामलक था। पढ़ने और व्यापक विमर्श में उनसे बहुत सहारा मिलता और वैचारिक उत्तेजना। वे सेमिनरी में रहते थे और हम और भारती जी वहाँ जा कर एक प्याला कॉफ़ी पी रहे हैं अपराह्न में, और घंटों साहित्य तथा अन्य विषयों की चर्चा होती। कभी रघुवंश जी भी जाते थे। वहीं फ़ादर बुल्के भी कभी-कभी मिलते जब वे राँची से आते। इलाहाबाद के अपने अध्ययन-काल में वे जगदीशजी, भारतीजी तथा बिशन टंडन के सहपाठी थे। रामकथा पर उनका विस्तृत अध्ययन, जिसे उन्होंने धीरेन्द्रजी-माता प्रसाद जी की देख-रेख में पूरा किया, हिंदी में ही लिखा गया और अंतर्राष्ट्रीय ख्याति का भागी बना। बुल्के जी इलाहाबाद को अपना मायका कहते और यहाँ उनके उत्फुल्ल भाव से यह लक्षणा चरितार्थ होती भी दिखती। तो यह मित्र-मंडली थी जिसमें मुझसे प्रायः सभी आयु, पढ़ाई और मर्यादा में बड़े थे।

मेरा एक बड़ा विचित्र अनुभव इस मामले में यह रहा कि भाई-बहिनों में मैं सबसे बड़ा था परिवार में, लेकिन मित्रों की मंडली में सबसे छोटा था। जितने मेरे मित्र थे मुझसे सब बड़े थे। गंगाप्रसाद पाण्डेय सबसे बड़े, जो सबसे छोटे होंगे—विपिन अग्रवाल या श्याम किशोर सेठ ये भी मुझसे कुछ महीने बड़े हैं। तो जो सबसे छोटे हैं उनसे भी मैं छोटा। 'परिमल' की मित्र-मंडली में मैं सबसे छोटा था तो इसी से स्नेहाधिकार की छूट भी मिली थी कि कभी कुछ अन्यथा बात कह लूँ, कुछ ऊटपटाँग मुँह से निकल जाए तो भी लोग बुरा नहीं मानते थे, हल्की-सी डाँट-डपट से हिसाब पूरा हो जाता था। जितेन्द्रसिंह (पत्रकार) दुखी होते कि मैं संयोजक क्यों नहीं बना, केशवजी बहुत नाराज़ होते थे कि तुमने परिमल में यह काम नहीं किया, वह काम नहीं किया। कभी यह भी कहते कि दरी-चादर हम बिछाते हैं और दुशाला ओढ़ कर बोलने तुम चले आते हो? मैंने कहा—सब को कुछ-न-कुछ करना पड़ता है। भाई, मैं इतना भर कर सकता हूँ। यह इनकी उदारता है, बड़े हैं, मैं क्या कहूँ इनके सामने, लेकिन बर्दाश्त करते थे। लक्ष्मीकान्त वर्मा को, जिनका साथ संपादकीय उपक्रमों में 'नये-पत्ते' (१९५०) से ले कर 'क, ख, ग' (१९६३) तक रहा, मेरी व्यवस्थाप्रियता बर्दाश्त करनी पड़ती थी। हॉस्टल में कभी जब मेरे कमरे में आते तो चिढ़ कर कहते—कहाँ मैं बैठूँ ? बिस्तर की चादर पर कहीं कोई सलवट नहीं, कुर्सी पर कपड़े-मोज़े कुछ फैले नहीं हैं, मेज़ पर किताबें करीने से रक्खी हुई हैं—तुम्हारे कमरे में आने पर मेरा जी घुटने लगता है। मेरी निपट अकर्मण्यता पर अगर कोई ग़ुस्सा नहीं

होता था तो नन्हें भैया अर्थात हरिमोहनदास टण्डन जो बिना किसी की शिकायत किए बहुत-सा काम स्वयं कर लेते थे। बहुत-कुछ ऐसा ही रुख़ आगे चल कर 'विवेचना' और 'नाट्य संस्थान' के संयोजक वाचस्पति पाठक तथा उमा राव का रहा। यों इन वरिष्ठ मित्रों के स्नेह-सान्निध्य में साहित्य-सृजन का संस्कार विभाग में और बाहर चलता रहा। बाद के वर्षों में कविवर सुमित्रानन्दन पन्त और उनकी बहिन शांति जोशी के साथ आत्मीय पारिवारिक संबंध बने।

●

यहीं पर, जब मैं एम.ए. फ़ाइनल में पढ़ रहा था, 'शरत् के नारी पात्र' पुस्तक लिखना आरंभ किया। मैंने आपको बताया कि मैं शरत् से बड़ा अभिभूत था तो मुझे लगा कि शरत् ने अपने कथा-साहित्य में नारी पात्रों का बड़ा गहरा अध्ययन प्रस्तुत किया है। कमल का ख़ास तौर पर प्रभाव पड़ा मन पर, सोचा कि शरत्चन्द्र के पूरे नारी पात्रों का अध्ययन किया जाए। क्रम से एक-एक पुस्तक ले कर उनके नारी चरित्रों का अध्ययन मैंने शुरू किया, और 'सुमित्रा' पत्रिका के संपादक बड़े सम्मान से मेरे उन निबंधों को छापते थे। तो धारावाहिक रूप में 'शरत् के नारी पात्र' पुस्तक छपनी शुरू हुई। बाद की एक-आध किस्त तब तक इंडियन प्रेस में अपना अस्तित्व बनाए हुए 'सरस्वती' में छपी। जब तक मैंने फ़ाइनल किया होगा तब तक यह पूरी पुस्तक तैयार हो गई। फिर प्रथम पुस्तक के रूप में उसका प्रकाशन १९५५ में भारतीय ज्ञानपीठ से कैसे हुआ, इसका संक्षिप्त वृत्त पहले बता आया हूँ। एक मानी में शरत्चन्द्र के साथ यह कहना अन्याय है कि एम.ए. के स्तर पर लिखने लायक यह पुस्तक थी। लेकिन कम-से-कम शरत् का 'देवदास' और भारती का 'गुनाहों का देवता' और एम. ए. प्रीवियस की आयु, इनमें कम-से-कम एक तालमेल तो बनता ही था।

'देवदास' से और 'गुनाहों का देवता' से शुरू करके एक तरह से मैंने अपनी साहित्यिक रुचि बनाना शुरू किया। स्वयं भारती में आपने अनुभव किया होगा कि 'गुनाहों का देवता' से ले कर 'अंधा युग' तक उन्होंने कितनी मंज़िल पार की। शरत्चन्द्र में भी आपने लक्षित किया होगा 'देवदास' से ले कर 'शेष प्रश्न'-'विप्रदास' तक एक बड़ी यात्रा उन्होंने स्वयं तय की। मैंने लगभग धीरे-धीरे उसी मंज़िल पर क्रमशः चलना शुरू किया। और एक तरह से मुझे यह सुविधा रही कि साहित्य को जिसे कहते हैं कि मैंने 'ग्रैजुएट' किया, क्रमशः पाया। धीरे-धीरे मैं चला, एकबारगी नहीं। जीवन के अन्य क्षेत्रों में भी मेरी गति कुछ ऐसी ही रही क्रमोपलब्धि की। पहले मेरे प्रिय कवि बच्चन थे, फिर पंत को मैं समझता कि बड़े मार्के के कवि हैं। रघुवंशजी से बहस होती थी, वे निराला के लिए कहते कि 'उनकी संध्या सुंदरी' कविता अच्छी है, मैं कहता था कि पंत की वह कविता अच्छी है—'अभी गिरा रवि ताम्र कलश सा गंगा के उस पार'। ख़ैर, जैसा मैंने कहा कि धीरे-धीरे मैं बढ़ता रहा, और फिर प्रसाद-निराला, इस क्रम में आगे बढ़ा।

आज भी मेरी स्थिति यही है। मैं यह बड़ा सौभाग्य मानता हूँ कि मैं साहित्य को पूरा नहीं पा सका। मेरे लिए अभी बहुत कुछ शेष है, और जैसे आदमी अपना अच्छा खाना धीरे-धीरे खाता है, लगभग मेरे लिए साहित्य की रुचि उसी तरह है कि अब भी आश्चर्य में डालने वाली चीज़ें हैं। रचनाएँ पढ़ता हूँ, पुरानी रचनाएँ पढ़ता हूँ तो भी नया मिलता है, और नयी रचना पढ़ने से नया अर्थ मिलता ही है।

विश्वविद्यालय के हिंदी विभाग में मेरी नियुक्ति का अपना रुचिकर नाटकीय प्रसंग है। हॉस्टल के दिनों में सिनेमा का शौक अधिकतर आवासियों का रहता है। सिनेमा में मेरे साथी अंग्रेज़ी चित्रों के लिए प्रायः विनोद दुबे और कभी आनंद शुक्ल होते, जो सामने गंगानाथ झा छात्रावास में रहते थे और अंग्रेज़ी साहित्य के विद्यार्थी थे। कभी उनके सहपाठी ईश्वरनाथ अग्रवाल। हॉस्टल के मित्रों के साथ हिंदी सिनेमा अधिकतर चलता। १९५२ में एम. ए. कर लेने के बाद प्रो. धीरेन्द्र वर्मा के निर्देशन में 'आगरा ज़िले की बोली' विषय पर शोध-कार्य आरंभ किया। धीरेन्द्रजी ब्रजभाषा के जाने-माने विशेषज्ञ थे, स्वयं उनका शोध-प्रबन्ध डी.लिट. (पैरिस) के लिए ब्रजभाषा पर था, जिसे उन्होंने प्रख्यात भाषावैज्ञानिक ज्यूल्स ब्लॉख़ की देख-रेख में पूरा किया था। अपने शोध-प्रबंध के माध्यम से गुरु-ऋण/ऋषि-ऋण में तो क्या, अपने पैतृक क्षेत्र की बोली का कुछ ऋण उतारने की ज़रूर कोशिश कर रहा था। उस अवधि में विश्वविद्यालयीय अवकाश के दिनों में भी पुस्तकालय-सुविधा बनी रहने के कारण अपने घर कानपुर न जा कर हॉस्टल में ही रुक जाता था। १९५३ का क्रिसमस-अवकाश था, अधिकतर साथी-मित्र बाहर चले गए थे। मैं सायंकालीन 'शो' के लिए स्थानीय पैलेस सिनेमा गया हुआ था। प्रख्यात नाटककार आर्थर मिलर की रचना 'डेथ ऑफ़ ए सेल्समैन' पर बनी फ़िल्म सिर्फ़ उसी दिन के लिए लगी हुई थी। नाटक मेरा पढ़ा हुआ था, यह अतिरिक्त कारण था उस प्रदर्शन मं पहुँचने का। अन्यथा फ़िल्म के कई संवाद समझने में कठिनाई होती थी, और तब बहुत बार दूसरों को हँसते देख कर उनके साथ हँसना होता था।

पैलेस पहुँचने पर साइकिल रखने के बाद टिकट लेने पहुँचा। भीड़ तो कुछ ख़ास नहीं थी, पर पैलेस के पारसी मालिक गाँधी इस बात की बहुत चिंता रखते थे कि सब लोग लाइन में खड़े हो कर टिकट ख़रीदें। फ़र्स्ट क्लास का टिकट २ रु. २ आना (आजकल का दो रुपया बारह पैसे) का था, बाल्कनी के लिए २ रु. १० आना (दो रुपया साठ पैसा) देना होता। हम लोग अधिकतर २ : २ का टिकट लेते थे। लॉबी में देखा धीरेन्द्र जी अपनी पत्नी के साथ आए हुए हैं—वे लोग कई बार छविगृहों में दिख जाते थे। फिर यह भी देखा कि धीरेन्द्र जी पत्नी को नोट दे रहे हैं यह संकेत करते हुए कि तुम टिकट ले लो। मैं अपने लिए टिकट लेने जा ही रहा था—तो डॉक्टर साहब से मैंने कहा कि लाइए मैं आप के टिकट भी ले लूँगा। उन्होंने वह नोट मुझे दे दिया। टिकट और बाकी पैसे देने जब मैं उनके पास पहुँचा तो सधन्यवाद टिकट और बाकी लेते हुए अपने सहज मंद स्वर में कहा—रजिस्ट्रार कार्यालय से तुम्हारी नियुक्ति का

पत्र आ गया है, क्रिसमस अवकाश के बाद उमाशंकरजी (पं. उमाशंकर शुक्ल) से मिल कर अपना टाइम टेबल ले लेना। आप मेरी इस आकस्मिक प्रसन्नता का अनुमान कर सकते हैं। देश-काल-पात्र को मिला कर एक विलक्षण आनंद की अनुभूति थी। मैं कुछ ढंग से उत्तर भी न दे सका, स्वीकृतिसूचक गरदन हिलाने के अलावा। वे लोग हॉल में अपनी सीट पर चले गए, मैं अपने प्रिय बैठक-क्षेत्र में पहुँच गया। वहाँ देखा हमारे मित्र सूरतदास श्रीवास्तव बैठे हैं। वे कुछ समय पूर्व अर्थशास्त्र विभाग में नियुक्त हो चुके थे—तथा आई.ए.एस. की तैयारी में लगे थे। पैलेस सिनेमा और कॉफ़ी हाउस के वे भी नियमित दर्शनिया थे। मैंने सबसे पहले उन्हीं को शुभ समाचार सुनाया और हार्दिक बधाई ली। मनचाही वृत्ति आप-से-आप मिल गई! आज के परिवेश में जब इस पूरे प्रसंग को स्मरण करता हूँ तो परीकथा जैसा लगता है।

अब छात्रावास, हिंदी विभाग, कॉफ़ी हाउस सिविल लाइन्स—इन्हीं तीन स्थानों पर हम लोगों का अधिकतर समय बीतता था। कॉफ़ी हाउस दिन में दो-एक बार जाना होता। वहाँ नियमित बैठक करने वालों में अंग्रेज़ी विभाग के ज्योतिस्वरूप सक्सेना तथा विजयदेवनारायण साही प्रमुख थे। ज्योति अपने विस्तृत तथा चतुर्मुखी अध्ययन और विवाद-कौशल के लिए विख्यात थे। वे एक तरह से कॉफ़ी हाउस के भुमिया हो गए थे। चौबों के यहाँ भाँग-ठंडाई का आम रिवाज़ था, यद्यपि हमारा परिवार यहाँ मूल धारा से अलग था। इसके बावजूद भाँग से संबंधित पूरी शब्दावली से हम लोग अच्छी तरह परिचित थे। समय की दृष्टि से भंग-सेवन के तीन प्रकार थे—कागाबासी, भोग-विलासी, सत्यानाशी। इस समय-क्रम को मैंने कॉफ़ी हाउस-चर्या में इस प्रकार प्रक्षिप्त किया था—सबेरे आठ-नौ के बीच का समय कागाबासी—जैसे कौवे प्रातःकाल आकाश-भ्रमण और भोजन-संधान के लिए निकलते हैं; भोगविलासी का समय शाम का था, जब दिन भर काम-काज की व्यस्तता के बाद सायंकाल अच्छे से तैयार होकर सत्संग के लिए मित्रों के बीच पहुँचना होता है और सत्यानासी जब गर्मी की दोपहर को चील अंडा छोड़ कर उड़ने को हो तब मित्रों के साथ पेय की व्यवस्था करना। इनमें से पहला कागाबासी का समय, स्पष्ट हीं, हमारी मित्रमंडली के लिए सुगम न था कि वे प्रायः सब-के-सब देर रात तक पढ़ने के अभ्यस्त थे। मैं स्वयं इस कोटि का विद्यार्थी न था, पर इससे क्या! इसलिए शेष दो क्रम प्रचलित थे। सायंकालीन गोष्ठी तो नित्य की थी—दोपहर की उस अवधि में ख़ास तौर से जब हम लोग विश्वविद्यालयीय परीक्षाओं में 'इनविजिलेंस ड्यूटी' पूर्वाह्न में साढ़े दस के आस-पास ख़त्म करते थे। वहाँ से सीधे कॉफ़ी हाउस—गरम कॉफ़ी के साथ, अप्रैल-मई के गरम दिनों में, गरमागरम बहस साहित्य, संस्कृति या किसी इतर विषय पर दो-ढाई घंटे चलती। दोपहर एक बजे के आस-पास जब साइकिलों पर वापसी होती तो मित्रमंडली प्रायः सत्यानाशी नामकरण को स्मरण करके प्रसन्न हो लेती। अवकाश ग्रहण के बाद से, और इधर बिजली कटौती के कारण, अब तीनों समय एक पूर्वाह्न में ही सिमट गए हैं—'हम भी वही हैं, तुम भी वही हो, लेकिन अब वो बात कहाँ!'—फ़िराक़ को छोड़ कर और कौन कह सकता है?

शोध-विद्यार्थी था मैं भाषा-विज्ञान का। धीरेन्द्रजी का शिष्य था, 'आगरा ज़िले की बोली' पर मैंने रिसर्च शुरू की। डॉ. विश्वनाथ प्रसाद, आगरा के केन्द्रीय हिन्दी तथा भाषा-विज्ञान पीठ के निदेशक, वे मेरे परीक्षक थे। उस ज़माने में धीरेन्द्रजी की मान्यता थी कि एक परीक्षक हिंदी क्षेत्र के बाहर का होना चाहिए। अच्छा हो विदेश का हो, यदि विदेश का न हो तो कम-से-कम हिंदी क्षेत्र के बाहर का हो। डॉ. एस.एम. कत्रे, जो भारतीय भाषावैज्ञानिकों में शीर्ष भाषावैज्ञानिक थे, डेक्कन कॉलेज पूना के निदेशक थे, मेरे दूसरे परीक्षक थे। भाषाविज्ञान का मैंने अपना अध्ययन आरंभ किया। मेरे बहुत-से सहपाठी-मित्र समझते थे कि मेरी भाषाविज्ञान में रुचि है, और उनका समझना ठीक था, लेकिन मेरी रुचि साहित्य में भी थी। सन १९५५ में ही मेरी शादी हुई थी फ़रवरी में। मित्र लोग कहते थे कि तुम्हारी शादी फ़रवरी में हुई है और अप्रैल-मई में वहाँ पूना में समर स्कूल ऑफ़ लिंग्विस्टिक्स में कहाँ पढ़ने जा रहे हो? मैंने कहा—नहीं, मैंने धीरेन्द्रजी से कहा है, मैं जाऊँगा। एक महीने मैं वहाँ रहा। वहाँ मेरे सहपाठियों में प्रो. माताबदल जायसवाल थे और हमारे मित्र नामवर सिंह थे। एक ग्रुप-फ़ोटो है उस समय का हमारे पास जिसमें हम सब समर स्कूल के विद्यार्थी हैं। उसमें से बहुत-से लोग निकल कर प्रख्यात भाषावैज्ञानिक हुए। प्राध्यापक-मंडली में डॉ. सुनीति कुमार चटर्जी से लेकर भारतीय भाषाविज्ञान की प्राय: सभी आधुनिक विभूतियाँ देखी जा सकती हैं। गुरुजनों की सलाह थी और मेरी अपनी इच्छा भी कि भाषाविज्ञान की तैयारी के लिए संस्कृत का व्यवस्थित अध्ययन करूँ। इसके लिए एक प्रसिद्ध प्राध्यापक के द्वारे पहुँचा भी, पर उनसे कुछ व्यस्तताओं के कारण यह संभव न हो सका।

लेकिन पूना से मैंने अनुभव कर लिया कि भाषाविज्ञान और साहित्य को साथ-साथ ले चलना अब संभव नहीं है। भाषाविज्ञान की भाषा एकदम बदल गई थी और प्रक्रिया भी और अब दोनों को साथ ले चलना नहीं हो सकता। धीरेन्द्रजी मेरे गुरु, जैसा मैंने बताया, बड़े उदार थे। 'गुनाहों का देवता' के लेखक भारती और श्रृंगार के सवैया लिखने वाले जगदीश जी को अपने साथ रक्खा था। भाषाविज्ञान के साथ पाठविज्ञान, लोकसाहित्य, प्राकृत-अप्रभंश और भारतीय संस्कृति, मध्यकालीन तथा आधुनिक साहित्य के चुने हुए अध्येता और शोधकर्ताओं को उन्होंने विभाग में रखा था। इनमें से कई-कई अनुशासन तो स्वयं उनके प्रोत्साहन से स्फुटित हुए थे। अपनी मितभाषिता के बावजूद कभी उन्होंने किसी विभागीय बैठक में कहा था कि यहाँ विषय की हर शाखा के शीर्ष विद्यान और शोधकर्ता प्रस्तुत हैं। पर विश्वविद्यालय की अपनी केन्द्रीय व्यवस्था के कारण नये अध्यापकों को बरसों ऐडहॉक/अस्थायी रहना पड़ता था। साही साहब का रिकार्ड तेरह साल का था। धीरेन्द्रजी एक बार आगरा किसी मीटिंग में गए हुए थे तो विश्वनाथजी ने उन्हें 'ऑफ़र' किया मेरे लिए कि उस लड़के को यहाँ विद्यापीठ में भेज दो, यहाँ भाषाविज्ञान की स्थायी नियुक्ति दे देंगे। विश्वनाथजी प्रकृति से बड़े सरल और सहृदय थे, धीरेन्द्रजी को गुरु जैसा मानते थे, उन्हीं के स्नेहाधिकार

से मेरे लिए उन्होंने निमंत्रण भेजा था। धीरेन्द्रजी ने विश्वनाथ जी का संदेश दुहराया और कहा कि मैंने उन्हें समझाया कि ये मूलतः साहित्य वाले लोग हैं, इलाहाबाद छोड़ कर आना इनके लिए संभव नहीं। इसके बाद उन्होंने जोड़ा—ठीक जवाब दिया न मैंने? मैंने स्वीकारसूचक सिर हिला दिया। साहित्य-केन्द्र के रूप में आधुनिक काल में इलाहाबाद का यह वर्चस्व यों विख्यात था। एलियट की जीवनी में पढ़ा था कि कैसे उन्होंने अमरीकी विद्या-केन्द्र हार्वर्ड को छोड़ कर कविता के लिए लन्दन में रहना चुना था। इलाहाबाद का इस दृष्टि से श्रीधर पाठक, महावीरप्रसाद द्विवेदी और निराला, पन्त, महादेवी के समय से युवा लेखन तक लेखकों-रचनाकारों के लिए चुंबकीय आकर्षण रहा है। मैं कई गुरुजनों-मित्रों को जानता हूँ जो बेहतर पद का प्रस्ताव मिलने पर भी बाहर नहीं गए। इस व्याख्यान-माला के संयोजक सत्यप्रकाश मिश्र दो साल के करार पर टोक्यो गए। वहाँ के अंतर्राष्ट्रीय विश्वविद्यालय में हिंदी पढ़ाने के लिए, पर दो महीने में लौट आए। यों इस प्रकार के निर्णय बहुधा अलग-अलग प्रकार की पारिवारिक परिस्थितियों को ध्यान में रख कर किए जाते हैं, और किए भी जाने चाहिएँ। अकेला व्यक्ति अपने लिए ज़िम्मेदार होता है, परिवार होने पर पहली ज़िम्मेदारी उसकी हो जाती है।

जैसा मैंने कहा, पूना-प्रवास के दिनों में मैंने समझ लिया था कि भाषाविज्ञान में स्वतंत्र रूप में मेरी गति नहीं हो सकती। जैसे कविता मेरी नियति नहीं थी, वैसे भाषा-विज्ञान में भी गति नहीं। तो कविता एक सिरे पर, भाषाविज्ञान दूसरी ओर—इनके बीच कहीं मुझे रहना था। कई भारतीय विश्वविद्यालयों में कुछ सप्ताह अतिथि अध्यापक रहने के अलावा मैं स्वयं पूरे समय इलाहाबाद रहा हूँ।

१९६० के दशक में बंधुवर विद्यानिवास मिश्र का अत्यन्त स्नेहपूर्ण आग्रह कैलिफ़ोर्निया विश्वविद्यालय, बर्कले (अमरीका) से आया कि मैं वहाँ नियुक्ति ले लूँ अतिथि-प्राध्यापक रूप में। बाद में ऐसा ही प्रस्ताव जापान के मित्र काज़ुहिको माचिदा का टोक्यो विश्वविद्यालय के लिए था। पत्नी की प्रबल इच्छा और प्रेरणा के बावजूद मैं ही अपना मन नहीं बना सका। बरसों बाद बीच वाले बेटे विनय के अमरीका रहने के कारण पत्नी के साथ अनेक यात्राएँ वहाँ की हुईं, फिर इसी क्रम में जापानी विदेश मंत्रालय के निमंत्रण और वहाँ के मित्र शिगेनोबू सुज़ूकी तथा मासायुकि तागा के आग्रह पर एक संक्षिप्त यात्रा जापान की हुई। ये तथा इससे जुड़ी सभी विदेश यात्राएँ किसी काम के लिए नहीं, विशुद्ध भ्रमण और आवास के लिए हुई हैं।

अब तक मेरे लिए कुछ लिखना-पढ़ना-छपना व्यवस्थित रूप में आरम्भ हो गया था। लिखने-छपने के साथ पारिश्रमिक/मानदेय की बात आती है। यह ठीक है कि लिखने से मेरी आजीविका नहीं जुड़ी थी। आरम्भ में घर का सहारा था, फिर एम.ए. करने के एक वर्ष बाद ही नियुक्ति मिल गई। यों, शुरू की हल्की गृहस्थी के योग्य बजट पूरा पड़ जाता था, यद्यपि पति-पत्नी और बच्चों के अतिरिक्त, परिवार के कोई-न-कोई और पढ़ने-योग्य बच्चे हमारे साथ बराबर रहे। यह ढंग विश्वविद्यालय-

समाज के सदस्यों के अतिरिक्त अन्य घरों में भी प्रचलित था। इलाहाबाद लंबे समय से पढ़ाई और प्रतियोगिता-परीक्षाओं का विशिष्ट केन्द्र रहा है समूचे उत्तर भारत में। तो इलाहाबाद की गृहस्थी में परिवार के दो-एक अतिरिक्त बच्चों का रहना-पढ़ना सामान्य-सी बात है, जैसे कि यहाँ घरों में संगम स्नान करने वालों, हाईकोर्ट में मुकद्दमा लड़ने वालों, और उत्तर प्रदेश शिक्षा-बोर्ड के कई तरह के कामों के लिए लोगों का आना लगा ही रहता है। बहरहाल, विश्वविद्यालय के नियमित वेतन के अतिरिक्त पहला पारिश्रमिक मुझे अभी तक स्मरण है। शरत् के नारी पात्रों का अध्ययन करने की अवधि में ही एक लेख लिखा था शरत् के नारी पात्रों की सामान्य प्रवृत्तियों के संबंध में। 'परिमल' के सदस्य ओंकार शरद प्राय: हर बरस शरत्चन्द्र चट्टोपाध्याय की जयंती मनाते थे। उसी अवसर पर मैंने वह लेख पढ़ा और फिर उसी जयंती के अनुकूल इलाहाबाद के तब प्रसिद्ध दैनिक 'भारत' के रविवासरीय संस्करण में उसे छपने दे दिया। प्रकाशन के बाद दस रुपये के आस-पास का पारिश्रमिक—कॉलम की गिनती के अनुसार—आप-से-आप आ गया। इस पारिश्रमिक पर जो गर्व-मिश्रित प्रसन्नता का अनुभव हुआ, वह आप सोच सकते हैं। इसी तरह पहली रॉयल्टी का प्रसंग है। 'शरत् के नारी पात्र' के लिए पहली रॉयल्टी कई सौ रुपये की मिली थी। परिवार की परम्परा के अनुसार छोटी बहन के लिए उस रुपये से एक हाथ घड़ी खरीदी, पत्नी के परामर्श पर।

इलाहाबाद की आरम्भिक गृहस्थी के दिनों में डॉ० बाबू राम सक्सेना, डॉ० धीरेन्द्र वर्मा और पं० उमाशंकर शुक्ल के परिवारों से जो आत्मीयता मिली, वह आगे भी सघन रूप में चलती रही है। डॉ० रघुवंश के साथ और सान्निध्य में तो अभी तक रहना होता है। इलाहाबाद के जीवन में वैदुषिक और भावात्मक पक्षों का यह प्रीतिकर समंजन रहा है।

●

भारती की दोस्ती अपने ढंग से नाटकीय थी। उसका उल्लेख ज़रा पीछे जा कर करना होगा। आपको दुष्यन्त की बात बता रहा था। वे मेरे हॉस्टल में रहते थे। मैंने यह भी बताया कि 'गुनाहों का देवता' पर मैंने एक समीक्षात्मक निबंध लिखा था। शाम को हम लोग चाय पीते थे—सभी हॉस्टलों का नियम था कि एक खोमचावाला आता है, समोसा, आलू की टिक्की वग़ैरह देता है। हम लोग वहीं खड़े हुए खा-पी रहे थे। दुष्यन्त भी थे। दुष्यन्त ने कहा—अरे भाई, वो तुम्हारा लेख भारतीजी ने पढ़ा और बड़े प्रसन्न हैं, तुमने जो 'गुनाहों का देवता' के बारे में लिखा है। मैं बड़ा चमत्कृत कि मेरा लेख कानपुर से निकलने वाली पत्रिका में भारतीजी ने पढ़ा। फिर बोले, यही नहीं वो आज आएँगे हॉस्टल में तुमसे मिलने। मैं एकदम सकते की स्थिति में। 'गुनाहों का देवता' उस समय पत्र-पत्रिकाओं में, मित्रों की चर्चा में, बहसों में छाया हुआ था—उस उपन्यास का लेखक मेरे जैसे सामान्य एम०ए० प्रथम वर्ष के छात्र से मिलने हॉस्टल में उसके कमरे पर आ रहा है! सहसा विश्वास नहीं हुआ। हाथ में दोना और

समोसा-आलू की टिक्की लिये अवाक्। दुष्यन्त ने कहा—लाओ—वे मसखरे टाइप के मस्त आदमी थे—दोना मुझे दे दो, वो आते ही होंगे। मैंने कुछ अनिश्चय भाव से दोना उन्हें थमा दिया। कहा—ठीक है, मैं ज़रा भारतीजी को देखूँ। 'गुनाहों का देवता' की चर्चा 'संगम' पत्रिका में कई बार हो चुकी थी। 'संगम' पंडित इलाचंद्र जोशी साप्ताहिक रूप में भारती भंडार से निकालते थे। उसमें गंगाप्रसाद पाण्डेय का मैं एक निबंध पढ़ चुका था। 'गुनाहों का देवता' की व्याख्या में बड़े विस्तार से लिखा गया था कि कैसे छायावादी कविताएँ तो लिखी गई हैं, छायावादी उपन्यास यदि कोई है तो 'गुनाहों का देवता'। यों मैं अनुमान और प्रमाण दोनों से समझ चुका था कि 'गुनाहों का देवता' और उसका लेखक काफ़ी ऊँची स्थिति में है। ख़ैर, भारतीजी कुर्ता-पायजामा पहने साइकिल पर, जहाँ रामजी पांडे आजकल हैं, उसी कार्यालय में थे—हिंदुस्तानी एकेडेमी का दफ़्तर उन दिनों बिजलीघर के पास होता था—वहाँ से मिलने आए थे। ख़ैर, मिले, बातें हुईं, एक संपर्क बना और अपनी कई पुस्तकें उन्होंने भेंट दीं, यों दोस्ती हो गई।

भारती के कारण मैं 'परिमल' (स्था. १९४४) में पहुँचा। अतिथि-रूप में कई बार उसकी बैठकों में सम्मिलित हो चुका था, अब डॉ० हरदेव बाहरी के प्रस्ताव पर—जो विषय से भाषाविज्ञान के होते हुए भी साहित्यिक गतिविधियों में पूरी रुचि रखते थे—मैं 'परिमल' का सदस्य बना लिया गया। 'परिमल' अपने में एक विचित्र प्रकार की संस्था थी। व्यावहारिक दृष्टि से जितनी साधनहीन, रचनात्मक दृष्टि से उतनी ही सम्पन्न। पखवारे में एक बैठक होती किसी सदस्य के घर, या यूनिवर्सिटी रोड के जगाती रेस्तराँ जैसे किसी स्थान पर। हिंदी पाठक जगाती के नाम से और उसकी साहित्यिक सहृदयता तथा उदारता से किसी क़दर परिचित हैं; भगवती चरण वर्मा ने अपना 'देवदास' प्रकृति का उपन्यास 'तीन वर्ष' उन्हीं को समर्पित किया है। मीटिंगों में सामान्य चाय-कॉफ़ी कुछ हल्के नाश्ते के साथ रहती। घर की बैठकें प्राय: गोलाकार बैठकों में होतीं। कोई सदस्य पूर्व निश्चित कार्यक्रमानुसार अपनी रचना का पाठ करता, फिर उन्मुक्त भाव से उस पर बहस होती। प्राय: बाहर से आए कोई लेखक बंधु होते तो उन्हें भी निमंत्रित किया जाता। विशेष अवसरों पर कुछ बड़े कार्यक्रम आयोजित होते, तो चंदा-चिट्ठे का उपक्रम होता। सामान्यत: कोई चंदा न होता, न कोष और न बैंक-खाता; सच्चे, सर्वहारा, खोने के लिए कहीं कुछ नहीं। पर रचनात्मक और वैचारिक दृष्टि से सामूहिक स्तर की अभूतपूर्व तेजस्विता 'परिमल' की विशेषता थी। छायावाद के बाद नवलेखन की अधिकतर प्रवृत्तियों का पोषण यहाँ हुआ—व्यक्तिगत रचनाओं में अलग-अलग सामूहिक स्तर पर 'परिमल'। कॉफ़ी हाउस की बैठकों में और समय-समय पर प्रकाशित पत्रिकाओं में। लघु पत्रिकाओं का क्रम एक तरह से यहीं आरंभ होता है, जो फिर प्रकाशकीय पत्रिकाओं और अन्य आयोजनों में फैलता है। 'नये पत्ते' (निराला का आरंभिक काव्य-संग्रह 'परिमल' यदि 'परिमल' संस्था के नामकरण में है तो परवर्त्ती संकलन 'नये पत्ते' का शीर्षक यहाँ प्रेरक है), 'नयी

कविता', 'आलोचना', हास्य–व्यंग्य प्रधान 'तुगश्रृंग' तथा विचार–त्रैमासिक 'क ख ग' परिमल–सदस्यों द्वारा प्रवर्त्तित–संपादित किए गए। 'परिमल' सदस्यों में से कई इलाहाबाद विश्वविद्यालय के हिंदी–उर्दू–अंग्रेज़ी–दर्शन–भौतिकी विभागों में प्राध्यापक थे। यों परिसर का एकेडेमिक चरित्र तथा समकालीन साहित्य–रचना की जीवंतता भी एक–दूसरे के संपर्क में आती थी। अपने ढंग का अद्वितीय साहित्य कोष जिसके सहयोगी लेखकों में पूरा भारतीय विद्वत समाज सम्मिलित था, ज्ञानमंडल काशी द्वारा दो भागों में प्रकाशित हुआ 'हिंदी साहित्य कोष' नाम से (१९५८–१९६३), जिसके सम्पादक–मण्डल में धीरेन्द्र वर्मा, ब्रजेश्वर वर्मा, रघुवंश, धर्मवीर भारती, रामस्वरूप चतुर्वेदी थे। इस संपादक–मण्डल में 'परिमल' तथा इलाहाबाद विश्वविद्यालय के हिंदी विभाग का सहकार बहुत अच्छे ढंग से देखा जा सकता है। चालीस से सत्तर के दशक के बीच 'परिमल' प्रायः पच्चीस वर्ष तक सक्रिय रहा, जिस अवधि में छायावाद–युग के रचनाकार उसके संरक्षक थे—प्रगतिवाद-प्रयोगवाद के द्वन्द्व में उसका पोषण हुआ—नयी कविता—नवलेखन उसकी उपलब्धि—स्वतंत्र भारत की पहली—कही जा सकती है। 'परिमल' में अगली पीढ़ी के लेखक आए—श्रीराम वर्मा, मलयज, दूधनाथ सिंह, सत्यप्रकाश मिश्र, शिवकुटी लाल वर्मा, प्रमोद सिनहा।

'परिमल' के सदस्यों का मुख्य कार्यक्षेत्र तो कविता ही था, जैसे कि इलाहाबाद के पहले बड़े कृतित्व छायावाद का था, पर कथा–साहित्य में भी उसका योगदान बराबर चलता रहा—इलाचंद्र जोशी, धर्मवीर भारती, लक्ष्मीनारायण लाल, रघुवंश, केशवप्रसाद मिश्र, लक्ष्मीकांत वर्मा से ले कर विपिन अग्रवाल, दूधनाथ सिंह के प्रयोगों ने हिंदी में अपनी जगह बनाई। इसी प्रकार नाट्य क्षेत्र में लक्ष्मीनारायण लाल, विपिन अग्रवाल, सत्यव्रत सिनहा का कार्य था। यों हिंदी नवलेखन—नयी कविता की पहिचान 'परिमल' से बनती है, जिसके साक्षी और भागीदार के रूप में मैं भी चलता रहा। इस बिंदु से उठ कर फिर आलोचकीय यात्राएँ और किधर–किधर गईं, उससे आप थोड़ा–बहुत परिचित होंगे।

'परिमल' में मैंने कहा कि मैं लेखक नहीं, आलोचक हूँ। आलोचक, इकलौता आलोचक था, ऐसा तो कहना नहीं चाहिए, लेकिन इकलौता शुद्ध आलोचक तो था ही। क्योंकि मैंने यह तो घोषित किया ही नहीं था कि कविता भी लिखता हूँ। मैंने स्वयं को वहाँ आलोचक कह कर रखा; 'गुनाहों का देवता' का आलोचक, शरत्चन्द्र का आलोचक, यही मेरा परिचय था। तो आलोचक होने के नाते जो एक तरह की सराहना होती है सर्जनात्मक लेखकों के बीच में वह मुझे अनायास मिल गई।

'गुनाहों का देवता' वाले लेख में मैंने कुछ अंग्रेज़ी शब्दावली डाल कर दिखाया था कि उसमें बर्टी की जो कहानी है आधे पगले–से की, वह कहानी के भीतर एक 'एंटीमास्क' है। कहीं मैंने पढ़ा था कि कहानी के भीतर जो मूल कहानी का मखौल उड़ाए तो वह 'एंटीमास्क' है, वह मुझे याद है। मैंने झट से लगा दिया कि बर्टी की

कथा पूरे उपन्यास के संदर्भ में, 'एंटीमास्क' है। इस तरह के कुछ पुस्तकीय चुटकुले डाल कर एक घाल-मेल-युक्त लेख था यह। तो 'परिमल' में क्योंकि मैं छोटा था सो स्नेह मिला और आलोचक था तो थोड़ी सराहना मिली, क्योंकि मैं सबकी आलोचना करता था। आप जानते हैं कि 'परिमल' में रचना पढ़ी, और बारी-बारी से सब आलोचना करेंगे, यह नियम था। केशवजी आज मेरी आलोचना कर देंगे, कल फिर जब इनकी रचना पढ़ी जाएगी तो क्या होगा? हर आदमी आमने-सामने आलोचना करते समय बहुत डरता है—'संग उठाया था कि सर याद आया'—ग़ालिब का शेर कि मजनूँ पर पत्थर उठाया तो याद आया कि अपने भी सिर है, कभी अपने ऊपर भी पत्थर आ सकता है। केशव और भारतीजी डरते थे कि आज मैंने दूसरे की आलोचना कर दी तो कल मेरी वही नौबत आएगी। मैं निर्द्वन्द्व था क्योंकि न कविता पढ़नी, न कहानी पढ़नी, और न उपन्यास का अंश सुनाना, मैं तो शुद्ध आलोचक हूँ, चौबीस घंटे, ३६५ दिन। यों, 'परिमल' की कोई गोष्ठी हो, मेरी उपस्थिति अनिवार्य, सब में मुझे बोलना। इस नाते जबरन 'परिमल' में मेरी एक विशिष्ट स्थिति बन गई, जो आगे चल कर मेरे लिए कुछ तकलीफ़देह भी हुई। तकलीफ़देह इस मायने में कि मेरा हर मित्र अपेक्षा करे कि मैं आलोचना करूँगा तो उसके लिए भी लिखूँगा। लेखकों के शहर में आलोचक होना एक अस्पृहणीय स्थिति है, क्योंकि जब आप आलोचना लिखेंगे तो कुछ भली-बुरी बात भी लिखेंगे और मित्र नाराज़ होगा। एक दिन मैंने घोषित कर दिया कि मैं अब कोई पुस्तक-समीक्षा नहीं लिखूँगा। क्योंकि मेरे कई मित्र नाराज़ हो गए हैं कि मैंने उनकी समीक्षा अच्छे से नहीं लिखी। मैं न समीक्षा लिखूँगा और न किसी के बारे में ख़ास तौर से लिखूँगा, अब पूरी पुस्तक ही लिखूँगा। पूरी पुस्तक में जहाँ जिसका जैसा ज़िक्र आ जाए तो ठीक है, अन्यथा अलग से नहीं लिखूँगा।

मैंने जब इतिहास लिखा 'हिंदी साहित्य और संवेदना का विकास' (१९८६) तो मैंने कहा कि समकालीन परिदृश्य पर यह सबसे अप्रसीदकर पुस्तक है। इससे कोई प्रसन्न नहीं। जिसका इसमें उल्लेख नहीं, वह सीधे इससे अप्रसन्न होगा; जिसकी चर्चा है, वह कहेगा इससे ज़्यादा क्यों नहीं है। जिसकी कुछ अधिक चर्चा है, कहेगा उससे भी अधिक होनी चाहिए। एक मेरे मित्र जिन्होंने कहा कि तुमने मेरे बारे में तो ठीक लिखा, लेकिन तुमने अमुक के बारे में मुझसे ज़्यादा क्यों लिख दिया। अब इसका मेरे पास कोई जवाब नहीं। उन्होंने बड़ी ईमानदारी बरती—कि मेरे बारे में ठीक है, लेकिन वह दूसरा दुष्ट है, उसके बारे में अधिक नहीं लिखना चाहिए था। अब ऐसी कठिन तराज़ू लेकर कोई आलोचक-इतिहासकार बैठ नहीं सकता। आचार्य रामचंद्र शुक्ल ने 'हिंदी साहित्य का इतिहास' की भूमिका में लिख दिया कि अपने समकालीनों के बारे में लिखना ख़तरे से ख़ाली नहीं है। शुक्लजी ने यह भी बताया कि पहले मेरा विचार था कि समकालीनों के बारे में न लिखूँ, फिर जी न माना और तब डरते-डरते कुछ अपने समवयस्कों के बारे में भी लिखा। तो शुक्लजी से प्रेरणा ले कर लगभग उसी स्थिति में मैंने स्वयं को डाला।

'परिमल' के दिनों में पत्रकार-मित्र जितेन्द्रसिंह के प्रोत्साहन और समर्थन से, तथा बाद में वरिष्ठ लेखक-पत्रकार पी० डी० टण्डन के कहने पर अंग्रेज़ी में भी लिखता रहा। जितेन्द्रजी 'लीडर' के संयुक्त संपादक थे, टंडनजी लंबे अरसे से 'नेशनल हेराल्ड' से संबद्ध थे। ये आलेख केन्द्रित हैं टेनेसी विलिम्स-जॉन ऑसबर्न के नाटकों, कामू के उपन्यास और प्रख्यात दार्शनिक बर्ट्रेंड रसेल की ऊहापरक कहानियों पर। ये चर्चित लेखक या उनकी कृतियाँ तब इस क्षेत्र में नये और अपेक्षया अपरिचित थे। अंग्रेज़ी के क्षेत्रों में भी। इधर हिंदी के एकेडेमिक और समकालीन साहित्य पर लिखा—सर्वेश्वर की कविताओं में आधुनिकता पर एक लंबा लेख था। ये आलेख छपे 'लीडर', 'नेशनल हेराल्ड', 'हिंदुस्तान स्टैंडर्ड' के रविवासरीय संस्करणों में तथा 'क्वेस्ट', 'मैनकाइंड', 'ट्रांज़िशन', 'इंडियन लिट्रेचर' जैसे त्रैमासिकों में। पर क्रमश: मन इस ओर से उपराम होता गया, क्योंकि यह लेखन अधिकतर सूचनापरक हो सकता था, सचमुच कुछ कह पाना यहाँ संभव नहीं था।

एक बात यहाँ मैं और कहना चाहूँगा कि मेरे जितने करीबी मित्र थे, उनसे ब्यौरों में असहमति सबसे ज़्यादा थी। इसका कारण यह था कि जो ज़रा हट कर मेरी विचार-प्रक्रिया से सोचने के क्रम में थे, उनसे बहुत मतैक्य कभी नहीं बनता था; तब उनसे मत-भेद के कोई बिंदु भी न उभरते। जहाँ विचार के आरंभिक स्तर पर निकटता होती तो उनके साथ ब्यौरों में चल कर मत-भेद भी तीखा होता। जैसे मेरे बहुत निकट मित्र थे समझदारी के लिए विपिन अग्रवाल। मेरी पत्नी सुषमा और विपिन की पत्नी शीला सहपाठी थीं अपने गृह-नगर इटावा में, वह अलग चीज़ है; लेकिन हम दोनों बड़े निकट के मित्र थे, और सबसे ज़्यादा असहमति साहित्यिक मूल्यांकन और विवेचन को ले कर उन्हीं से थी। इसी तरह साही साहब थे, उनसे भी सबसे ज़्यादा असहमति होती थी। लेखन से कुछ अधिक ही यह असहमति गोष्ठी-विवादों में होती, जो स्पष्ट ही दृश्य अधिक होती। नामवरजी के साथ भी ऐसा ही क्रम चलता। उन दिनों वे बनारस में रहते थे, पर भौगोलिक निकटता तथा मैत्री-संबंधों के कारण इलाहाबाद प्राय: आना-जाना होता था। दिल्ली जाने के बाद भी आना-जाना बहुत था विश्वविद्यालयीय तथा संस्थागत प्रसंगों के कारण; बहुत निकट की मैत्री लेकिन सबसे ज़्यादा असहमति। डॉ० देवराज ने साहित्य अकादमी के आचार्य शुक्ल शताब्दी सेमिनार में एक टिप्पणी की—तुम लोगों की कोई गोष्ठी ऐसी नहीं होती जिसमें एक तरह की बात कहो, लेकिन बैठते, एकदम बगल-बगल हो। संयोग यह कि उस समय भी हम लोग साथ-साथ बैठे थे—और हस्बमामूल परचों में बात अलग-अलग थी। आचार्य शुक्ल के इतिहास-दर्शन पर परिसंवाद था, और मेरा परचा हो जाने के बाद जब नामवरजी अपने परचे के साथ खड़े हुए तो पढ़ने के पहले उन्होंने मौखिक भूमिका में अपना गहरा असमंजस प्रकट किया। अपने कालेज के अंत में मैंने कहा था कि आचार्य शुक्ल शतवार्षिकी के अवसर पर आवश्यकता है हिंदी साहित्य का नया इतिहास लिखने की न कि यह बताने की कि इतिहास का नया दृष्टिकोण क्या होना

चाहिए; दर्शन बहुत हुआ, अब ज़रूरत है इतिहास की। इस बिंदु पर सभागार के मुखर अनुमोदन के बाद नामवरजी का असमंजस समझा जा सकता था। बाद में ये दोनों आलेख 'वसुधा' के आचार्य शुक्ल शती विशेषांक में साथ-साथ प्रकाशित हुए।

वहाँ देवराज जी से मैंने कहा—डॉक्टर साहब, यह जो वैचारिक मतभेद है, वह अपनी जगह है। यह बैठक अपनी जगह है। तो इस तरह से जो सहमति और असहमति रही, वह अलग-अलग क्रमों में चलती रही। मित्रों से मत-भेद के दो-एक और उदाहरण रोचक होंगे। विपिन की दृष्टि में अज्ञेय की लंबी कविता 'असाध्य वीणा' और भारती के 'अंधा युग' का विधान काव्य के रूप में एकदम असंतोषजनक है। मैं इन दोनों कृतियों को समकालीन क्लासिक की कोटि में रक्खूँ। इसी प्रकार छायावाद को लेकर नामवरसिंह से मत-भेद। २००२ में हिंदी विभाग ने छायावाद को विषय बनाकर पुनश्चर्या पाठ्यक्रम आयोजित किया। उद्घाटन के अवसर पर ठसाठस भरे निराला सभागार में नामवरजी ने कहा कि छायावाद नामकरण बहुत सही है—छाया का अर्थ छाया की तरह अस्पष्ट, धुँधला। इस आधार पर उन्होंने अपनी मान्यता रखी कि छायावाद गोधूलि का काव्य है, अस्पष्ट, धुँधला। अध्यक्ष के रूप में समापन करते हुए मैंने 'कामायनी' तथा 'राम की शक्ति पूजा' से 'शक्तिशाली हो विजयी बनो...', 'शक्ति की करो मौलिक कल्पना....' पंक्तियों को उद्धृत करके, और छायावाद के अनेक जागरण-गीतों का संदर्भ देते हुए स्पष्ट किया कि छायावाद शक्ति का, जागरण का काव्य है। फिर बाद में यह भी जोड़ा, व्यंग की मुद्रा में कि छायावाद को गोधूलि का काव्य अमरीकी नज़रिये से भले कहा जा सके, क्योंकि हमारे यहाँ जब जागरण का समय होता है तो उनके यहाँ गोधूलि की बेला होती है।

●

प्राय: पचास वर्ष इलाहाबाद में—परिसर पर और उसके बाहर—पढ़ा-पढ़ाया-अपढ़ाया। यहाँ पढ़ाई का महत्त्व है तो अपढ़ाई का कम नहीं। अपढ़ाई का अर्थ है कि पुरानी रूढ़ियों—सोचने की आदतों—को मानस-पटल से क्रमश: मिटाना, जिससे व्यक्ति के नैये विचारों-संस्कारों को उभरने के लिए जगह मिल सके। किसी कदर जहाँ नयी लिखाई वह स्वयं करे। किसी भी बड़े विद्या-केन्द्र की यह प्रच्छन्न विशेषता होती है, प्रच्छन्न इसलिए कि यह प्रक्रिया बहुत हौले से जाने-अनजाने चलती है। इलाहाबाद में यह रही है। इण्टरमीडिएट की अवस्था किशोरावस्था की होती है, जानने-न जानने के बीच शैक्षणिक वय:संधि। विश्वविद्यालय परिसर युवावस्था का स्वागत-स्थल है, जहाँ पुराने सामाजिक-वैचारिक संस्कारों को व्यक्ति क्रमश: झाड़ता है। नये सोच की चुनौती को पकड़ने के लिए परंपरित संस्कारों और नये विचारों की इस टकराहट में प्रतिभा के विकास का अवसर होता है। नया सोच दिया नहीं जाता। यदि दिया गया हो तो इससे जड़ता-प्रतिबद्धता ही बढ़ती है—वरन् उसके विकास के लिए उपयुक्त वातावरण बनाया जाता है। इलाहाबाद के प्रसिद्ध प्रोफ़ेसर कक्षा की पढ़ाई करते थे। साथ-साथ कक्षा के बाहर अपने व्यवहार और चिंतन से, जैसा कहा गया,

कुछ अप्रत्यक्ष रूप में अपढ़ाई की प्रक्रिया भी चलाते रहते थे। स्पष्ट ही अपढ़ाई का कोई शिक्षाशास्त्र नहीं हो सकता और यह सब जो मैं लिख रहा हूँ, पीछे मुड़ कर देख कर। जब यह प्रक्रिया चल रही थी उस समय मुझे इसका ऐसा एहसास नहीं था, न विद्यार्थी रूप में, न अध्यापक के रूप में। प्राय: चालीस बरस के विभागीय कार्य-काल में भैरवनाथ झा के समय से ले कर अधिकतर कुलपतियों, विशेषत : प्रो. उदितनारायण सिंह, आर. पी. मिश्र, वहीदुद्दीन मलिक, प्रयागदास हजेला तथा त्रिविक्रम पति के स्नेह-सौहार्द का भागी रहा। अनेक मित्र इलाहाबाद के इस विशिष्ट वातावरण को स्मरण करते हैं; कथाकार गोविंद मिश्र के ये संस्मरण, उदाहरण के लिए, बड़े सूक्ष्म और भावपूर्ण हैं।

लिखने-पढ़ने में पुस्तकों का योग अपनी जगह है। इस प्रसंग में मैं निश्चित सौभाग्यशाली रहा हूँ। पितामह-पितृव्य-पिता द्वारा एकत्र घरेलू पुस्तकालय का उल्लेख मैंने आरम्भ में किया था। इस क्रम में मुझे भी आरम्भ से पुस्तकों से लगाव रहा है। रामनरेश त्रिपाठी द्वारा संपादित 'कविता कौमुदी', भाग-२ में संकलित गिरिधर शर्मा की कविता 'पुस्तक प्रेम' अभी तक याद है—'मैं जो नया ग्रंथ बिलोकता हूँ। भाता मुझे सो नव मित्र-सा है।' साथ-साथ कुछ मित्रों द्वारा बराबर पुस्तकें उपहार-स्वरूप मिलती रही हैं, एकदम अहेतुक भाव से। इस प्रसंग में त्रिलोकीनाथ चतुर्वेदी (संक्षिप्त नाम टी.एन.) का नाम सबसे ऊपर है। उन्हें मेरे विषयों की रुचि का पूरा पता है, और तदनुकूल वे मेरे लिए छाँट-छाँट कर दूर-दूर से पुस्तकें भेजते रहते हैं। उनका अपना निजी पुस्तकालय संभवत: देश के चुने हुए पुस्तक-संग्रहों में से एक होगा—उनके मूल विषय अर्थशास्त्र और प्रशासन के अतिरिक्त अंग्रेज़ी-हिंदी साहित्य, धर्म, दर्शन, अध्यात्मक, इतिहास का बेजोड़ संग्रह, जो अनवरत बढ़ता जाता है, और उनके बदलते आवासीय नगरों—इलाहाबाद, मुरादाबाद, जयपुर, दिल्ली, चण्डीगढ़, मसूरी और अब बंगलौर—में घूमता रहा है। जीवनी-संस्मरण उनकी प्रिय पाठ्य विधा है, और इस क्षेत्र में उनका संग्रह बड़े-बड़े सार्वजनिक पुस्तकालयों से होड़ लेता है। टी.एन. के पुस्तक-प्रेम का एक छोटा-सा संस्मरण सुनाने का लोभ यहाँ संवरण नहीं कर पा रहा हूँ।

१९५३-५४ के किसी ग्रीष्मावकाश में हम लोग मसूरी घूमने गए हुए थे—टी.एन. उनकी पत्नी पाशो, पाशो के भाई विनोद दुबे और मैं। साथ में सहायता के लिए टी. एन. का अरदली भी था। वे उन दिनों मुरादाबाद में सिटी मजिस्ट्रेट थे। वहीं से हम लोग मसूरी आए थे। एक सामान्य-से होटल में ठहरे। खाना-पीना छुट्टा ढंग से किसी रेस्त्राँ-ढाबे में हो जाता था। रेल-टिकट लौटाबाटा के थे जो उन दिनों पहाड़ी स्थलों के लिए कुछ छूट पर मिल जाते थे। मसूरी सुबह-शाम हम लोग घूमते-देखते और पुस्तक ख़रीदने का क्रम मेरा कुछ कम टी.एन. का कुछ ज़्यादा अनवरत चलता जाता। कई दिन के इस कार्यक्रम के बाद भाई-बहिन यानी विनोद-पाशो को—जो यात्रा के संयोजक थे—कुछ चिंता हुई कि इस तरह से तो काफ़ी पैसा पुस्तकों पर ख़र्च हो

जाएगा, और तब वापस चलते समय होटल का ख़र्चा कैसे दिया जाएगा? फलतः हम दोनों के पर्स ले लिए गए, आजकल की भाषा में 'नैशनलाइज़' कर दिए गए। सिर्फ़ दो-दो रुपया हाथ ख़र्च को हमें मिलेगा, बाकी व्यवस्था वे लोग स्वयं देखेंगे। हम लोग कसमसा कर रह गए, पर बात तो अपनी जगह सौ टंच ठीक थी। एक किताब की दुकान पर डी.एच. लॉरेन्स की कहानियों का संकलन हम लोगों का मन कई बार लुभा चुका था, दाम था दस रुपया, जितना पैसा हमारे पास था ही नहीं। वापस चलने वाले दिन टी. एन. फिर उसी दुकान में घुसे, उस पुस्तक को फिर से उलटा-पलटा जैसे चलते समय उसे दुलरा रहे हों। फिर एकाएक मुझसे बोले—देखो, यह जो अपना अरदली है, उस के पास कुछ रुपया ज़रूर होगा—उसके दैनिक भोजन का सामान्य ख़र्चा हम लोग उसे अलग से दे देते थे—तो तुम उससे दस रुपया माँग लो, घर पहुँच कर वापस कर देंगे—मेरा माँगना कुछ अटपटा लगेगा। अरदली बाहर एक किनारे सड़क पर खड़ा था। मैं चुपचाप उससे रुपया ले कर अन्दर दुकान में आ गया, जहाँ उचित भुगतान करके पुस्तक ले ली गई, और उसे हाथ में लिए हम लोग बाहर निकले। पुस्तक हाथ में देखते ही, बाहर कुछ दूर खड़े भाई-बहिन को संदेह हो गया कि कुछ रुपया हम लोगों ने दबा कर रख छोड़ा था। जब मैंने पूरा वृत्तांत सुनाया तो, स्पष्ट ही, पाशो काफ़ी नाराज़ हुई। टी. एन. ने समाधान किया कि घर पहुँच कर अरदली को दस की जगह ग्यारह रुपया दे देंगे।

विनोद दुबे १९५५ के आसपास केम्ब्रिज विश्वविद्यालय की छात्रवृत्ति पर अर्थशास्त्र में शोध करने के लिए वहाँ चले गए थे। यहाँ इलाहाबाद में कई बार यूनिवर्सल बुक डिपो में वे मेरे लिए कोई किताब ले लेते थे। कामू का 'द फ़ॉल' उपन्यास मेरे पास उन्हीं का दिया हुआ है। केम्ब्रिज पहुँच कर वे वहाँ की पुरानी किताबों की दुकान से कुछ मेरी रुचि की पुस्तकें छाँट कर समुद्री डाक से यहाँ भेजते। इन पुस्तकों में कुछ आधुनिक साहित्य विषयक होतीं, कुछ भाषाविज्ञान की भी। भाषाविज्ञान पर मैक्समूलर के प्रसिद्ध व्याख्यानों का 'सेट' दो अलग-अलग संस्करणों में उन्होंने मेरे पास भेजा था बड़ी रुचिकर जिल्दबंदी में। इनमें से एक 'सेट' मैंने अपने गुरु डॉ. उदयनारायण तिवारी को भेंट कर दिया था, जिसका आगे चल कर उन्होंने हिंदी अनुवाद भी किया। भूमिका में मेरे दिए गए मूल ग्रंथ का उन्होंने स्नेहपूर्ण उल्लेख किया है। मेरे पुराने मित्र शिवकुमार शर्मा भी जब-तब इसी प्रकार किताबें ख़रीद कर मेरे पास भेजते रहे हैं। अब क्रमशः यह प्रसंग नयी पीढ़ी में आ गया है। मेरे बीच के बेटे विनय वर्ल्ड बैंक मुख्यालय वॉशिंग्टन (डी.सी.) में कार्यरत हैं, और कभी टी.एस. एलियट विषयक या कि एडवर्ड सईद के बारे में पुस्तक मेरे लिए ले लेते हैं। त्रिलोकीजी के बेटे अतुल भी। कुल मिला कर लगता है कि मेरे जन्मपत्र में परिवार और मित्रों से पुस्तक-प्राप्ति का प्रबल योग है। लिखने-पढ़ने के वर्तमान क्रम में मेरे मित्र और सहयोगी सत्यप्रकाश मिश्र पुस्तकें जुटाने के काम में बराबर सहायक होते हैं। मेरे काम की कुछ पुस्तकें उनके निजी संग्रह से मिलती हैं, कुछ वे हिंदी साहित्य

सम्मेलन के माध्यम से उपलब्ध करा देते हैं। वे विशिष्ट पुस्तक-प्रेमी हैं, स्वयं संग्रह करते हैं और अच्छी जानकारी रखते हैं। किताब की दुकानें अब इलाहाबाद में बहुत हैं, पर अधिकतर पाठ्यपुस्तकों की। सामान्य साहित्यिक तथा इतर विषयों का अच्छा हिंदी संग्रह लोकभारती में रहता है, जो मेरे प्रकाशक भी हैं और कॉफ़ी हाउस के एकदम पड़ोस में। स्वभावत: वहाँ उस भवन-संकुल में लेखक-मित्रों-पाठकों की प्राय: बैठक जमती है साहित्यिक चर्चा और गपशप के लिए। शुद्ध पुस्तकों की बिक्री दुकान पिछले कुछ बरसों से वहीं सिविल लाइन्स में ए. एच. व्हीलर की खुल गई है, जहाँ अधिकतर अंग्रेज़ी और कुछ हिंदी पुस्तकों का सुरुचिपूर्ण तथा व्यवस्थित-वर्गीकृत संग्रह है। दुकान में मद्धिम स्वर में शास्त्रीय संगीत बजता है, और व्यवस्थापक गुप्ताजी स्वयं बड़े शिष्ट और बहुविद् पुस्तक-प्रेमी हैं। उनके यहाँ नयी पुस्तकों से बराबर संपर्क बना रहता है। पुस्तक-प्रसंग में यह उल्लेख अप्रासांगिक न होगा कि शोध के एकदम आरंभिक दिनों को छोड़ कर पुस्तकालयों का उपयोग मैंने प्राय: नहीं के बराबर किया है। इसका एक मुख्य कारण यह है कि पुस्तक पढ़ते समय मैं उसे जगह-जगह रेखांकित करता और हाशिये में टिप्पणी लिखता चलता हूँ। पुस्तकालय की पुस्तकों में ऐसा करना पुस्तकालय के लिए तो अहितकर है ही, मेरे लिए भी हितकर नहीं।

पुस्तक से जुड़ी बात अध्ययन और अध्ययनशीलता की आती है। एक बार लक्ष्मीकान्त जी ने पुस्तक-मेले के उद्‌घाटन पर कुछ व्यंग की मुद्रा में डॉ. बेनीप्रसाद और फ़िराक़ के बीच का एक सत्याभासी संवाद सुनाया। फ़िराक़ ने बेनीप्रसाद से कहा—आप सारा समय पढ़ते हैं तो सोचते कब हैं? शायर का हमला स्पष्ट ही इल्म पर था और लक्ष्मीकांतजी प्रोफ़ेसर के सामने शायर का पक्ष ले रहे थे। मैंने उनसे निवेदन किया कि सोचने का कोई अलग से समय नहीं होता। नहाते समय भी विचार आ सकते हैं—पढ़ते समय भी—सबेरे घूमते समय भी—और मित्रों से बात करते समय भी, हाँ यदि सोचने की क्षमता और वृत्ति है तो। डॉ. बेनीप्रसाद अपनी अध्ययनशीलता के लिए विख्यात थे, फ़िराक़ शायरी के लिए। अध्ययनशील व्यक्ति विचारक भी हो, यह ज़रूरी नहीं, और विचारक के लिए अध्ययनशीलता ज़रूरी हो, यह भी नहीं। तब अध्ययनशीलता और विचार में कोई विरोध है, ऐसा भी नहीं है। सच तो यह है कि विचार और रचना के लिए कोई शर्त ज़रूरी नहीं।

जहाँ तक लिखने का संबंध है, मेरे लिखने की क्रिया और तैयारी हर जगह हुई है। इलाहाबाद में-जहाँ अब मैं सामान्यत: रहता हूँ—कानपुर में अनेक ग्रीष्मावकाशों में—जहाँ मैं पिताजी के पास जाता था—बेटों के पास मंडी (हिमाचल प्रदेश)—बेथेस्डा (अमेरिका)। बम्बई में विनीत-विनय-विवेक के यहाँ। टी. एन. चतुर्वेदी के यहाँ दिल्ली में। गाँव में परिवार का कोई सदस्य न रह जाने से संपर्क उत्तरोत्तर कम हुआ है। 'आलोचकथा' की सामग्री स्वयं इन अनेक स्थलों पर तैयार हुई है। कुछ मामूली सहायक उपकरणों—काग़ज़, क़लम, पुस्तक—के साथ हर जगह लिखना हो जाता है। इसी तरह लिखने की क्रिया हर तरह से होती है—चटाई-बिस्तर-कुर्सी-

मेज़-चौकी पर। अब गरदन को सीधे रखने की चिंता में क्लिपबोर्ड को घुटने पर जमा कर लिखना होता है, क़रीब-क़रीब जैसे गाँव के मदरसे में आरम्भ किया था। गरदन की चिंता न करने से एक बार हिंदुस्तानी एकेडमी सभागार में कुछ समय के लिए अचेत हो गया था। तो अब लिखने की इस नयी प्रक्रिया में उपकरण कुछ और कम ही हुए हैं। यों, शम्अ हर रंग में जलती है...।

इस संक्षिप्त वृत्त में भी स्पष्ट हो जाता है कि मेरी पढ़ाई-लिखाई और साहित्यिक रुचि के बनने में परिवार, मित्रों, गुरुजनों का कैसा-क्या प्रत्यक्ष-अप्रत्यक्ष योगदान रहा है। इस ऋण को उतारा तो नहीं जा सकता; हाँ, इसका कुछ ब्याज आगे की पीढ़ियों में बाँटा जा सकता है। वैसे अपने संतोष के लिए एक और व्यवस्था की है। अपने अध्यापन-काल में भी, बाद में तो और अधिक, शाम का कुछ समय निर्धारित रहता है कि कोई भी विद्यार्थी—हाईस्कूल से ले कर शोध या कि प्रतियोगिता-परीक्षा में बैठने वाला तक मेरे पास आ कर अपनी जिज्ञासाओं पर विचार-विमर्श कर सकता है। यह कार्यक्रम मेरे लिए और शायद जिज्ञासुओं के लिए भी, अत्यन्त तृप्तिकर रहता है। इसके लिए कुछ प्रेरणा मुझे विश्वविद्यालय में अर्थशास्त्र के प्रसिद्ध प्रोफेसर जे.के. मेहता से मिली जो संध्या समय अपने घर पर होम्योपैथी की दवाई देते थे। बहुत-से व्यक्ति उनके निःशुल्क परामर्श और दवा से लाभान्वित होते। मुझे लगा कि इस प्रकार से कोई कार्यक्रम तो नहीं चला सकता। हाँ, जो कुछ थोड़ा पढ़ा-लिखा है, उसे बाँट सकता हूँ। यह 'विमर्श' ऐसा है जिसमें दोनों पक्ष लाभान्वित होते हैं।

विश्वविद्यालय के अध्ययन-क्रम में उच्च स्तर पर भाषाविज्ञान, साहित्य-चिंतन, नाटक तथा अन्य गद्य-रूप पढ़ाए। बोलियाँ तथा लोकसाहित्य तथा जयशंकर प्रसाद के दो विशेष प्रश्नपत्र भी। इस प्रश्नपत्र के अंतर्गत निर्धारित लेखकों का समूचा कृतित्व पढ़ाना होता था। डॉ० रामकुमार वर्मा जब विभागाध्यक्ष हुए तो प्रसाद का दायित्व उन्होंने मुझे सहेजा जिसे वे बरसों से पढ़ाते आ रहे थे। समग्र प्रसाद के अध्ययन-अध्यापन क्रम में आधुनिक कालीन साहित्य—विशेषतः छायावाद को कुछ गहरे देखने-समझने का अवसर हुआ। प्रसाद की 'कामायनी' से जुड़े दो-तीन साहित्यिक प्रसंगों का यहाँ उल्लेख करना चाहूँगा। एक दिन कॉफ़ी हाउस से निकलते-निकलते पं० वाचस्पति पाठक ने बताया कि वे 'कामायनी' का नया संस्करण दस हज़ार प्रतियों का कर रहे हैं। पाठक जी भारती भंडार के प्रकाशनाध्यक्ष थे, जो जयशंकर प्रसाद तथा अन्य सभी छायावादी कवियों और उस काल के कथाकारों के सर्वोत्कृष्ट प्रकाशक थे। द्विवेदी युगीन साहित्य का जैसा संबंध इंडियन प्रेस से था; उससे कुछ अधिक घनिष्ट संबंध छायावाद का भारती भंडार से था, दोनों काशी से चल कर अब मुख्य रूप से प्रयाग में अवस्थित थे। दस हज़ार का संस्करण 'कामायनी' जैसे लोकप्रिय और पाठ्यग्रंथ के लिए कुछ असाधारण बात न थी। पर साथ में उन्होंने एक नया समाचार दिया। बोले—यह संस्करण डॉ० नगेन्द्र ने पिछले संस्करणों में आ गई प्रूफ़ की भूलों को सुधारते हुए, यथावश्यक नये विराम-चिन्ह लगा कर तैयार किया है, जिससे

'कामायनी' का अर्थ समझने में सामान्य जन को कोई कठिनाई न हो। आरम्भ में उन्होंने भूमिका भी दी है। अर्थात, 'कामायनी' का नया संस्करण—और तब तो यह एकमात्र अधिकृत संस्करण—डॉ० नगेन्द्र के संपादकत्व में प्रकाशित हो रहा है। पाठकजी न केवल 'कामायनी' के प्रकाशक थे, वरन प्रसादजी की विशिष्ट मित्र-मंडली में भी थे। मैंने तत्काल उनसे कहा कि आप तो बताते हैं कि 'कामायनी' प्रसाद के जीवन-काल में छप गई थी, और अपनी रोग-शैय्या पर लेटे-लेटे उन्होंने उसके प्रूफ़ देखे थे। इसका अर्थ हुआ कि 'कामायनी' का वर्तमान संस्करण और उसका पाठ पूरी तरह कवि द्वारा अनुमोदित है; तब इसमें फेर-बदल का किसी को क्या नैतिक या कि साहित्यिक अधिकार है। पाठकजी मुझसे उम्र में काफ़ी बड़े थे, और प्रत्युत्पन्न मति के व्यक्ति थे; मुझ पर उनका सहज स्नेह था जैसा कि 'परिमल' के कई अन्य मित्रों पर। स्वभाव से ही वे गोष्ठी-प्रिय थे, बनारसी और इलाहाबादी दोनों रंगों के संगम में। वे तत्काल सारी स्थिति की जटिलता और संवेदनशीलता समझ गए। उन्होंने वहीं कॉफ़ी हाउस के द्वार पर मुझसे कहा, आप की बात एकदम सही है, पर यह संस्करण (एकादश संस्करण) दस हज़ार की संख्या में छप गया है। अब इसके फ़ॉर्म तो नष्ट नहीं किए जा सकते, हाँ अगला संस्करण मैं फिर पूर्ववत कर दूँगा। इस भूल को ठीक करते हुए; और डॉ० नगेन्द्र की 'कामायनी'-भूमिका रोक लूँगा, नहीं दूँगा। जैसा उन्होंने कहा अक्षरश: वही किया। दशम संस्करण तैयार करने में डॉ० नगेन्द्र से सहयोग मिला है, यह उल्लेख प्रकाशकीय विज्ञप्ति में दे दिया गया है। इसी समय उन्होंने यह भी बताया कि 'कामायनी' की पांडुलिपि को यथावत मुद्रित करने का प्रबंध हो गया है, फ़ोटोग्राफ़ बन रहे हैं, और जल्दी ही यह पांडुलिपि संस्करण प्रकाशित हो जाएगा। १९७१ में यह पांडुलिपि-संस्करण भी प्रकाशित हुआ, और उसकी एक प्रति अपने हस्ताक्षर के साथ उन्होंने कृपापूर्वक मुझे भेंट की। इसे मैंने प्रसाद के अपने विशेष अध्ययन की कृतकृत्यता माना।

पाठकजी से बात करने के बाद मुझे यह लगा कि इस प्रसंग में साहित्यिक नैतिकता का तकाज़ा है कि मुझे डॉ० नगेन्द्र से भी संपर्क करना चाहिए। मैंने उनके द्वारा 'कामायनी' में लगाए गए विराम-चिन्हों के औचित्य का प्रश्न उठाया। यह कि 'कामायनी' का प्रचलित संस्करण स्वयं प्रसाद द्वारा अनुमोदित है, यह बात तो अपनी जगह है ही; उसके अतिरिक्त नये लगाए गए विराम-चिन्ह 'कामायनी' की अर्थ-प्रक्रिया को कैसे बाधित करते हैं, इसकी ओर मैंने उनका ध्यान दिलाया। मेरा तर्क यह था कि 'कामायनी' का अर्थ जहाँ स्वत: स्पष्ट है वहाँ तो विराम-चिन्हों की ज़रूरत वैसे भी नहीं, और जहाँ अर्थ कुछ अस्पष्ट या कि दुर्बोध है, वहाँ आप अपने द्वारा समझे अर्थ के अनुसार विराम-चिन्ह लगा कर रचना के अर्थ को बाँध देंगे, और यों कवि तथा उसके पाठकों के प्रति एक बड़ा साहत्यिक अन्याय करेंगे। कवि का अभीष्ट यों भी अर्थ की दिशा को खुला रखना है, उसे बाँधना नहीं। नगेन्द्र जी का लगभग वापसी डाक से टाइप किया हुआ उत्तर आया। मेरी आपत्ति का उनके पास कोई समाधान नहीं था।

'कामायनी' कठिन काव्य है, सामान्य विद्यार्थी को अर्थबोध में सुगमता हो, इसी दृष्टि से विराम-चिन्हों का औचित्य वे सिद्ध करना चाहते थे। उसी दौर में प्रकाशित उनकी पुस्तक 'कामायनी के अध्ययन की समस्याएँ' (१९६२) के प्रथम अध्याय में उन्होंने यही दृष्टिकोण प्रतिपादित किया है। हो सकता है, यही अंश वे 'कामायनी' के अभिनव संस्करण को छात्रों के लिए उपयोगी बनाने की दृष्टि से भूमिका-रूप में रखना चाहते हों, जो पाठकजी का निर्णय बदल जाने के कारण फिर नहीं दिया जा सका। इधर समूचे प्रकरण पर बंधुवर जगदीशजी ने यमक-श्लेष के अभ्यासार्थ सड़क-साहित्य में एक चौपाई कही—'बिनु कामा कामायनी कैसी। मूल ग्रंथ की ऐसी तैसी।' जो लंबे समय तक मित्रों की ज़बान पर चढ़ी रही।

अब 'कामायनी' विषयक दूसरा प्रसंग। छठे दशक में राव दम्पति (बालकृष्ण राव-उमा राव) के अपने पुराने नगर इलाहाबाद में आ कर घर बसाने पर उनकी सुरुचि और कर्मठता के विरल संयोग से कई प्रकार की साहित्यिक-सांस्कृतिक गतिविधियों में तीव्रता आई। उनकी मित्र-मंडली बहुस्तरीय थी। हिंदी में 'परिमल' और प्रगतिशील लेखक संघ दोनों के सदस्यों से बनती थी। 'रसिक मण्डल' के अवशिष्ट-जैसे कुछ कविता-सवैया वाले बंधु भी उनके यहाँ जमते, तथा 'फ़िराक़' और कुछ अन्य उर्दू लेखक भी। कई आयु-वर्ग, भाषा-रूप, विषय और विचारधारा के लोगों को यों समागम होता। मेरा उनसे कोई पूर्व परिचय न था, पर इलाहाबाद आने पर मेरे भी उनसे बहुत प्रगाढ़ संबंध बने, यद्यपि कभी-कभार उनकी शाम की महफ़िलों में बैठने की पात्रता मुझ में न थी। उमाराव मूलतः बटेश्वर (आगरा) के एक प्रख्यात चतुर्वेदी परिवार की थीं। राव साहब का यह दूसरा विवाह था। पहली पत्नी उमाजी की बड़ी बहिन शारदा थीं। कुछ अनबन के बाद उनसे 'डाइवोर्स' ले कर और आई.सी.एस. से त्यागपत्र दे कर राव साहब दुबारा इलाहाबाद रहने के लिए आए थे। इस प्रसंग को ले कर किसी भी पक्ष से कोई अप्रिय चर्चा मैंने नहीं सुनी थी। अपने पिता और विख्यात राजनेता-पत्रकार सी. वाई. चिंतामणि के साथ वे इलाहाबाद में ही रहे थे—उनकी समूची शिक्षा-दीक्षा भी यहीं हुई थी। इलाहाबाद से उनका लगाव इतना अधिक था कि डॉ० नगेन्द्र व्यंग में कहते थे कि और लोग तो इलाहाबादी हैं, राव साहब इलाहाबादवादी हैं। उनकी भोजन आदि की कुछ आदतों के कारण मैं उन्हें आधा चौबे (चतुर्वेदी) मानता था, उमाजी तो चतुर्वेदी थी हीं। यों साहित्य में जातिवाद का कुछ प्रकरण उन्हीं के साथ चलता।

राव साहब के यहाँ की कई बैठकों में मित्रों को विचार आया कि 'विवेचना' नाम की एक गोष्ठी बनाई जाए जिसमें प्रति मास किसी चुनी हुई पुस्तक पर स्थानीय या बाहर से आमंत्रित कोई लेखक लिखित निबंध पढ़े, और फिर उस आलेख पर चर्चा हो। 'विवेचना' का अर्थशास्त्र मामूली पर नये ढंग का था। बालकृष्ण राव (पुकार का नाम सी० बी०) हिंदी साहित्य सम्मेलन से 'माध्यम' पत्रिका निकालते थे। 'विवेचना' में प्रस्तुत आलेख और उसका गोष्ठी-प्रसंग वे हर मास 'माध्यम' में प्रकाशित करते और

इसके एवज़ में 'विवेचना' को एक सौ रुपया मिलता, जो ज्यों का त्यों निबंध लेखक को दे दिया जाता; वही उसका मार्ग-व्यय, पारिश्रमिक सब कुछ होता (कुछ-कुछ इसी शैली में विश्वविद्यालय के हिंदी विभाग से वार्षिक निराला व्याख्यानमाला का आयोजन मैं करता था।) बाहर से आए लेखकों के प्रायः इलाहाबाद में कोई मित्र होते, और वे सहज भाव से वहीं ठहरते। गोष्ठी में चाय-कॉफ़ी का व्यय सदस्यों के मामूली चंदे से चलता था। तब तक लेखकों-कलाकारों और प्रोफ़ेसरों के बीच भी टी० ए०/डी० ए० संस्कृति का प्रचार-प्रसार नहीं हुआ था। 'माध्यम' का प्रकाशन बंद हो जाने पर कुछ समय तक 'विवेचना'-'कल्पना' का सहकार चला।

'विवेचना' के अध्यक्ष बालकृष्ण राव स्वयं थे, संयोजक पं० वाचस्पति पाठक तथा श्रीमती उमाराव। कई वर्षों तक 'विवेचना' की मासिक गोष्ठियाँ बहुत नियमित और सुचारु रूप से चलती रहीं। उसमें पढ़े गए निबंधों और उन पर प्रतिक्रियाओं की समूचे हिंदी जगत में गूँज होती—कुछ तो मौखिक चर्चा से और कुछ 'माध्यम' में प्रकाशित सामग्री के आधार पर। कालांतर में ये निबंध और उनसे जुड़े गोष्ठी-प्रसंग तीन जिल्दों में श्रीमती उमाराव के संपादन में 'विवेचना' शीर्षक से भारती भंडार द्वारा प्रकाशित हुए। 'परिमल' के शिथिल होने के बाद 'विवेचना' इलाहाबाद की साहित्यिक गतिविधियों के केन्द्र में आ गई। 'परिमल' के सदस्य 'विवेचना' में भी सक्रिय थे—'परिमल' में बल सृजनात्मक साहित्य पर था, यहाँ 'आलोचना' पर।

१९६७ में 'विवेचना' का द्वि-दिवसीय वार्षिकोत्सव मनाना तय हुआ। पहले दिन पुनर्मूल्यांकन पर सैद्धांतिक चर्चा होगी, अगले दिन आधुनिक काल की किसी विख्यात रचना का व्यावहारिक पुनर्मूल्यांकन निर्धारित हुआ। सैद्धांतिक निबंध विजयदेवनारायण साही को पढ़ना था। व्यावहारिक आलोचना श्री नरेश मेहता को करनी थी 'रत्नाकर' के काव्य 'उद्धव शतक' पर। नरेशजी ने बाद में आलोचना के लिए अपनी कवि-सुलभ असमर्थता प्रकट की और तब दूसरे दिन के निबंध-पाठ के लिए मुझे कहा गया। मैंने पुनर्मूल्यांकन के लिए 'कामायनी' को चुना और उस पर अपना निबंध पढ़ा। 'विवेचना' गोष्ठी के परिसंवादों में छायावाद युग के वरिष्ठ आलोचक विश्वंभर 'मानव' नियमित रूप से आते थे। उन्होंने भी बड़े प्रसन्न भाव से निबंध विषयक चर्चा में भाग लिया। निबंध और समूचा गोष्ठी वृत्त नियमानुसार 'माध्यम' में प्रकाशित हुआ।

निबंध प्रकाशित होने पर मानवजी ने 'माध्यम' के अगले किसी अंक में प्रतिक्रिया-स्वरूप एक पत्र प्रकाशित कराया। मानवजी स्वयं इलाहाबाद की निर्भीक-स्वाधीन साहित्यिक चेतना के पक्षधर थे। उन्हें यह देख कर अच्छा लगा कि 'कामायनी' के पुर्नमूल्यांकन क्रम में इलाहाबाद के एक नये-नये अध्यापक और आलोचक ने आचार्य नंद दुलारे वाजपेयी, आचार्य हज़ारी प्रसाद द्विवेदी तथा डॉ० नगेन्द्र जैसे शीर्षस्थ आलोचकों, प्रोफ़ेसरों तथा विविध विश्वविद्यालयीय चयन-समितियों के मान्य सदस्यों की 'कामायनी' विषयक विचार-प्रक्रिया की खुल कर आलोचना की है

और व्यंजना से अपने 'कैरियर' को ख़तरे में डाला है। सच तो यह है कि 'कामायनी' पुर्नमूल्यांकन-क्रम में आचार्य रामचंद्र शुक्ल के बाद नन्द दुलारे वाजपेयी, हज़ारी प्रसाद द्विवेदी, नगेन्द्र के मूल्यांकन का विवेचन करते समय उनका लेखक-आलोचक रूप ही सहज भाव से सामने था, प्रोफ़ेसर संभावित विशेषज्ञ पक्ष नहीं। लेखन के आरंभिक उल्लास-उत्साह में और कोई बात ध्यान में ही न थी। फिर, यह भी उतना ही सच है कि शुक्लोत्तर आलोचना की इस त्रिमूर्ति ने मेरे लेख का व्यक्तिगत स्तर पर बुरा माना हो, या मुझे कहीं हानि पहुँचाने का यत्न किया हो, ऐसा भी मेरी जानकारी में नहीं है। यदि मानवजी का पत्र मेरे लिए प्रसन्नता का कारण था तो इन वरिष्ठ आलोचकों का उदार व्यवहार भी।

'पुनर्मूल्यांकन' के लिए आई प्रतिक्रिया से प्रोत्साहित हो कर मैंने उस क्रम में दो अगले अध्याय लिखे, जो 'माध्यम' और 'कल्पना' में प्रकाशित हुए। और यों 'कामायनी' के पुनर्मूल्यांकन को ले कर एक दुबली-पतली पुस्तक तैयार हो गई। अभी तक भारतीय ज्ञानपीठ मेरी आलोचना-पुस्तकों का प्रकाशन कर रहे थे। इस अवधि में वे अपना मुख्यालय कलकत्ता से दिल्ली लाने में व्यस्त हो गए। इधर हिंदी प्रकाशन को आधुनिक बनाने वालों में अग्रणी ओमप्रकाश अपने राजकमल प्रकाशन संस्थान को वापस मुख्यालय दिल्ली ले गए। उनका पूरा प्रतिष्ठान उनके दो भांजों दिनेश-रमेश ग्रोवर ने 'लोकभारती' नाम से नये रूप में व्यवस्थित कर लिया इलाहाबाद के पुराने अनुभवी राधे चोपड़ा के साथ। ये सभी अपेक्षया युवा लोक-बंधु पं० वाचस्पति के स्नेह-पात्र थे और उनसे समय-समय पर मार्गदर्शन लेते थे। पाठकजी शीर्ष प्रकाशन भारती भंडार के प्रधान थे, इधर उसके मालिक बिड़ला-बंधुओं की प्रकाशन में उत्तरोत्तर कम होती रुचि से खिन्न होते जा रहे थे। 'कामायनी' वाले मेरे कार्य से पूर्व परिचित थे। उनके सुझाव पर दिनेश ने जब 'कामायनी का पुनर्मूल्यांकन' छापना चाहा तो मैंने उन्हें पांडुलिपि दे दी, जिसे उन बंधुओं ने बड़े उत्साह से मोटा क़ीमती काग़ज़ लगा कर प्रकाशित किया, मोटा काग़ज़ इसलिए कि पुस्तक की पृष्ठ-संख्या बहुत कम थी कुल चौंसठ पृष्ठ। इस साज-सज्जा के साथ पुस्तक मैंने श्रीमती उमा राव को समर्पित की। लोकभारती तब से मेरे प्रकाशक हैं।

एक तीसरा प्रसंग मौखिक चर्चा का है। एक शाम डॉ० देवराज मेरे यहाँ पधारे। बैंक रोड पर मेरा आवास विश्वविद्यालय परिसर से लगा हुआ है, विशेषत: कला संकाय। देवराज जी कई बार दर्शन विभाग में आते थे, और स्नेहवश वहाँ से मेरी ओर आ जाते। वे साहित्य में क्लासिक तत्व के विशेष रूप से समर्थक। उस दिन अपने सहज उत्साहवश 'कामायनी' की विराट परिकल्पना मैं उन्हें बता रहा था। सोदाहरण व्याख्या में वे भी 'कामाय्रनी' के काव्यत्व के कायल थे। संयोग से उसी दिन सायंकाल अज्ञेय जी ने भी आने को कह रखा था जो उस अवधि में इलाहाबाद आए हुए थे। निर्धारित समय पर डॉ० रामकमल राय के साथ वे भी पहुँचे। चाय और साहित्य-चर्चा का अच्छा योग बना। देवराज जी कह रहे थे, पहले से चली बातचीत के क्रम में, कि

'कामायनी' में कवित्व गहरा है, पर दर्शन कुछ व्यवस्थित नहीं। चर्चा कुछ देर आगे बढ़ने पर अज्ञेय जी आप-से-आप बोले—'कामायनी' में तो दर्शन ही दर्शन है, कवित्व बहुत क्षीण है। मुझे अब अच्छा अवसर मिल गया। मैंने कहा—देवराजजी का मत है कि 'कामायनी' में काव्य तो है, पर दर्शन नहीं; अज्ञेय जी की शिकायत है कि 'कामायनी' में दर्शन ही मुख्य है, कविता बहुत क्षीण है। एक बड़ा आलोचक है, दूसरा बड़ा कवि—को बड़ छोट कहत अपराधू! हमें दोनों की बात माननी है। तब मेरी समझ से 'कामायनी' में काव्य भी है और दर्शन भी। रामकमल राय ने—जो इस समूचे प्रसंग के दृष्टा थे, अज्ञेय की अपनी जीवनी में इसका रोचक उल्लेख किया है।

अंत में एक परिशिष्ट! विभाग में एक लड़की आई थी इंग्लैण्ड से जेनिफ़र चौधरी हिंदी साहित्य पढ़ने। वह अंग्रेज़ थी और एक बंगाली इंजीनियर से उसने विवाह किया था। मैं कई बार उससे कहता—अंग्रेज़ लड़की, बंगाली से विवाहित और हिंदी के प्रति अवज्ञा की जगह रुचि—यह एकदम विलक्षण योग है। जेनिफ़र हिंदी जानती थी। हमने 'आँसू'—'कामायनी'—"राम की शक्ति-पूजा' साथ पढ़ी। छायावादी काव्य की इन शीर्ष रचनाओं से वह बहुत प्रभावित हुई। 'कामायनी' के लज्जा सर्ग के पाठ में वह अभिभूत थी। बोली—मैंने अंग्रेज़ी रोमांटिक काव्य—वर्ड्सवर्थ, शेली, कीट्स—अच्छी तरह पढ़ा है, पर ऐसी सूक्ष्म परिकल्पना और विराट योजना वहाँ मुझे नहीं मिली। मुझे याद है कि पाठ के बाद कुछ समय अवाक्-सी रह कर उसने यह बात कही थी।

इलाहाबाद के बाहर वैदुषिक-साहित्यिक प्रसंगों में जाना होता था, यद्यपि कम। परिसंवाद-संगोष्ठियों के अतिरिक्त दो निमित्त प्राय: होते—वैदुषिक क्षेत्र में भारतीय हिंदी परिषद और साहित्यिक क्षेत्र में अज्ञेयजी द्वारा परिचालित वत्सल-निधि। ऐसे आयोजनों में औपचारिक सत्रों के अतिरिक्त छोटी-छोटी मंडलियों की बैठकें जमती हैं, जहाँ नये मित्र बनते हैं, पुरानों से नयी जानकारी मिलती है। स्पष्ट ही इन नेपथ्य बैठकों का लेखन तथा विचार-क्रम की दृष्टि से अपना महत्व होता है। ऐसी बैठकों में स्थानीय मित्रों के अतिरिक्त इलाहाबाद के पूर्व-छात्र रहे कल्याणमल लोढ़ा तथा विष्णुकांत शास्त्री, निर्मला जैन, विजयेन्द्र स्नातक, डॉ० इंद्रनाथ मदान, विनयमोहन शर्मा, सत्येन्द्र, उदयभानसिंह, प्रेमशंकर, राममूर्ति त्रिपाठी, रामचंद्र तिवारी, सावित्री सिन्हा, आनंदप्रकाश दीक्षित परिषद के गलियारों में मिलते तो वत्सल-निधि की उप-गोष्ठियों में चंद्रकांत बांदिवडेकर, नंदकिशोर आचार्य, ओम थानवी, रमेशचंद्र शाह, गिरिराज किशोर, गोविंद मिश्र और इला डालमिया का साथ होता। इन सबसे कुछ-न-कुछ पाने-सीखने का अवसर होता, कुछ अच्छा समय बीतता।

●

आलोचना-कर्म में तीन पूर्ववर्तियों से कुछ-कुछ सीखा—आरम्भ में बाबू गुलाबराय, फिर आचार्य रामचन्द्र शुक्ल और परवर्त्ती काल में डॉ० रामविलास शर्मा। शुक्लजी तो इस क्षेत्र में जैसे बहुतों के लिए वैसे मेरे लिए भी प्रतिमान रहे। तीनों की आलोचनात्मक

प्रस्तुति बहुत मँजी हुई और व्यवस्थित है। तीनों में जगह-जगह हल्का विनोद-भाव उनकी शैली को निर्मल बनाए रखता है। गुलाबराय में विनोद ही है, आचार्य शुक्ल और रामविलासजी में विनोद के साथ व्यंग भी, जो कहीं-कहीं तीखा भी हो जाता है। यहाँ भी थोड़ा फ़र्क है। शुक्लजी, प्राय: अनिर्दिष्ट, प्रतिपक्षी को जैसे निरुत्तर करते हुए आगे बढ़ जाते हैं, रामविलास ललकार की मुद्रा में जैसे उत्तर की प्रतीक्षा भी करते हों।

आचार्य शुक्ल और बाबू गुलाबराय से मिलने का कभी अवसर नहीं हुआ, डॉ० रामविलास शर्मा से कई बार मिलने और वार्तालाप का सुयोग बना। यहाँ उनके आगरा-काल के दो संस्मरण ज़रूर सुनाना चाहूँगा।

एक बार गर्मियों में आगरा गया हुआ था कुछ पारिवारिक संदर्भ में। जहाँ रह रहा था वहाँ से राजामंडी मुहल्ला पास था, जहाँ रामविलास जी रहते थे। एक बार बालकृष्ण राव के साथ उनका घर देखा था। तो शाम को टहलते-टहलते बिना किसी पूर्व-सूचना के उनके यहाँ मिलने पहुँचा। शरबत से स्वागत-उपचार के बाद साहित्यिक चर्चा होती रही। उन दिनों वे निरालाजी के पत्रों के संकलन को ले कर लगे हुए थे। कहाँ-कहाँ पत्र और हैं, कैसे मिल सकते हैं, यह बात होती रही। एक प्रकार से निराला ही हम लोगों के वार्तालाप में मुख्य विषय रहे। लौटने लगा तो रामविलासजी ने कहा चलिए मैं भी साथ चलता हूँ, पत्नी के लिए दवाई लाना है। हम दोनों साथ निकले—निराला चर्चा में चल ही रहे थे। मुझे अभी तक वह दृश्य स्मरण है—राजामण्डी पुल पर थे हम, गर्मी की शाम का आसमान, वातावरण में तपिश, लोगों की भीड़-भाड़। बातचीत की सुविधा के लिए हम लोग सड़क के एकदम किनारे चल रहे थे। मैंने कहा कि निराला की 'राम की शक्ति-पूजा' में ऊर्जा और जागरण तथा चैतन्य का जो आवाहन है वह पूरे बंगला काव्य में नहीं मिलता, रवीन्द्रनाथ में भी नहीं, जिनमें प्रकृति, प्रेम और अध्यात्म के गहरे स्वर हैं, पर शक्ति की गूँज नहीं। उन्हीं दिनों मैं अपने निबंध 'छायावाद : शक्ति-काव्य' को विकसित करने में लगा था—वह तैयारी ही बोल रही थी। रामविलास मेरी बात सुन कर अभिभूत हो गए। चलती सड़क पर कुछ क्षण रुक कर मुझे गले लगाया; कहा कि जो बात कई तरह के संकोचवश मैं कह नहीं पा रहा था, उसे तुमने कह दिया। अब मैं अभिभूत! कहाँ डॉ० रामविलास शर्मा की कद-काठी—अभिधा और लक्षणा दोनों में! और कहाँ मेरा छोटा क़द। पर वरिष्ठ लेखक के बड़प्पन के सामने यह सब कुछ नहीं।

दूसरा संदर्भ केन्द्रीय हिंदी संस्थान, आगरा में दिए गए व्याख्यानों का है। संस्थान के निदेशक डॉ० ब्रजेश्वर वर्मा ने मुझे 'हिंदी साहित्य की अधुनातन प्रवृत्तियों' विषय पर तीन व्याख्यान देने के लिए आमंत्रित किया था। संस्थान के अध्यक्ष बालकृष्ण राव आयोजन की अध्यक्षता कर रहे थे। इस अवसर पर आगरा के अधिसंख्य साहित्य-प्रेमी तथा लेखक उपस्थित थे। रामविलासजी भी पहले दिन तो नहीं, बाद के दोनों दिन आए, यद्यपि तीसरे पहर कुछ समय सोने के कारण वे अपराह्न-गोष्ठियों में प्राय: पहुँचते नहीं थे। अज्ञेय और नयी कविता-नवलेखन के बाद तीसरा व्याख्यान युवा लेखन पर

केन्द्रित था। डॉ० नामवरसिंह नये दौर की 'आलोचना' के आरंभिक संपादकीय में युवा लेखन की प्रवृत्तियों का संक्षिप्त सर्वेक्षण कर चुके थे। वहाँ नयी कविता लेखकों पर कटाक्ष की मुद्रा में लिखा था—"जिस्म की गरमाई वहाँ भी थी लेकिन रेशमी फूलों की ओट में। नयी पीढ़ी ने उस रेशमी ओट को हटा भर दिया है। क्या इतने से ही वह विरूप और गलीज़ हो गई?" इस संदर्भ में टिप्पणी करते हुए अपने व्याख्यान में मैंने कहा—"यहाँ 'आलोचना' के संपादक ने स्थिति का अतिसरलीकरण किया है। रेशमी फूलों की ओट हटाना वैसा 'भर' नहीं है जैसा कि नामवरसिंह प्रदर्शित कर रहे हैं....उसे हटाना, उस पूरे अनुभव की जटिलता को समाप्त कर देना है। इतने मौलिक और गुणात्मक अंतर को एक निर्दोष और भोले-से लगने वाले 'भर' से नामवर सिंह ढाँक नहीं सकते।" रामविलासजी मंच पर बैठे थे। व्याख्यान के बाद जब उन्हें बोलना हुआ तो "भोले-से भर" की उन्होंने जी भर सराहना की, और युवालेखन पर अपना दृष्टिकोण प्रस्तुत करते हुए इस 'मुहाविरे' का कई रंगों में उपयोग किया। यह पूरा व्याख्यान-क्रम उपर्युक्त शीर्षक से ही संस्थान द्वारा बाद में प्रकाशित किया गया (१९६९)। यों हिंदी के ख्यात दुष्तोष आलोचक से मुझे स्नेह ही मिला है।

डॉ० रामविलास शर्मा के प्रति डॉ० नामवर सिंह का वर्षों से संचित असहाय क्रोध उस संपादकीय में फूट पड़ा जो उन्होंने डॉ० शर्मा की मृत्यु के बाद 'आलोचना' का बरसी-अंक आयोजित करके उसमें लिखा था। शुक्लजी का प्रसिद्ध वाक्य याद आया—वैर क्रोध का अचार या मुरब्बा है। लगभग उसी के आस-पास स्वयं नामवरजी के ७५वें वर्ष को मनाने के लिए आयोजनों की श्रृंखला चल रही थी 'नामवर के निमित्त'। मैंने प्रतिवाद में सार्वजनिक रूप से उसमें सम्मिलित न होने का निर्णय किया। इलाहाबाद में जब यह उत्सव आया तो 'लोकभारती' के आग्रह पर उनके द्वारा आयोजित मध्याह्न-भोज में सम्मिलित हुआ, प्रातः-सायंकालीन सम्मान-गोष्ठियों में नहीं। आयोजकों से मैंने यही कहा कि जो व्यक्ति अपने से बड़े का उसकी बरसी पर समझ-बूझ कर खुला अपमान कर रहा हो तो उस समय उसका सम्मान किस भाषा में किया जाय, वह मैं नहीं जानता।

अगले दिन हिंदी साहित्य सम्मेलन में 'हरिश्चंद्र मैगज़ीन' के दुर्लभ अंकों के फ़ोटोग्राफ़िक संकलन का विमोचन नामवरजी को करना था - मैं अध्यक्ष था। गोष्ठी में, जैसा होता है, कुछ विवाद रहा भाषा-संस्कार के प्रश्न को ले कर, पर आगे-पीछे सब कुछ निर्विवाद। यहाँ जोड़ना उचित होगा कि कुछ समय पूर्व ही सम्मेलन ने नामवरजी को भारतेंदु पर एक विशेष व्याख्यान देने के लिए आमंत्रित किया था। उस अवसर पर प्रसिद्ध रंगकर्मी और 'अंधेर नगरी' के निर्देशक तथा काशी में नामवरजी के शिष्य रहे ब० व० कारंथ भी उपस्थित थे। उस दिन भी अध्यक्षता मैं ही कर रहा था। भारतेन्दु की सार्द्धशती के अवसर पर काशी के इन दोनों रत्नों की सम्मेलन-सभागार में उपस्थिति प्रीतिकर थी। भारतेन्दु और प्रसाद की सफल नाट्य-प्रस्तुतियों के द्वारा कारंथ जैसे अपने गुरु और काशी नगरी के ऋण को उतार चुके थे। पूर्व निर्धारित

कार्यक्रमानुसार व्याख्यान के बाद इलाहाबाद के साहित्यकारों की ओर से नामवरजी के पचहत्तरवें वर्ष के उपलक्ष्य में मैंने उन्हें माला पहिनाई और शुभकामनाएँ दीं। कहना न होगा, तब तक रामविलासजी विषयक उनका उक्त लेख प्रकाशित नहीं हुआ था।

इलाहाबाद रहते हुए अपने समय के बड़े लेखकों के अध्ययन के साथ-साथ कुछेक के सान्निध्य का लाभ मिला; उनमें से कई के प्रति कृतज्ञता-प्रकाशन का अवसर भी। महादेवीजी के गद्य का एक प्रतिनिधि संकलन भारतीय ज्ञानपीठ ने प्रकाशित किया जब उन्हें ज्ञानपीठ पुरस्कार से सम्मानित किया गया था। इस संकलन की भूमिका मैंने लिखी और तब महादेवी के निमित्त से अकाल्पनिक गद्य की प्राय: अलक्षित सर्जनात्मक क्षमता को रेखांकित कर सका। लोकभारती ने एक बार अज्ञेय से आग्रह करके उनके द्वारा लिखित-संकलित 'सप्तक' ग्रंथों आदि की महत्त्वपूर्ण भूमिकाओं का संकलन स्वयं कवि द्वारा तैयार कराया 'कवि-दृष्टि' (१९८३)। अज्ञेय के इस विशिष्ट आलोचनात्मक लेखन की भूमिका मेरे द्वारा लिखी गई है। इधर हाल में आचार्य रामचंद्र शुक्ल का 'हिंदी साहित्य का इतिहास' का नया संस्करण लोकभारती ने प्रकाशित किया। उसमें भी एक लंबी भूमिका मैंने जोड़ी। जैसा कहा, अपने समय के इन बड़े लेखकों के ऋण-शोध का यह कुछ यत्न समझा जा सकता है, यों तो आलोचना-मात्र रचना से प्राप्त अनुभव के लिए आभार-प्रदर्शन है। इसके अतिरिक्त भूमिका लिखने-लिखवाने से बचता ही रहा हूँ।

●

कहने को तो बहुत-सी बातें हैं, बहुत सी चीज़ें हैं। एक स्थिति है जिसमें केशवजी पहले से भी हैं कि संगीत के प्रति आकर्षण बढ़ा है। एक समय के बाद मुझे लगा कि साहित्य में भाषा छलती है। अज्ञेय से बहस होती तो मैं कहता कि साहित्य की भाषा छलती है, संगीत की भाषा आश्वस्त करती है। यद्यपि अपने ढंग से कविता में अज्ञेय ने इसका बड़ा मार्मिक उत्तर दिया है—

मैं कवि हूँ
मैं सच लिखता हूँ :
लिख - लिख कर सब
झूठा करता जाता हूँ।

तू काव्य :
तू छलता है,
पर हर छल में
तू और विशद, अभ्रांत,
अनूठा होता जाता है।

('चक्रांत शिला')।

फिर भी मेरी बहस से अज्ञेयजी कुछ नाराज़ हो जाते। छोटे होने का एक लाभ मुझे यहाँ भी मिलता कि वह नाराज़गी प्रीतिकर ही रहती। मुझे अज्ञेय यों शास्त्रीय संगीत के बहुत क़ायल नहीं दिखे जैसे कि उर्दू ग़ज़ल के भी। क्यों नहीं, इसका यदि कुछ मनोवैज्ञानिक विश्लेषण करूँ तो सूत्र अज्ञेय के संस्मरणों में मिलता है। 'आत्मनेपद' के 'कटघरे से' में प्रसंग आता है कि कैसे वे एक महाराष्ट्रीयन संगीत अध्यापक से वायलिन सीखने जाते थे। एक दिन उन अध्यापक के घर के लिए सीढ़ियाँ चढ़ते उन्होंने सुना कि मास्टर साहब अपने किसी शिष्य को डाँटते हुए कह रहे थे कि तुम्हें जीवन में कभी संगीत नहीं आएगा, एक तुम्हें और एक उस वात्स्यायन को। यह सुनते ही वात्स्यायन (अज्ञेय) आधी सीढ़ियों से उतर आए और फिर शायद कभी संगीत के मार्ग पर चढ़े ही नहीं। इसके बावजूद 'असाध्य वीणा' में संगीत के व्यापक प्रभाव का बड़ा मार्मिक अंकन उन्हीं ने किया है।

यहाँ जोड़ना होगा कि संगीत की भाषा अपने में आश्वस्तिकर है, इसीलिए उसका कुछ भी व्याकरण पढ़ने से बचता रहा—उसका कोई शास्त्र नहीं पढ़ा। यों, साहित्य का ही शास्त्र यत्किंचित पढ़ कर कौन बड़ा काम किया! साहित्य के आस्वाद को कुछ विकृत ही किया होगा। केशवजी और अशोक वाजपेयी वहाँ भी छोटा ख़याल-बड़ा ख़याल, राग-रागिनी जान गए हैं। लिखा भी है। मैं लिखता हूँ केवल शौकिया ढंग से, कानसेन के पक्ष से और इसी रूप में अपने को रखना चाहता हूँ ताकि संगीत का मुझे शुद्ध आस्वाद मिल सके। जहाँ पं० भीमसेन जोशी और उस्ताद अमीर खाँ मेरे प्रिय गायक हैं। इस आस्वाद के अतिरिक्त एक अतिरिक्त लाभ यह मिलता है कि संगीत में मेरा चिंतन किसी क़दर स्थगित रहता है फिर उसे नवीकृत करने के लिए। अब इस स्थिति में संगीत और साहित्य दोनों के बीच उठता-बैठता हूँ, और कुछ-न-कुछ काम कर रहा हूँ। रेडियो-टेलीविजन से संबंध इतना ही है कि वर्ष में एक वार्ता आकाशवाणी पर रिकॉर्ड करा देता हूँ, और दूरदर्शन के एक शैक्षणिक कार्यक्रम के निमित्त वी० ए० जगन्नाथन् तथा पालीवाल दम्पत्ति (रीता रानी - कृष्णदत्त) के आग्रह और प्रोत्साहन पर इंदिरा गांधी मुक्त विश्वविद्यालय के लिए 'हिंदी आलोचना और डॉ० रामस्वरूप चतुर्वेदी' पर कुछ लंबा धारावाहिक वृत्त चार भागों में दृश्यांकित कराया था। प्रसार माध्यमों में दो से ही संबंध है : अख़बार से समाचार-टिप्पणी, कुछ हिम्मत जुटा कर, पढ़ लेना, और ट्रांज़िस्टर रेडियो से संगीत सुनना। यों एक से दूसरे का किसी क़दर आवश्यक हो तो प्रतिकार हो जाता है। कुल मिला कर मशीन के प्रति उत्साह कभी नहीं रहा, शंका ही रही है 'इंटरनेट' तक।

फिर कहूँ कि कहने के लिए बहुत-सी बातें हैं; भूल-प्रमाद, लज्जा और कष्ट के अनेक प्रसंग हैं, 'दुख ही' तो नहीं, हाँ, 'दुख भी जीवन की कथा रही'। पर उनका संस्मरण क्या? वे न कहने के लिए ही हैं; वे किसी के पक्ष में नहीं। भारतेंदु ने 'चंद्रावली' नाटिका में लिखा है—रात थोड़ी है और स्वाँग बहुत है। बड़ा मार्मिक जुमला है भारतेन्दु का—रात थोड़ी है, स्वांग बहुत। स्वांग हम लोगों के यहाँ पछाँह में

नाटक को कहते हैं। रात में नाटक होता था, बहुत बार सारी-सारी रात। लंबा नाटक है, एक रात में पूरा नाटक दिखाया ही नहीं जा सकता। तब भारतेंदु ने अपनी बात के लिए, अपने मंतव्य के लिए कहा कि कहने को तो बहुत कुछ है, लेकिन समय बहुत सीमित है। समय की यही सीमा है, इसीलिए मैं सोचता हूँ कि व्याख्यानमाला के संयोजक सत्यप्रकाशजी इस अस्त-व्यस्त बातचीत के माध्यम से सृजन और परिवेश का क्या संबंध निकालेंगे; बहरहाल, यह उनका ज़िम्मा है, समझेंगे। मैं अंत में केवल एक बात को कह कर इस वक्तव्य को पूरा करूँगा।

प्राय: आधी शती पूर्व १९५० में जब इलाहाबाद में मैं आया था तो, जैसा आरंभ में कहा, हमारा विश्वविद्यालय शीर्ष पर था। शीर्ष पर इस मानी में कि हम आज़ाद हो गए थे, आज़ादी का नया उत्साह था, अभिमान था; और दूसरी ओर सन पचास में विश्वविद्यालय की तमाम पुरानी परम्पराएँ भी यथावत थीं। यह नये-पुराने का मेल था। लेकिन वह विश्वविद्यालय, जैसा मेरे वरिष्ठ प्रो० पांडे भी कई बार कहते हैं, अंग्रेज़ियत का विश्वविद्यालय था। जैसे मैंने अपनी भाषा की समस्या रखी, पांडेजी भी बहुत कुछ उसी तरह बताते हैं कि कैसे जब प्रॉक्टर से मिलने गए और हिंदी में कुछ कहा तो प्रॉक्टर ने कुछ आपत्ति की कि आपको अंग्रेज़ी बोलनी नहीं आती क्या? तो यह उस समय का वातावरण था, और इस वातावरण में इलाहाबाद विश्वविद्यालय, हमारी 'आत्मिक माता' ने बहुत काम किया। यहाँ की उदारवादी राजनीति ने, पत्रकारिता ने, विश्वविद्यालय ने बहुत ऊँचाइयाँ हासिल कीं। सारा भारतवर्ष एक तरह से यहाँ के पूर्व-छात्रों से भरा था। चाहे विश्वविद्यालय हों, लेखन हो, चाहे अन्य जो भी क्षेत्र आप देख लें—विज्ञान का हो, साहित्य का हो, इतिहास का हो, प्रशासन का हो आपको हर तीसरा व्यक्ति इलाहाबाद का मिल जाएगा। पर आज वह अंग्रेज़ियत का वातावरण, ज़ाहिर है, न हमारे काम का है, न हमारे शैक्षणिक उपयोग का, न उसका कुछ रचनात्मक अर्थ है। उल्टे, आज वह हमारी राष्ट्रीय-सांस्कृतिक प्रगति में बाधक है। आज की आवश्यकता है कि ज्ञान-विज्ञान-रचना का विकास हिंदी तथा अन्य भारतीय भाषाओं में से हो।

इस समूचे वार्ता-क्रम और विवेचन से स्पष्ट होगा कि इलाहाबाद के वैशिष्ट्य में दो मुख्य कारक रहे हैं—यहाँ का विश्वविद्यालय, और यहाँ का साहित्यिक वातावरण। विश्वविद्यालय में अंग्रेज़ी की अग्रणी भूमिका थी, साहित्य में स्पष्ट ही हिंदी की। अब यह द्वैत समाप्त हो कर यहाँ की सामान्य भाषा हिंदी को दोनों क्षेत्रों में मुख्य भूमिका निभानी है, अंग्रेज़ी सहायक स्थिति में रहे। तब इन दोनों क्षेत्रों और दोनों भाषाओं की अन्तर-क्रिया में नयी वैचारिक और रचनात्मक ऊर्जा संभव हो सकेगी, जो अपने समग्र रूप में राष्ट्रीय-अन्तर्राष्ट्रीय स्तर पर फिर कुछ महत्वपूर्ण योग-दान में सक्षम होगी। वैद्युतिक संचार-साधनों और वैश्वीकरण के घटाटोप में यह रचनात्मक चुनौती भी इलाहाबाद के संश्लिष्ट साहित्यिक वातावरण के योग्य है, जहाँ नदियों का ही संगम नहीं, भाषिक-सांस्कृतिक प्रवाहों का भी संगम है।

चतुर्वेदी-ग्रीक संबंध

'जौनमाने' शब्द की व्युत्पत्ति

❑

चतुर्वेदी समाज में हम लोगों की अल्ल (उप-शाखा) 'जौनमाने' है। बचपन से ही सब लोग इस अटपटे-से लगने वाले शब्द की व्याख्या या व्युत्पत्ति देने का प्रयत्न करते थे। एक प्रचलित व्याख्या थी कि जो किसी की न माने, अर्थात अपनी बात पर अड़ा रहे, वह जौनमाने। बहरहाल, अनेक बार के सामूहिक प्रयत्नों के बाद भी कोई संतोषजनक व्युत्पत्ति संभव न हुई, और बचपन तथा किशोरावस्था की अनेक पहेलियों तथा बुझौवलों की तरह यह सब भुला दिया गया।

विश्वविद्यालय स्तर की शिक्षा के समय कई बार कुछ इतिहासज्ञों ने बताया कि मथुरा के चतुर्वेदी/चौबे (चतुर्वेदी > चउबेइ > चौबे) यवन-ग्रीक लोगों के पुरोहित थे, और उन्हीं के साथ भारतवर्ष में आए। जातीय व्युत्पत्ति की यह व्याख्या भी असमाधेय-सी लगती रही। कुछ प्राचीन इतिहासकारों के ग्रंथों में भी यह बात पढ़ने को मिली। डॉ० भगवतशरण उपाध्याय लिखते हैं, "कुछ विद्वान तो ब्रज के चौबों को इन्हीं ग्रीकों (यवनों) का वंशधर मानते हैं। उनका रंग, कृष्ण-बलराम के प्रति उनकी पूजा, क्रीड़ाशील जातीय विशिष्ट व्यवस्था आदि उन्हें उस प्रदेश के अन्य सहवासियों से सर्वथा भिन्न कर देते हैं। चौबे चाहे यवन न हों, पर निस्संदेह यवनों की जाति भी भारतीय समाज में घुल-मिल गई है।" (हिन्दी साहित्य का बृहत् इतिहास : नागरी प्रचारिणी सभा; संपादक-राजबली पांडेय : पीठिका भाग—पृ० ७०२)। मथुरा के आस-पास ग्रीक लोगों की बस्तियों का प्रमाण भी शायद उस दिशा की ओर संकेत करता है। बाद में तो 'यवन' शब्द कई, विदेशी जातियों, ख़ास तौर से मुसलमानों के लिए रूढ़ हो गया, पर मूलत: 'यवन' शब्द ग्रीकों की आयोनियन (यूनानी) शाखा से जुड़ा था।

एक दिन प्रात: भ्रमण के क्रम में 'जौनमाने' शब्द की व्युत्पत्ति अनायास मन में फिर कौंधी। एकाएक लगा कि ध्वनिविज्ञान की दृष्टि से 'जौनमाने' का मूल, समास शब्द हो सकता है 'यवनमान्य', अर्थात यवनों में जिनकी मान्यता हो, यवनों के गुरु-पुरोहित! शब्द की यह व्युत्पत्ति चतुर्वेदी-ग्रीक संबंध की संभावना को पुष्ट करती है। चतुर्वेदी/चौबे यवनों के साथ ही भारत आए या कि यवनों ने यहाँ आ कर उन्हें अपना गुरु-पुरोहित बनाया, ये दोनों ही स्थितियाँ संभव हो सकती हैं 'यवनमान्य' शब्द की व्याख्या के अंतर्गत!

पुनश्च :

डॉ० रामविलास शर्मा के योरीपीय पुनर्जागरण विषयक इतिहासपरक अध्ययन में यूनानी सभ्यता का प्रकरण पढ़ने के बाद अपनी उपर्युक्त टिप्पणी ('हिंदुस्तानी', त्रैमासिक—१९७५) का प्रतिमुद्रण उनके विचारार्थ भेजा। रामविलास जी का पोस्टकार्ड तुरंत आया। लिखा था—"जौनमाने के संबंध में सूझ बहुत अच्छी है, वैसे यूनानी जन साँवले माने जाते थे।"

न० दि० ११००१८ **डॉ० रामविलास शर्मा**

३.२.९७

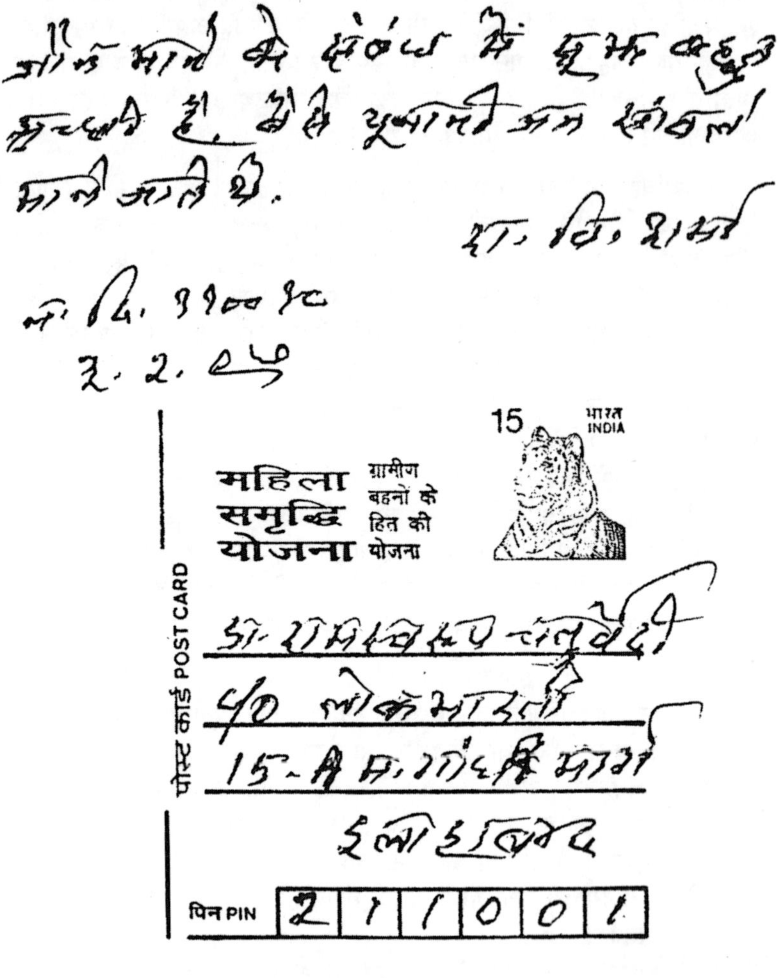

"जौनमाने के संबंध में सूझ बहुत अच्छी है. वैसे यूनानी जन सांवले माने जाते थे.

रा. वि. शर्मा

न. दि. ११००१८

३. २. ९७

15 भारत INDIA

महिला समृद्धि योजना

ग्रामीण बहनों के हित की योजना

पोस्ट कार्ड POST CARD

डॉ. रामस्वरूप चतुर्वेदी

C/O लोकभारती

15-A म. गांधी मार्ग

इलाहाबाद

पिन PIN 2 1 1 0 0 1

चतुर्वेदी जीवन-शैली और नया सहस्त्राब्द

❑

(**नोट :** माथुर चतुर्वेदी जाति से अधिक एक बिरादरी है, मूलत: पश्चिमी उत्तर प्रदेश के कुछ गिने-चुने जिलों में सीमित—मथुरा, आगरा, इटावा, अलीगढ़, मैनपुरी, एटा, फ़र्रुख़ाबाद। सब-के-सब ब्रजभाषा-भाषी। ग्रियर्सन ने अपने 'भाषा-सर्वेक्षण' में ब्रजभाषा के जो आठ उपरूप निर्धारित किए हैं, उनमें से परिनिष्ठित और कन्नौजी में अंतर्भुक्त ब्रज का प्राय: यही क्षेत्र है। बोली, खान-पान और वैवाहिक संबंधों की दृष्टि से स्पष्ट ही यह एक सुगठित बिरादरी समूह है।)

हर क्षेत्र और समुदाय के जीवन के कुछ अपने रंग-ढंग होते हैं, कुछ अपना विशिष्ट दृष्टिकोण होता है। इस संदर्भ में माथुर चतुर्वेदियों के लिए संक्षेप में कहना पड़े तो कहा जा सकता है कि माथुर चतुर्वेदी/चौबों की कर्मठता-कर्मण्यता में सहज अरुचि है, जैसी आधुनिक कर्मठता के उदाहरण सामान्यत: जापानी लोग माने जाते हैं। कर्म करना एक बात है, कर्मठ होना दूसरी। चतुर्वेदियों का यह क्षेत्रीय-सामुदायिक दृष्टिकोण शताब्दियों के जीवनानुभव में से उपजा है। इस प्रसंग में दो-तीन उदाहरणों से अपनी बात पुष्ट करना चाहूँगा।

हम लोगों के परिवार में मथुरा के एक गुरु तक्को-पक्को आते थे। उनका वास्तविक नाम क्या था, पता नहीं, सामान्यत: वे इसी नाम से जाने जाते थे। पहलवानी और जिजमानी दो में उनकी रुचि थी—तदनुकूल शरीर का आकार-प्रकार था, जो उनके नाम में भी कहीं ध्वनित होता था। मेरी माँ की ननसाल मथुरा में होने के कारण वे गुरुजी से पर्दा नहीं करती थीं, और जब कभी उनका आना हो तो दोपहर के भोजन के बाद प्राय: मथुरा की चर्चा वे उनसे करतीं। एक दिन उन्होंने आकस्मिक रूप से गुरु तक्को-पक्को से पूछा कि भैया, मथुरा-वृंदावन में तो कृष्ण-भगवान के छोटे-बड़े असंख्य मंदिर हैं, पर क्या बात है कि कहीं कोई चतुर्वेदी पुजारी नहीं है, अधिकतर गुजराती या कहीं दाक्षिणात्य पुजारी मंदिर में सेवा के लिए रहते हैं। गुरुजी एकाएक इस प्रश्न से कुछ परेशान हुए कि क्या उत्तर दिया जाए! फिर अपने को सँभालते हुए वे बोले कि भैन, ठाकुरजी की सेवा बड़े कसाले की है। भोर से उठि कैं उन्हें स्नान कराऔ, शृंगार कराऔ, काजर पारौ, वस्त्र पहराऔ, विधि-विधान से भोग लगाऔ आदि-आदि। आठौ याम की सेवा याही रूप में गरमी-जाड़े बरसात में बराबर चलै है। ये सब झंझट-झमेला के काम हम लोगन सैं सधैं नाँय। तातैं हम लोग या वैधानिक पूजा तैं बाहर ही रहैं हैं।

दूसरा सत्यभासी प्रसंग फ़ीरोज़ाबाद-आगरा के साधारण मध्यवर्गीय जीवन का है। औसत चतुर्वेदी जीवन-व्यवस्था में परिवार के दो-एक लोग जीविकोपार्जन के लिए

बाहर जाते थे, शेष घर पर ही रहते हुए अपना सामान्य जीवन व्यतीत करते। ऐसे ही परिवार के एक सज्जन के लिए उनके मित्र का बाहर किसी नगर से संदेश आया कि वे चाहें तो अपने उन मित्र के पास उस नगर में पहुँच जाएँ, उनके लिए वहाँ एक अच्छी नौकरी की व्यवस्था तैयार है। फ़ीरोज़ाबादी सज्जन अत्यंत गद्‌गद् हुए, अपने मित्र को बहुत स्नेहपूर्वक स्मरण किया और धन्यवाद दिया; कहा कि देखो इतने ऊँचे पद पर पहुँच कर भी उन्हें अपने बालसखा और मित्र का इतना अधिक ध्यान है। पर क्या करें, यहाँ फ़ीरोज़ाबाद में उनकी अपनी समस्याएँ और व्यस्तताएँ हैं, जिन्हें उन्होंने संदेशवाहक मित्र को इस ढंग से बताया। बोले कि देखो भाई, हमारी दैनिक चर्या बड़ी कठिन है। सबेरें जगे, निपटे, दतून-मंजन करौ। कछु घर के जानवरन-गैया-बछड़न की देख-रेख करी। फिर चले गए बाजार, सौदा-सुलुफ़ लाए। कछु नास्ता-पानी भऔ, अखबार दिखौ। तब तक न्हाइबे कौ बखत भऔ। फिरि भोजन-बिसराम। तीसरे पहर कछु भाँग-ठंडाई की जुगाड़ करी। संजा मंदिर-बज़ार हौ आए। राति कौं भोजन। अब आपई बताऔ कि हमाए पास टाइम कहाँ हैं जो हम नौकरी करैं? चाँहत तौ हमऊँ बौहत हैं कि कहूँ कुछु कमाई कौ काम करैं, पर टाइम ई नईं!

तीसरे प्रसंग में साक्षी मैं स्वयं हूँ। यहाँ इलाहाबाद में किसी पारिवारिक उत्सव में फ़ीरोज़ाबाद निवासी, रीवाँ राज के भूतपूर्व दीवानबहादुर ब्रजेन्द्रनाथ जी आए हुए थे। उनके पास पहुँच कर मैंने उनके चरण स्पर्श किए—किसी ने परिचय कराया। वे बरामदे के बाहर एक चारपाई पर बैठे हुए थे, वहीं मैं भी बैठ गया। तभी एकाएक बिना किसी पूर्व-प्रसंग के उन्होंने कहा, 'देखि लीजो जे सब चौबे सारे मज्जैहैं (मर जाएँगे)।' मैंने लगभग उसी सामान्य भाव से कहा कि इसमें ख़ास बात क्या? मरना तो सभी को है! उस पर दीवानबहादुर ने अपनी व्याख्या दी कि देखो, पहले चौबे सब गाँव में रहते थे—अच्छी आव-हवा, शुद्ध भोजन-पानी, सात्त्विक जीवन-चर्या थी। अब सब-के-सब सहरन में भगे आइ रहे हैं। यहाँ तरह-तरह की बीमारी हैं—ब्लड प्रेशर, सुगर, गैस और न जाने क्या-क्या! तो यहाँ शहरों में तो मरना ही मरना है।

अब इन तीनों प्रसंगों को यदि मिला लिया जाए तो इसमें से चतुर्वेदी जीवन-शैली और जीवन-दृष्टि का कुछ रूप उभरता दिखता है। आज के जीवन की जो भाग-दौड़ है—अंग्रेजी में जिसे 'रैट' कहते हैं—जो मारा-मारी है, उससे चतुर्वेदी/चौबे को सहज अरुचि है, कठोर कर्मठता उसके अनुकूल नहीं। ऐसा नहीं कि अन्यों ने इधर ध्यान नहीं दिया। प्रसिद्ध यूरोपीय कथाकार स्टीफ़न ज़्वाइग ने अपनी आत्मकथा 'द वर्ल्ड ऑफ़ येस्टरडे' (मूल जर्मन से अनूदित) में अपने पिता का एक शब्द-चित्र उकेरा है। प्रथम विश्वयुद्ध के पहले यूरोपीय जीवन के संदर्भ में याद करते हुए वे कहते हैं कि बहुत यत्न करने पर भी उन्हें कोई ऐसा दृश्य स्मरण नहीं आता जब उन्होंने अपने पिता को कहीं दौड़ते-भागते देखा हो—सड़क पर, घर में, ट्राम पकड़ने के लिए वे सर्वत्र स्थिर भाव से चलते थे। भागना जैसे उनकी दृष्टि में सबसे बड़ी अशिष्टता थी।

प्रश्न यह है कि आज का तो समूचा जीवन ही भाग-दौड़ और कठिन कर्मशीलता का है। ऐसे में उपर्युक्त चतुर्वेदी जीवन-शैली की क्या प्रासंगिकता होगी! पर लगता है कि थोड़े धीरज की ज़रूरत है। अधिकतर दुनिया अपनी गति से परेशान हो रही है। पश्चिम में अमेरिका और पूर्व में जापान अपनी समृद्धि और सुख-शांति के लिए अभी तक आदर्श माने जाते रहे हैं। अमेरिका तो कई रूपों में अभी तक पृथ्वी पर स्वर्ग माना जाता रहा है, अपनी भौतिक सुख-सुविधाओं की दृष्टि से। एक गहरे अर्थ में भी वहाँ के गोरे भद्र लोक स्वर्ग के देवताओं की याद दिलाते हैं। यंत्रों की कामधेनु-कल्पवृक्ष से उन्हें इच्छा-वस्तु तत्काल मिल जाती है। एक ओर उनकी कर्मशीलता है तो दूसरी ओर अपार अवकाश का समय है जिसे कैसे बिताएँ, वे नहीं समझ पा रहे। अपने मनोरंजन के लिए जिस तरह के खेल और संगीत उन्हें प्रिय हैं, वे उनके लिए अधिकतर काले लोग प्रस्तुत करते हैं। भरत मुनि के नाट्यशास्त्र के आरंभ में नाट्य के जन्म की कथा भी यही कहती है। देवताओं के मनोरंजन के लिए जब ब्रह्मा पाँचवें नाट्य वेद की रचना करते हैं तो देवता कहते हैं कि हम इसका अभिनय नहीं कर सकेंगे। उसकी भी व्यवस्था आप ही कराइए। तब भरत मुनि अपने पुत्रों-शिष्यों के साथ पहला नाट्य प्रस्तुत करते हैं देवों के मनोरंजन के लिए—देवासुरसंग्राम।

यों अधिकतर देशों में जब मनुष्य के लिए जी तोड़ मशक्कत है तो कुछ देशों में यंत्र ने अवकाश की लंबी सुविधा उपलब्ध कर रक्खी है—यांत्रिक एकरसता से भरा इतना अवकाश जिसे बिताने की समस्या उत्पन्न हो रही है, जिसके दुरुपयोग में सेक्स और हिंसा की भूमिका बढ़ती जाती है। ऐसी जगहों में सुख-समृद्धि और गति के वेग से व्यक्ति अपने आत्मिक अकेलेपन में ऊब रहा है। पहले मनोविश्लेषण, मादक द्रव्य और अब सतही अध्यात्म इस रिक्तता को भरने में अक्षम हो रहे हैं। तब इस ऊब-अकेलेपन से त्रस्त व्यक्ति ओकलाहोमा में बम विस्फोट करके अकारण अनेक निर्दोष नागरिकों की हत्या कर देता है, या फिर टोक्यो की उपनगरीय ट्रेन सेवा में ज़हरीली गैस छोड़ कर कार्यालय और घर के बीच चलते असंख्य दैनिक यात्रियों को अकस्मात मार डालना चाहता है। बंबई-दिल्ली की ज़िंदगी में भी इस अकारण आतंकवाद की कुछ झलक देखने को मिल जाती है। अब तो सकारण नियोजित आतंकवाद के फैलने पर भी अकारण अपनी जगह चलता रहता है। ऐसे उन्माद से बचने के लिए आधुनिक जीवन-चर्या के तनाव को ढीला करने की ज़रूरत होगी। उस बिंदु पर चतुर्वेदी जीवन-दृष्टि के कुछ अंश शायद उपयोगी हो सकें। कहना होगा कि अपने को कर्म-प्रतिपादक कृष्ण के सखा मानने वाले माथुर चतुर्वेदी यदि व्यावहारिक जीवन में कर्म-समर्पण के साथ कर्म-संयम भी बरतते हैं तो यह उचित ही है, विशेषत: मनुष्य और टैक्नॉलॉजी की होड़ा-होड़ी के इस युग में।

चतुर्वेदी जीवन-शैली मुख्यार्थ में मैंने वर्णित की। व्यंगार्थ में एक ही भाव है—प्रकृति, मनुष्य और यंत्र के बीच संबंधों का पुनर्मूल्यांकन, और उनका सानुपातिक सामंजस्य। टैक्नॉलॉजी के महासागर अमरीका में एक ओर बर्बर-आसुरी आतंकवाद के

लक्ष्य बने न्यूयॉर्क नगर के 'ट्विन टावर' की जगह बची हुई शून्य भूमि 'ग्राउंड ज़ीरो' है, दूसरी ओर राजधानी वाशिंग्टन से कुछ ही घंटों की दूरी पर उसी टेक्नॉलॉजी सागर के बीच टापू जैसा आमिश प्रदेश है जहाँ लोग स्वेच्छा से बिना बिजली और मोटरगाड़ियों के रहते हैं, कुछ-कुछ गांधी के लगभग एक शती पूर्व के 'हिंद स्वराज' की याद दिलाते हुए। राजधानी से दोनों क्षेत्र प्राय: बराबर दूर हैं। दोनों क्षेत्रों में क्या कोई रिश्ता है? क्या पहला क्षेत्र दूसरे की ओर कुछ संकेत कर रहा है?

वैराग्य-चर्चा से अलग ब्रज क्षेत्र की प्रवृत्तिमूलक और सकारात्मक संस्कृति का विवेचन करते हुए अपनी पुस्तक 'जर्नी थ्रू द ट्बैल्व फ़ॉरैस्ट्स' (द्वादश वनों की यात्रा-अथवा, ब्रज चौरासी कोस की यात्रा; ऑक्सफ़र्ड : १९९४) में इंडियाना विश्वविद्यालय में तुलनात्मक धर्म के प्रोफ़ेसर, डेविड एल् हैबरमैन लिखते हैं—"नृतत्त्वशास्त्री ओवेन लिंच ने मथुरा के तीर्थ-सहायकों के बारे में, जिन्हें चौबे [चौबे > चउबेइ > चतुर्वेदी] कहा जाता है, एक अंतर्दृष्टिपूर्ण लेख लिखा है : वही बात वृंदावन के सभी ब्रजवासी तीर्थ-सहायकों के बारे में सच उतरती है। 'चौबे', वे लिखते हैं, 'ब्रज चरित्र के वास्तविक प्रतिरूप हैं, सच्चे मस्तराम...मस्तराम वह व्यक्ति है जो मस्त हो। (प्रसन्न, उल्लसित, स्वाभिमानी, निर्द्वन्द्व, बेसुध); उनका जीवन-यापन निर्द्वन्द्व होता है, जहाँ भौतिक और भावात्मक कुशल-क्षेम प्रमुख है।" (पृ० ४६) और भी—"ब्रज भूमि का वर्णन मथुरा माहात्म्य कहे जाने वाले प्रकरणों में आता है जो कई वैष्णव पुराणों में मिलते हैं, जिनमें, सर्वाधिक महत्त्वपूर्ण वराह पुराण है। यहाँ मथुरा नगर को केन्द्र में रखा गया है और यह संकेत मिलता है कि इसकी रचना मथुरा के चतुर्वेदी ब्राह्मणों—इस नगर के परंपरागत तीर्थ-पुरोहितों द्वारा हुई है। तब तक वे ब्रज में १६वीं शती के परवर्त्ती धर्मतात्त्विक विकास-क्रम से प्रभावित नहीं हुए थे।" (आमुख) लिंच के उद्धरण का संदर्भ इस प्रकार है—'द मस्तराम : इमोशन एंड परसन अमंग मथुराज़ चौबेज़' : 'डिवाइन पॅशन्स' में संकलित—सं० ओवैन लिंच; कैलिफ़ोर्निया विश्व-विद्यालय प्रेस, बर्कले : १९९०।

चतुर्वेदी जीवन-शैली के किसी क़दर अनौपचारिक विवेचन में जिन कुछ बिंदुओं को मैंने उभारा है, उनकी किसी सीमा तक अनायास संपुष्टि उपर्युक्त दो औपचारिक अध्ययनों से हो जाती है। जन्मभूमि, क्षेत्र, जाति-बिरादरी के सांस्कृतिक पक्षों का बहुत रोचक और उपयोगी अध्ययन आचार्य हज़ारी प्रसाद द्विवेदी के प्रसिद्ध संकलन 'अशोक के फूल' में देखा जा सकता है।

इलाहाबाद का साहित्यिक चरित्र

बौद्धिक आभिजात्य के प्रसंग

❑

किसी नगर का साहित्यिक चरित्र उसके लेखकों-विचारकों से बनता है, और किसी क़दर उन्हें बनाता भी है। इस अंतर-क्रिया में चरित्र स्थिर रहता है और बदलता भी है।

जहाँ तक बात आधुनिक कालीन इलाहाबाद के साहित्यिक-सांस्कृतिक एवं राजनैतिक परिवेश की है, आप देखेंगे कि यहाँ के इतिहास में एक प्रकार की बौद्धिक संपन्नता है; रचनात्मकता को बौद्धिक अभिनिवेश से संपन्न करने वाला इलाहाबाद का वातावरण है। बौद्धिकता यदि आधुनिकता का एक मुख्य लक्षण है तो हिंदी साहित्य आधुनिक होता है इलाहाबाद में। 'सरस्वती' पत्रिका का कई बार उल्लेख होता है। यह संयोग नहीं कि १९०० ई० में 'सरस्वती' पत्रिका काशी से आरंभ हुई थी, संपादक-मंडल काशी का था, बाबू श्यामसुंदरदास के अधीन। लेकिन दो वर्ष वहाँ रहने के बाद वह इलाहाबाद आ गई महावीर प्रसाद द्विवेदी के संपादन में। 'सरस्वती' पत्रिका एक प्रकार से पूरे हिंदी साहित्य के नये बौद्धिक-रचनात्मक वातावरण की अभिव्यक्ति थी। महावीर प्रसाद द्विवेदी को इस बात का श्रेय है कि साहित्य के क्षेत्र में, भीतर और बाहर के वातावरण में उन्होंने हिंदी को बर्हिमुख बनाया, और साहित्य को अलंकृत किया बौद्धिक स्तर पर।

इसी तरह छायावाद-युग को आप देखें। छायावाद की शुरूआत काशी में है—जयशंकर प्रसाद ज्येष्ठ कवि हैं, आदि कवि हैं, क्रम की दृष्टि से और काव्य-संग्रह की दृष्टि से। उनका 'झरना' १९१८ ई० में प्रकाशित हुआ। रामचंद्रशुक्ल अपने 'हिंदी साहित्य का इतिहास' में उन्हें ज्येष्ठ मानते हैं, महत्त्व देते हैं, लेकिन फिर कहते यह हैं कि छायावाद की शुरुआत सुमित्रानंदन पंत से हुई। छायावाद का प्रतिनिधि कवि वे पंत को मानते हैं। क्यों? 'झरना' ठीक है कि वह १९१८ में छपता है और पंत का 'पल्लव' आता है १९२६ में। लेकिन 'पल्लव' के साथ 'पल्लव' की भूमिका भी देखिए। वे गहराई में जा कर छायावाद के काल का निर्धारण करते हैं।

रामचंद्र शुक्ल ने, पूरे विस्तार में जा कर दिखाया बड़ी कुशलता के साथ कि १९१८ में 'झरना' छपा अवश्य, पर उसकी भूमिका में आपको याद होगा केवल कुछ पंक्तियों का परवर्त्ती निवेदन भर है जिसमें कहा गया—'जिस शैली की कविता को हिंदी साहित्य में आज दिन छायावाद का नाम मिल रहा है, उसका प्रारंभ प्रस्तुत संग्रह

द्वारा ही हुआ था।' यों कुछ पंक्तियों का प्रकाशकीय वक्तव्य है और दावा है कि छायावाद का आरंभ प्रसाद के इस काव्य-संग्रह से है। रामचंद्र शुक्ल कहते हैं 'इतिहास' में कि 'झरना' का दूसरा संस्करण १९२७ में हुआ, तब जा कर उसका वास्तविक रूप स्थिर हुआ। इसी संस्करण में नये ढंग की कविताएँ हैं। पर इसके पहले ही १९२६ में पंत का 'पल्लव' प्रकाशित हो चुका था 'धूमधाम' से। शुक्ल जी की शब्दावली है 'धूमधाम' से। तो उनकी दृष्टि में 'पल्लव' पहला संग्रह है छायावाद का। तिथि-क्रम के अतिरिक्त आलोचक का ध्यान 'पल्लव' की भूमिका पर भी रहा होगा जहाँ कवि ने बड़ी कुशलता के साथ इस नये काव्य-आंदोलन का व्यवस्थित रूप में पक्ष प्रस्तुत किया था। इस प्रकार एक पूरा बौद्धिक वातावरण बन जाता है यहाँ से वहाँ तक छायावाद के प्रसंग में। प्रसाद आयु-क्रम में जेठे हैं, संग्रह पहले आता है, लेकिन छायावाद का बौद्धिक-रचनात्मक वातावरण इस इलाहाबाद से जुड़ा हुआ है।

द्विवेदी-युग और छायावाद के बाद उत्तर-छायावाद के अंतराल में 'जवानी के कवि' (विजयदेवनारायण साही के प्रयोग में) इलाहाबाद से जुड़े हुए हैं—भगवतीचरण वर्मा, बच्चन, अंचल, नरेन्द्र शर्मा। यहाँ स्पष्ट ही बौद्धिकता का स्वर नहीं उठता। पर इसके प्राय: कुछ ही आगे-पीछे आधुनिक काल का तीसरा महत्त्वपूर्ण दौर आरंभ होता है प्रगतिवाद-प्रयोगवाद-नयी कविता का। इस वैचारिक गहमा-गहमी का मुख्य स्थान इलाहाबाद में था, जहाँ 'परिमल' और 'प्रगतिशील लेखक संघ' का लंबा वैचारिक संघर्ष चलता रहा। यह आकस्मिक नहीं कि साहित्य में नयी चेतना के संवाहक स० ही० वात्स्यायन 'अज्ञेय' के द्वैमासिक 'प्रतीक' का प्रवर्त्तन यहीं से हुआ १९४७ में देश की राजनैतिक स्वाधीनता के साथ-साथ। तब यह भी आकस्मिक नहीं कि 'विचारधारा' पर विचार की विजय होती है, यहीं इलाहाबाद में। यह काल-गति है कि 'छठे दशक' के ऐसे कुछ लेखक जिन्हें इस निष्पत्ति को देखने के लिए होना चाहिए था वे हमारे बीच से कुछ जल्दी चले गए।

'प्रगतिशील लेखक संघ' और 'परिमल' की मान्यताओं में एक बुनियादी अंतर यह रहा कि संघ की दृष्टि में रचनाकार का पक्ष पहले से दिया गया है, और लेखक को उस पक्ष का वरण करना है, चुनना है। यह स्पष्ट ही साम्यवादी राज्य-तंत्र प्रणाली की साहित्यिक परिणिति थी। एक 'विचारधारा' जो मार्क्सवाद का छद्मनाम, 'यूफ़िमिज़्म' था, वैचारिक चुनाव के लिए सुलभ थी। यों समूची विचार-प्रक्रिया को एक प्रदत्त विचारधारा के अधीन कर दिया गया था, एक स्पष्ट पाखंड जो 'परिमल' के सोच के विरुद्ध था। 'परिमल' के लेखक मानते थे कि रचनाकार अपना पक्ष स्वयं बनाता है, वह इतना समर्थ है कि उसे बने-बनाये, पहले से दिए हुए किसी पक्ष पर चलने की ज़रूरत नहीं है। चाहे कबीर-तुलसी हों, चाहे निराला-पंत-महादेवी, वे रचना में अपना पक्ष रखते हैं।

एक रोचक स्थिति आपको याद होगी। 'प्रगतिशील लेखक संघ' का पहला अधिवेशन १९३६ में लखनऊ में हुआ। प्रेमचंद उसके सभापति थे। वहाँ का अध्यक्षीय

अभिभाषण एक तरह से उनका वसीयतनामा और इच्छापत्र था—उसके बाद उनकी मृत्यु हो जाती है। उस अभिभाषण में उनका दो-टूक वक्तव्य स्मरणीय है—"वह (साहित्यकार) देशभक्ति और राजनीति के पीछे चलने वाली सचाई भी नहीं, बल्कि उनके आगे मशाल दिखाती हुई चलने वाली सचाई है।" यहाँ वे बल देने के लिए दोनों तरह के वाक्य-विन्यास बरतते हैं—साहित्यकार की सचाई आगे चलने वाली है; पीछे चलने वाली नहीं। तो कभी-कभी बड़ा रोचक लगता है कि 'परिमल' की मान्यता वह है, जो प्रेमचंद कह रहे हैं और प्रेमचंद की खड़ाऊँ ले कर बैठे हैं जो 'प्रगतिशील लेखक संघ' में हैं। वे क़सम प्रेमचंद की खाते हैं, और बात मानते हैं लेनिन की जिसका स्पष्ट निर्देश था कि साहित्य को पार्टी के कहे मुताबिक चलना, और उसका अनुसरण करना है।

ध्यान देने की बात यह भी है कि कलकत्ता, बंबई, मद्रास—तीन पत्तन नगरों के समकक्ष इलाहाबाद पश्चिमोत्तर भारत का राजनैतिक केन्द्र रहा है। इन नगरों के बाद कांग्रेस का अधिवेशन इलाहाबाद में होता है, और बरसों तक रहता है यहाँ कांग्रेस का मुख्यालय। पर इसके बावजूद इलाहाबाद का लेखक-जगत राजनीति का दबाव नहीं मानता। राजनीति से सीधा संपर्क पत्रकारों का रहा, जिनमें से अनेक विख्यात राजनेता भी थे। इस प्रसंग में प्रसिद्ध सूत्र इस नगर के यशस्वी शायर अकबर इलाहाबादी ने दिया—'जब तोप मुक़ाबिल हो तो अख़बार निकालो'—अंग्रेज़ से लड़ना है तो अख़बार निकालो। रचना से, साहित्य से वह लड़ाई नहीं लड़ी जा सकती। यह बावजूद इसके कि अकबर की शायरी में एक हिस्सा ख़ासा राजनैतिक रंग लिये हुए है; पर यहाँ भी केन्द्र में सामाजिक-सांस्कृतिक समस्या अधिक है। कई बार लोग अकबर को हास्य-व्यंग का कवि मान कर छोड़ देते हैं। पर अकबर की शायरी हास्य-व्यंग की है या कि पश्चिम के सांस्कृतिक आक्रमण से उपजी तकलीफ़ की, इसे बारीक़ी से समझना होगा।

इलाहाबाद में लेखक का राजनीति और राजनीतिज्ञ के प्रति क्या रवैया रहा है, इसे देखने के लिए कुछ संस्मरणों का सहारा लेना होगा। क्रम में पहले निराला आते हैं। ये तीनों संस्मरण स्वयं निराला द्वारा लिखित-वर्णित हैं उनके संकलन 'प्रबंध प्रतिमा' में। पहले का संबंध राजर्षि पुरुषोत्तमदास टंडन से है—

"टंडन जी का पारा बहुत चढ़ गया था। एक तो राजनीति और साहित्य के विवेचन में ही घिसट-घिसट कर रह गए थे, और चूँकि ख़ुद राजनीतिक थे इसलिए राजनीति को प्रधान बनाया था।" यहाँ चर्चा चल रही है हिंदी साहित्य सम्मेलन के पाठ्यक्रमों के बारे में। "मैंने सोचा एक नीति और पेश की जाए तो इसे टंडन जी कहाँ स्थान देते हैं, देखूँ। मैंने कहा, फिर धर्मशास्त्र को कहाँ जगह मिलेगी? याद रहे धर्मशास्त्र को मैंने इसलिए पेश किया कि टंडन जी ने साहित्य के बृहत् अर्थ में साहित्य को नहीं लिया, वरन साहित्य को राजनीति से भिन्न करके नीचे जगह दी थी। टंडन जी ने धर्मशास्त्र के लिए भी एक तीसरी जगह तैयार की और क्रम ऐसा रहा जैसे सिर हो राजनीति, हृदय धर्मशास्त्र और उपस्थ साहित्य।" यह निराला लिख रहे हैं, यह

निराला का ही उद्धरण है। रोचक बात यह कि जिस पुस्तक से यह उद्धरण है वह पुस्तक स्वयं राजर्षि को ही समर्पित है। वे सामान्यतः टंडन जी के बड़े प्रशंसक थे। प्रशंसक इसलिए कि हिंदी के प्रश्न पर टंडन जी सीधे गांधीजी से भिड़ गए थे। साहित्य में उनकी समझ नहीं थी। साहित्य और राजनीति में क्या संबंध है, इसे जिस रूप में वे चाहते थे, उसे निराला स्वीकार करने को तैयार नहीं थे। इस प्रसंग को निराला ने यहाँ बिल्कुल स्पष्ट रूप से लिख दिया है।

अब आइए जवाहरलाल नेहरू के प्रसंग में। यह सब उस समय की बात है जब देश में इन नेताओं की बात लोग आँख बंद करके मानते थे। जवाहरलाल बनारस आए थे। लेखकों की बैठक हुई थी। उस लेखकों की बैठक में जवाहरलालजी ने कहा, हिंदी में क्या साहित्य लिखा जा रहा है? सिर्फ़ दरबारी कविता लिखी जा रही है, दरबारी साहित्य लिखा जा रहा है। यह संदर्भ है। निराला जी रेल के डिब्बे में जवाहरलालजी से इंटरव्यू लेते हैं—शीर्षक दिया है : 'नेहरूजी से दो बातें'। जवाहरलाल भी इलाहाबाद के हैं, शायद इसीलिए निराला उनसे बात करने का अपना अधिकार कुछ अधिक ही मानते हैं। प्रश्न करते हैं, बोल रहे हैं—

"बनारस के जिन साहित्यिकों की मंडली में आपने दरबारी कवियों का उल्लेख किया था उनमें से तीन को मैं जानता हूँ—तीनों अपने-अपने विषय के हिंदी के प्रवर्त्तक हैं। प्रसाद जी काव्य और नाटक-साहित्य के, प्रेमचंदजी कथा-साहित्य के और रामचंद्रजी शुक्ल आलोचना-साहित्य के।" अगर आपने 'दिनमान' पत्र देखा हो तो उसके एक अंक में रायकृष्णदास ने एक संस्मरण में यह प्रसंग लिखा है—एक फ़ोटोग्राफ़ भी साथ है। जवाहरलालजी और कमलाजी बैठी हुई हैं, दोनों ओर साहित्यिकों की मंडली है बनारस की, जिसमें शुक्लजी की मूँछें और प्रसादजी का कुरता बहुत स्पष्ट दिखाई देगा। यहाँ ध्यान देने का विषय निराला की उदारता भी है। बनारस के अपने समकालीनों की जैसे वे मुक्त कंठ से प्रशंसा कर रहे हैं वह इलाहाबाद के साहित्यकार के योग्य है। समकालीन रचनाकार के साथ प्रतिस्पर्धा समझ में आती है, पर बहुत बार तो खुला राग-द्वेष दिखता है। इनसे ऊपर उठ कर दूसरे की उन्मुक्त सराहना के लिए लेखक के मन में गहरा आत्मविश्वास चाहिए जो बहुत-से बड़े लेखकों में भी नहीं होता।

निराला बनारस के इन तीनों लेखकों का परिचय बताने के बाद जवाहरलाल की नासमझी पर व्यंग करते हुए पूछते हैं कि ऐसे रचनाकारों के कृतित्व को आपने किस आधार पर दरबारी साहित्य बताया? यह स्मरणीय है कि जिन जवाहरलाल से यह पूछ-ताछ चल रही है वे उन दिनों 'युवक-हृदय-सम्राट' और 'ऋतुराज' के विरुद से विभूषित थे। अपने पक्ष की सच्चाई से आश्वस्त और आत्मविश्वास से सम्पन्न लेखक ही इस कोटि के राजनेता से ऐसी निस्सम्मान शैली में बात कर सकता है।

निराला की इस संस्मरण-माला में एक हुआ राजर्षि पुरुषोत्तमदास टंडन का, दूसरा यह जवाहरलाल नेहरू का, और अब तीसरा स्वयं राष्ट्रपिता गांधी का! यह उठता

क्रम जान-बूझ कर रक्खा है। आपको आज आश्चर्य लगेगा कि हिंदी में कोई ऐसा लेखक था जिसका राजनेताओं के प्रति ऐसा व्यवहार हो। इसीलिए ये उद्धरण स्वयं लेखक के शब्दों में प्रस्तुत कर रहा हूँ, कुछ मेरी ओर से मढ़े या गढ़े नहीं हैं। निराला ने इन तीनों वृत्तों को अलग-अलग समय पर अलग-अलग संदर्भ में लिखा है। पर मुख्य वस्तु एक ही है—हिंदी साहित्य की अस्मिता।

गांधी-संस्मरण को सुनाने के पूर्व एक बात बताना चाहूँगा। 'प्रबंध-प्रतिमा', जिसमें ये सभी गद्य-प्रबंध संकलित हैं, में पहला निबंध 'चरखा' शीर्षक है। रवीन्द्रनाथ ठाकुर ने गांधी के चरखा-प्रचार की आलोचना की थी। उस प्रसंग में गांधी का पक्ष लेते हुए निराला ने रवीन्द्रनाथ की आलोचना का बड़ा सधा उत्तर यहाँ दिया है। पर जो गांधी संबंधी प्रकरण है, वहाँ गांधी की तीखी आलोचना है उनके हिंदी विषयक विचारों के लिए।

जैसा जवाहरलाल के साथ हुआ उससे कुछ उग्रतर प्रसंग बापू का है। (द्र० 'गांधीजी से बातचीत') गांधी ने कहीं बँगला साहित्य की प्रशंसा की और हिंदी के लिए कहा कि उसका साहित्य तो उथला है। निराला इस वक्तव्य पर बिगड़ गए, अपना प्रतिवाद जताने के लिए गांधी से कुछ मिनटों का समय पा कर उनसे बात करने पहुँचे। कहा आप कैसे जानते हैं कि बँगला साहित्य में गहराई है? आपने पढ़ा है? आप बँगला जानते हैं? आपने हिंदी का पढ़ा क्या है? तब आपने यह सब कह कैसे दिया ? मैं बँगला जानता हूँ, वह मेरी प्रथम भाषा रही है। यों उथले-गहरे का भेद हम जानते हैं। स्पष्ट ही गांधी के पास निराला के इन तर्कों का कोई उत्तर न था; इस विषय में अपनी सीधी जानकारी का अभाव ही उन्होंने स्वीकार किया। समूचे प्रकरण पर फिर निराला टिप्पणी करते हैं, "मैं हैरान होकर हिंदी साहित्य सम्मेलन के सभापति को देखता रहा, जो राजनीतिक रूप से देश के नेताओं को रास्ता बताता है, बेमतलब पहरों तकली चलाता है **(बेमतलब पहरों)**, प्रार्थना में मुरदे गाने सुनता है **(ऐसी रद्दी डिम-डिम आवाज़! किसमें इतना साहस है कि बाद की प्रार्थना-सभा के बारे में ऐसा लिख सके कि 'मुरदे गाने सुनता है!')**—हिंदी साहित्य सम्मेलन का सभापति है, लेकिन हिंदी के कवि को आधा घंटे वक्त नहीं देता।" महात्मा के विरुद से विभूषित देश के शीर्षस्थ राजनेता के लिए ऐसी निस्सम्मान शैली का प्रयोग निराला के ही बस की बात थी। पर यह व्यर्थ का प्रलाप नहीं, पूरा तार्किक संवाद है। चरखा के प्रसंग में गांधी का पक्ष-समर्थन है, हिंदी के प्रसंग में घनघोर आलोचना। राजनीति के उपयुक्त संदर्भ में साहित्य का नैतिक समर्थन है, साहित्य में राजनीति के हस्तक्षेप का वैसा ही कठोर विरोध।

यह निराला और उस पूरे बौद्धिक स्वायत्तता के वातावरण की झाँकी है, जिसके एक प्रतीक हैं अंग्रेज़ियत लिए विश्वविद्यालय परिसर पर कुलपति अमरनाथ झा, तो दूसरी ओर साहित्य में निराला, और फ़िराक़ गोरखपुरी, जिनकी चर्चा का कुछ अवसर आगे होगा। निराला 'प्रगतिशील लेख संघ' के बारे में अपने विचार व्यक्त करते हैं, जहाँ

बौद्धिक स्वायत्तता की जगह राजनैतिक प्रतिबद्धता प्रमुख है। यहाँ फिर कहना चाहूँगा कि निराला का आरंभिक लेखकीय जीवन लखनऊ में बीता, उनका पहला संग्रह 'परिमल' लखनऊ से प्रकाशित हुआ, लेकिन वे मानते हैं अपने को इलाहाबाद का। १९३६ में वे पत्र लिख रहे हैं रामविलास शर्मा को। उसकी विडंबना भी आप देखिए—डॉ० शर्मा चोटी के प्रगतिशील आलोचक हैं, संघ के प्रमुख कार्यकर्ता, आगे चल कर निराला के जीवनीकार; और यह उनकी सत्यनिष्ठा है कि वे इस पत्र को 'निराला की साहित्य साधना' के तीसरे भाग, अर्थात पत्रावली में ज्यों-का-त्यों संकलित कर देते हैं। पत्र निराला इलाहाबाद से नवंबर में लिख रहे हैं। उसके कुछ महीने पहले 'प्रगतिशील लेखक संघ' का आरंभिक अधिवेशन लखनऊ में होता है जिसका उल्लेख अभी हुआ। फिर कुछ समय बाद इलाहाबाद में वह कार्यक्रम आयोजित हुआ जिस पर निराला टिप्पणी कर रहे हैं अपने पत्र में। यहाँ इलाहाबाद के लीडर प्रेस में ठहरे हुए हैं, वहाँ से पत्र लिख रहे हैं—''यहाँ एक दल ऐसा है, जो उच्च शिक्षित है। शायद सोश्यलिस्ट भी है। इसके कुछ लोग योरप भी हो आए हैं। स्त्री और पुरुष, हिंदू और मुसलमान दोनों। इन्होंने प्रोग्रेसिव राइटर्स मीटिङ् या एसोसिएशन नाम की एक संस्था कायम की है। ये उच्च शिक्षित जन कुछ लिखते भी हैं, इसमें मुझे संशय है। शायद इसीलिए लिखने का एक नया आविष्कार इन्होंने किया है, और वह इनमें ज़ोर पकड़ता जा रहा है।'' राजनीति के सीधे दबाव में लिखने, या कि निराला के तंज़ में 'अलिखने' का जो वर्णन कवि ने यहाँ किया है वह टंडनजी द्वारा प्रस्तावित पाठ्यक्रम व्यवस्था की याद दिला देता है—''जैसे सिर हो राजनीति, हृदय धर्मशास्त्र और उपस्थ साहित्य।''

अब एक कवि-प्रसंग और लें! महादेवी : छायावादी कवि-चतुष्टय की कनिष्ठ सदस्य, और इलाहाबाद के साहित्य-समाज की अधिष्ठात्री देवी! निराला की संस्मरण-कथा पराधीन भारत की घटना है, महादेवी की स्वाधीन भारत में, जबकि पूरे समाज की तरह लेखक का भी लालच बढ़ा है। पर महादेवी? इस संस्मरण का साक्षी मैं स्वयं हूँ। प्रधानमंत्री मोरारजी देसाई के समय की बात है। श्रीराम केन्द्र, नयी दिल्ली में महादेवी जी के सम्मान में एक गोष्ठी का आयोजन है। अध्यक्ष हैं विद्याशंकर आई०सी०एस०, जो अवकाश ग्रहण के बाद प्रधानमंत्री मोरारजी के सचिव होने के लिए ख़ास तौर से बुलाए गए हैं। मंच पर महादेवीजी हैं, विद्याशंकर हैं और श्रीराम-परिवार के एक प्रतिनिधि। विद्याशंकर स्वागत करते हैं महादेवी का, जैसा सामान्यत: होता है, कहते हैं—हम लोग इलाहाबाद में एक साथ थे, एक ही साथ हाईस्कूल किया : आगे-पीछे पोज़ीशन थी। विश्वविद्यालय में भी फिर साथ हुआ। लेकिन वह ज़माना था कि लड़कों और लड़कियों का साथ नहीं होता था। मैं महादेवी को पहिचानता हूँ, पता नहीं, ये मुझे जानती हैं कि नहीं! बस इतना ही शिष्टाचार था। हम लोग बड़े उत्सुक कि देखें महादेवीजी क्या कहती हैं। विद्याशंकर बड़े प्रतिभाशाली, प्रख्यात आई०सी०एस० रहे थे, इस समय तो प्रशासन में शीर्षस्थ

अधिकारी। वे चाहें तो किसी को 'भारतरत्न' दिला दें, या फिर राज्यसभा में मनोनीत करा दें। कहा जाता है कि प्रधानमंत्री से अधिक प्रभावशाली उसका सचिव होता है। मेरे साथ पुराने मित्र अजित बैठे थे—कुछ विनोद-वार्ता हुई गुलेरी की कहानी 'उसने कहा था' की याद हुई। उधर मंच पर महादेवीजी लगभग पचास मिनट बोलीं, लेकिन सामान्य शिष्टाचार के अतिरिक्त विद्याशंकर के बारे में व्यक्तिगत कोई चर्चा नहीं, उनके पहिचान के बढ़ाए हुए हाथ को लेने से जैसे इनकार कर दिया हो मौन भाव से। आयोजन के बाद जब लौटने लगीं तो संयोग से उसी कार में मैं भी था। मैंने कहा उनसे, यह क्या बात हुई? विद्याशंकरजी ने इतने भावपूर्ण ढंग से अपनी पहिचान बताई, और आपने उसका कुछ भी उत्तर नहीं दिया। वे अपनी परिचित शैली में हँस कर बोलीं—मैं क्या करूँ मुझे कुछ याद ही नहीं आया! तो मैं झूठ कैसे बोलती? छायावादी कवियों का सच-झूठ क्या होता है, इसकी थोड़ी जानकारी मुझे भी है, लेकिन वहाँ उन्होंने इसे अपने लिए तौहीन समझा कि प्राइम मिनिस्टर का सेक्रेटरी मुझसे इस तरह का परिचय दे रहा है, माँग रहा है—इसे मैं कैसे स्वीकार कर लूँ! वे एकदम से चुप थीं। यों ठसक का अर्थ हुआ यह प्रकट कर देना, अपनी ही ओर से, कि हम किसी के आगे हाथ नहीं पसारते।

ये कुछ उदाहरण हैं लेखक के राजनीति, राजनेता और राजपुरुष से संबंध के प्रसंग में। स्पष्ट ही यहाँ सर्वत्र लेखक का बौद्धिक आत्मविश्वास बोल रहा है। इस बौद्धिक आत्मविश्वास से जुड़ी प्रयाग के साहित्यिक वातावरण की एक और पहिचान है साहित्यिक ठसक की। ठसक अर्थात बौद्धिक आभिजात्य। कुल-परिवार-रूप-धन का आभिजात्य व्यक्ति विरासत में पाता है; बौद्धिक आभिजात्य है जिसे वह स्वयं अर्जित करता है, और इस प्रक्रिया में जैसे जीवन-क्रम को अपनी उपलब्धियों द्वारा, पूर्व-प्रभावी ढंग से, आलोकित कर लेता है। इस ठसक की कुछ व्याख्या करें तो कहेंगे कि ठसक वहाँ है जहाँ किसी दूसरे, विशेषत: सामने वाले की अवज्ञा किए बिना, अपना महत्त्व प्रदर्शित हो जाए। इलाहाबाद के इस बौद्धिक-सांस्कृतिक आभिजात्य के प्रतीक माने जाते थे यहाँ विश्वविद्यालय के कुलपति अमरनाथ झा। अपनी बोली-बानी-उच्चारण-रख-रखाव और व्यवहार में ठसक क्या होती है, इसके वे जीते-जागते उदाहरण थे। ध्यान रखने की बात यह भी है कि अमरनाथ झा का समय वह था जब अंग्रेज़ी साम्राज्य का वैभव अपने चरम पर था। ऐसे ही ज़माने में वे पटना विश्वविद्यालय में दीक्षांत भाषण देने गए। वहाँ कोई अंग्रेज़ अधिकारी राज्यपाल था, और उस नाते विश्वविद्यालय का चांसलर। सामान्य शिष्टाचार के अनुकूल उसने मुख्य अतिथि का स्वागत किया। उत्तर में झा साहब ने कहा कि मेरा सौभाग्य है कि मैं महामहिम को लंबे समय से जानता हूँ। जब पहली बार उनसे भेंट हुई तो वे अमुक ज़िले के कलेक्टर तथा डिस्ट्रिक्ट मैजिस्ट्रेट होते थे, और तब भी उनका व्यवहार मेरे लिए बड़ी कृपापूर्ण आत्मीयता का था। चांसलर की कृपा का आभार एक ओर, और बौद्धिक क्षेत्र में अपने शीर्षस्थ होने का थोड़ा तिरछा हवाला दूसरी ओर!

इलाहाबाद में हिंदी-उर्दू-अंग्रेज़ी सबका सम्मिलित प्रभाव था, और जैसा कहा, झा साहब उसके एक तरह-से अधिष्ठाता कहे जा सकते हैं। पर ठसक के प्रसंग में अगर फ़िराक़ का वर्णन न हो तो बात अधूरी रहेगी। झा की ठसक यदि किसी क़दर यत्नज थी तो फ़िराक़ की एकदम सहज-स्वाभाविक। फ़िराक़ के किस्से बहुत प्रचलित हैं जिनमें कुछ सत्याभासी—'ऍपोक्रिफ़ल' हो सकते हैं। यहाँ जो संस्मरण कह रहा हूँ उसके साक्षी अंग्रेज़ी विभाग के एक सहयोगी हैं। अंग्रेज़ी विभाग के स्टाफ़ रूम में फ़िराक़ साहब बैठे हैं। बच्चनजी उन दिनों वहीं प्राध्यापक हैं। और सहयोगी बैठे हैं। चपरासी सबकी डाक मेज़ पर रख गया है। एक युवा अध्यापक कौतूहलवश उसे उलट-पुलट कर देख रहा है। फिर एकाएक फ़िराक़ की ओर मुखातिब हो कर कहता है—हुज़ूर, येट्स का ख़त आया है बच्चनजी के नाम। स्वयं नोबुल विजेता और रवीन्द्र की 'गीतांजलि' के भूमिकाकार डब्ल्यू० बी० येट्स उन दिनों अंग्रेज़ी क्या, समस्त यूरोपीय साहित्य की शीर्ष मूर्त्ति थे। उनका पत्र किसी भारतीय कवि या प्राध्यापक के पास आए उससे बड़ा सौभाग्य क्या हो सकता है? युवा अध्यापक की व्यंजना यहाँ कुछ ऐसी ही थी फ़िराक़ के प्रति कि आप इधर-उधर कबड्डी खेल रहे हैं और येट्स का पत्र बच्चनजी के पास आता है। यानी हर तरफ़ से फ़िराक़ को निरुत्तर कर देने का यत्न। फ़िराक़ कुछ क्षण चुप रहने के बाद—उस फब्ती को विलीन होने के लिए जैसे अवसर दे कर अपनी सहज मुद्रा में कहते हैं—अंग्रेज़ की लाख बुराई करो, एक उसमें बहुत ख़ूबी है। शिष्टाचार पाबंदी का बड़ा क़ायल है। आज उसे ख़त लिखो, लौटती डाक से जवाब आया।'' अब यहाँ न बच्चन की अवज्ञा है, न येट्स की। येट्स महज़ भद्र अंग्रेज़ है, बच्चन एक प्रशंसक पत्र-लेखक। सिर्फ़ इतनी-सी बात, उसके लिए क्या अफ़रा-तफ़री!

एक परिसर-प्रसंग और लें। इतिहास-विभाग में रीडर थे ओ० पी० (ओंकार प्रसाद) भटनागर। अत्यंत सुदर्शन व्यक्तित्व, वैसी ही प्रीतिकर बोली-बानी। अध्यापक-संघ के वार्षिक जल्से में उस समय भारत सरकार के शिक्षा-सचिव हुमायूँ कबीर मुख्य अतिथि के रूप में आए थे। कबीर सिविल सर्विसेज़ के न थे, वे प्रसिद्ध लेखक और अध्यापक थे, जवाहरलाल नेहरू के बड़े चहेते, मौलाना आज़ाद के अत्यंत विश्वसनीय सचिव। बहुत अच्छा बोले। फिर अध्यापक-संघ की बैठक होने के नाते कुछ चर्चा उनके सामने वेतन-मान आदि की भी थी। उस प्रसंग में कबीर ने कहा कि अब तो वेतन-मान पहले की तुलना में अच्छे हो गए हैं; फिर हल्की मुस्कान के साथ बोले—और कुछ अतिरिक्त आमदनी ट्यूशन आदि की होती होगी! तब क्या समस्या है। हम कई युवा अध्यापक दूसरी-तीसरी पंक्ति में बैठे थे, संयोग से मंच के सामने। हमसे ठीक अगली पंक्ति में भटनागर साहब बैठे थे। क़द के लंबे थे; गोल, सुडौल चेहरा, उन्होंने उसे दो-एक बार हिलाया। कबीर कुछ असमंजस में बोले कि मैंने कुछ ग़लत कहा क्या? भटनागर साहब ने खड़े हो कर प्रतिवाद किया—(अंग्रेज़ी में) सर, यहाँ हम लोग ऐसा कुछ नहीं करते। कलकत्ता में शायद होता होगा। कबीर कलकत्ता

में बहुत दिनों प्राध्यापक थे। एकदम सन्नाटे में आ गए, इधर-उधर कुछ बदल कर बोलने लगे। भटनागर साहब इलाहाबाद में सामान्य अध्यापक थे, तब रीडर पद पर। उन दिनों दो बच्चों का परिवार न होता था, उनका अच्छा भरा-पूरा परिवार था। चाहते तो कुछ कबीर से पा सकते थे हाँ में हाँ मिला कर—समिति की सदस्यता, पुरस्कार, फ़ेलोशिप। पर उनकी निगाह उस सब पर न थी। उन्हें लगा कि केन्द्रीय शिक्षा-सचिव ने इलाहाबाद के समस्त अध्यापकों की बिरादरी का अपमान किया है, और उसके शिष्ट प्रतिवाद में वे उठ कर खड़े हो गए।

बौद्धिक आभिजात्य का स्वरूप और खुलता है एक और चरित्र में—स्वनामधन्य प्रो० एस० सी० (सतीशचंद्र) देब, अंग्रेज़ी विभागाध्यक्ष के व्यक्तित्व में। उनके शिष्य (संभवत:) नरसिंह श्रीवास्तव कहते थे कि कक्षा में पढ़ाते समय प्रो० देब सर्वाधिक मनोहर व्यक्ति हैं (प्रो० देब लेक्चरिंग इन द क्लास इज़ द हैन्डसमैस्ट परसन आई हैव सीन)। अब इस मनोहर व्यक्ति का कुछ शारीरिक रूप-रंग जान लें—ख़ासे साँवले, लगभग नाटे, भारी बदन के बंगाली कर्त्ता बाबू का रूप, बंद गले की गोल कालरदार कोट-पैंट। बंगाली भद्र लोक पर अंग्रेज़ी उच्चारण या कि हिंदी भाषा के विन्यास में कहीं बंगालीपन का लेश नहीं। शिष्टाचार में कुछ विक्टोरियन अंदाज़ लिये, पर ठेठ देसी चरित्र। इस सबमें मनोहारिता का क्या ज़िक्र? मनोहारिता आती वस्तुत: उनके पढ़ाने, व्याख्यान देने के ढंग में। अपार ज्ञान-राशि, उसी के अनुरूप विनम्रता, प्रस्तुति की एकदम सधी, व्यवस्थित, निर्मल शैली। श्रोता के लिए एकाग्र भाव से सुनने के अतिरिक्त न कोई विकल्प न चाह! व्याख्यान में उत्कृष्ट गायक के संगीत जैसी मनोहारिता और किसी पहुँचे हुए दार्शनिक का ज्ञानकांड। ये सब व्यक्तित्व को 'सर्वाधिक मनोहारी' बनाने वाले तत्त्व हैं, और यहाँ अंतर्निहित है 'बौद्धिक आभिजात्य' का स्वरूप। देब साहब का ढंग यह था कि दूसरे के क्षेत्र में जा कर अपने ज्ञान और विनम्रता से परास्त करो तब कुछ बात हुई। साहित्य, कलाएँ, संस्कृति के अन्य क्षेत्र, सामाजिक इतिहास सबमें एक जैसी गति थी उनकी। देब साहब के बारे में प्रसिद्ध था कि बिना इंग्लैंड गए (गए, पर बहुत बाद में) उन्हें लंदन का नक्शा याद है। ऑक्सफ़र्ड और लैटिमर स्ट्रीट कहाँ हैं और उनके चौराहे पर कौन-सा भवन है, यहीं से वे बता सकते थे। चढ़ती उम्र में इंग्लैंड गए तो वहाँ के भी किस्से हैं। जब वहाँ पहुँचे तो देखा कि अपना जाँघिया (ब्रीफ़्स) भूल आए हैं, हड़बड़ में तैयारी की थी, अंडरवियर रखना भूल गए। अब जिस स्टोर में जाएँ वहाँ लड़की बेचने वाली। लड़की जब सामने है तो उससे अंडरवियर तो माँगा नहीं जा सकता। दसियों स्टोर उन्होंने देखे, और बिना ख़रीदारी किए वापस आ गए। इसके बाद तो उन्होंने एक दोस्त या विद्यार्थी को फ़ोन किया; वह आया बेचारा, भागा हुआ। कहा सर, क्या सेवा करूँ आपकी। उन्होंने उससे कहा—तुम हमारे संग चलो, ज़रा-सा हमको अंडरवियर की ख़रीदारी करवा दो। हर जगह लड़कियाँ दुकान पर सामान बेच रही हैं। विक्टोरियन अंग्रेज़ी का स्वभाव, जहाँ अंडरवियर का सार्वजनिक उल्लेख वर्जित।

केम्ब्रिज जब पहुँचे—जहाँ के विश्वविद्यालय के निमंत्रण पर गए हुए थे—तो वहाँ हमारे मित्र विनोद दुबे रिसर्च कर रहे थे इकोनॉमिक्स में, केम्ब्रिज यूनिविर्सिटी की फ़ेलोशिप पर। उन्हें पता चला कि गुरुदेव आए हुए हैं। उन्होंने सोचा चल कर ज़रा उनको केम्ब्रिज यूनिवर्सिटी दिखा दें। वे थे तो इकोनॉमिक्स के विद्यार्थी, पर सोचा इलाहाबाद के प्रोफ़ेसर हैं, यहाँ आए हैं तो जो अपने से बने उनकी सेवा करनी चाहिए। शाम को जा कर तय कर आए कि सर, हम सबेरे आएँगे, परिसर दिखाने ले चलेंगे। तो कहा—हाँ, सबेरे आ जाना ठीक दस बजे, हम तुमको कहाँ ढूँढेंगे। दस बजे विनोद पहुँच गए, गुरुवर देब साहब को परिसर दिखाने ले चले। वहाँ जो 'चैपल' है, उस जगह से शुरू किया—वहीं से केम्ब्रिज टूर सामान्यत: चलता है। रात भर विनोद ने केम्ब्रिज का भूगोल-इतिहास पढ़ कर तैयारी की थी मान्य अतिथि को जानकारी देने के लिए। 'चैपल' पहुँच कर उन्होंने शुरू किया—सर, यह चैपल कब बना, किस आर्किटेक्ट का डिज़ाइन है, तब विश्वविद्यालय का कुलपति कौन था, आदि। दो-तीन मिनट तो गुरुदेव ने सुना। उसके बाद धीमे से उन्होंने सूत्र अपने हाथ में ले लिया। कहा—हाँ, यह अमुक आर्किटेक्ट का बनाया हुआ है, उस आर्किटेक्चर के बने हुए यूरोप में कहाँ—कितने केथीड्रल हैं, उस स्थापत्य-शैली का विकास-क्रम क्या रहा है? फिर कितने कॉलेज हैं केम्ब्रिज में, उनके मास्टर-ट्यूटर के नाम, पूर्व-छात्रों का यश, पाठ्यक्रमों का वैशिष्ट्य आदि बताने लगे। विनोद बताते हैं कि कैसे वे अवाक्-से रह गए इस ज्ञान-सागर के समक्ष। फिर हुआ यह कि उस दिन जो यात्री-सैलानी केम्ब्रिज देखने आए हुए थे, अपने-अपने गाइड को छोड़ कर प्रो० देब के क्रमश: बढ़ते दल में शामिल हो गए। सब इस अनायास उपलब्ध सचल वार्ता से लाभान्वित और चमत्कृत। ऐसे आशुव्याख्यान के कई और प्रसंग प्रो० गोविंदचंद्र पांडे तथा पूर्व छात्र-सहयोगी अमरसिंह और हेमेन्द्रशंकर सक्सेना से मैंने सुने हैं। एकाध अवसर का साक्षी-श्रोता मैं भी हूँ। और यह सब कुछ बताते समय विनम्रता ऐसी कि तुलसीदास स्मरण हो आएँ—कबि न होउँ नहिँ चतुर कहावउँ। फिर अपने क्षेत्र की विशेषज्ञता ऐसी कि इलाहाबाद बैठे-बैठे 'ऑक्सफ़र्ड कम्पैनियन टू इंग्लिश लिट्रेचर' जैसे मानक संदर्भ-ग्रंथ में अनेक भूलों का सुधार कराया। ग्रंथ के चतुर्थ संस्करण की भूमिका में संपादक द्वारा उल्लेख है कि इलाहाबाद के प्रोफेसर देब के हम आभारी हैं जिन्होंने अनेक भूलों की ओर हमारा ध्यान दिलाया, हम उनके सुझावों को कृतज्ञतापूर्वक स्वीकार करते हैं। दुर्योग यह कि अगले संस्करण में नयी संपादक श्रीमती ड्रैबल ने पुरानी सारी भूमिकाओं को मिटा दिया। यह निश्चय ही एक ग़ैर-एकेडेमिक ढंग था। इस प्रकार के विकसनशील संदर्भ-ग्रंथों में तो विशेषत: पिछली सारी भूमिकाओं को सँजो कर रक्खा जाता है, ताकि पाठक उनके विकास-क्रम को ठीक-ठीक जान सके। एक बार ऑक्सफ़र्ड यूनिवर्सिटी प्रेस के प्रतिनिधि से मैंने इसकी शिकायत भी की थी। ऐसा वातावरण था इलाहाबाद के बौद्धिक समाज का, जो सरस्वती-प्रवाह की तरह अमूर्त्त पर हर समय अनुभव-योग्य रहा है।

हमारे गुरु प्रो० धीरेन्द्र वर्मा सामान्यत: प्रकृति के शांत और मितभाषी, पर उनकी वैचारिक प्रखरता वैसी ही तीव्र। संस्कारों में आर्यसमाजी, लेकिन पेरिस के पढ़े हुए। १९५७ में 'परिमल' ने एक अखिल भारतीय कॉन्फ्रेंस आयोजित की थी—'लेखक और राज्य' (स्टेड एंड राइटर)। सूत्रधारों में प्रधान थे अज्ञेय। सारे देश के लेखक उसमें सम्मिलित हुए—ताराशंकर बनर्जी, वीरेन्द्र कुमार भट्टाचार्य, शिवराम कारंथ, लक्ष्मण शास्त्री जोशी, आर० बी० जोशी, सुंदरम। स्थानीय लेखकों के अतिरिक्त यशपाल, अमृतलाल नागर, देवीशंकर अवस्थी थे। सीमित साधनों-सुविधाओं के नगर इलाहाबाद में ऐसा बड़ा समागम कम ही हुआ होगा। आरंभ में आयोजकों के सामने प्रश्न उठा कि ऐसे महत्त्वपूर्ण आयोजन में विषय का प्रवर्त्तन कौन करे? अनायास डॉ० धीरेन्द्र वर्मा का नाम आया। 'परिमल' की ओर से मैं और रघुवंश जी उनके सामने यह प्रस्ताव ले कर पहुँचे। आरंभिक असमंजस के बाद उन्होंने हामी भर दी। निर्धारित समय पर आप-से-आप विजयानगरम हॉल पहुँचे, जहाँ कार्यक्रम होना था। एक संक्षिप्त लिखित वक्तव्य पढ़ा, जिसमें दो-टूक शैली में कहा गया कि सरकार को लेखकों-कलाकारों, विश्वविद्यालय-सेवा आयोगों तथा उच्च न्यायालयों के काम-काज में कोई बाधा नहीं देनी चाहिए, हाँ, उनके लिए बुनियादी सुविधाएँ अवश्य उपलब्ध कराना चाहिए। यों नये-नये विकसित होते गणतंत्र के समक्ष राष्ट्रीय बौद्धिक जीवन की एक मौलिक स्थापना प्रस्तुत की गई। बाद के अनेक वक्ताओं ने धीरेन्द्र जी के इस संक्षिप्त, सारगर्भित वक्तव्य की सराहना की। सरकार से सीधे भिड़ने का जो संस्कार हिंदी लेखक में प्रेमचंद-निराला-महादेवी ने डाला था, उसका कुछ दृश्य प्रमाण इलाहाबाद के परिसर और लेखक-जगत ने जैसे प्रस्तुत कर दिया। 'परिमल' और परिसर का सहकार यहाँ भी द्रष्टव्य है। स्मरणीय यह भी कि नयी कविता-नयी कहानी पर आरंभिक बड़ी गोष्ठियाँ क्रमश: १९५३ तथा १९६४ में बहुत-कुछ इसी सहकार में आयोजित हुईं। सामान्यत: विश्वविद्यालय अपनी कठोर अनुशासनप्रियता—जो कभी-कभी जड़ता तक पहुँच जाए—के लिए जाने जाते हैं, और नये लेखकों की गोष्ठियाँ अपनी उन्मुक्तता—जो उच्छृंखलता में भी बदल सकती है—के लिए। इस संदर्भ में 'परिमल' और परिसर का सहकार विशेष रूप से उल्लेखनीय है। एक ओर से उन्मुक्तता की ताज़गी आई तो दूसरी ओर से अनुशासन का संस्कार, जो दोनों पक्षों के लिए उपकारक सिद्ध हुआ।

वर्णन-विवेचन के इस बिंदु पर इलाहाबाद के साहित्यिक वातावरण के एक और अल्पलक्षित वैशिष्ट्य की ओर संकेत करना चाहूँगा—यहाँ के उन्मुत्त वातावरण और विघ्नहीन जीवन-चर्या की ओर। जिन-जिन हिंदी लेखकों ने दुबारा घर बसाया वे इलाहाबाद में रहने आए—बड़े नाटककार, बड़े कथाकार, बड़े कवि; वैसे तो आजकल नामोल्लेख भी इस प्रसंग में कुछ संकोच का कारण नहीं होता। हम लोग इतिहास में प्राय: पढ़ते हैं कि अंग्रेज़ी साहित्य में किसी कवि—विशेषत: १९वीं शती के रोमांटिकों—के व्यक्तिगत जीवन और प्रणय-प्रसंग में कुछ व्यक्तिक्रम होता तो वह

रोम-इटली चला जाता था। इंग्लैंड का सामाजिक अनुशासन जितना कठोर कंज़र्वेटिव था, वह उनके अनुकूल नहीं पड़ता था। उससे मुक्ति पाने लेखक रोम की शरण लेता, जहाँ कवियों-कलाकारों को अपने व्यक्तिगत जीवन की स्वाधीनता थी। इलाहाबाद का साहित्यिक वातावरण बहुत कुछ ऐसा ही था; इसीलिए चाहे अश्क हों या अज्ञेय, बालकृष्ण राव या 'रेणु' जब उन्हें इस प्रकार की ज़रूरत महसूस हुई तो यहाँ उन्होंने निर्द्वन्द्व भाव से घर बनाया। यहाँ उन्होंने किसी प्रकार के परायेपन का अनुभव नहीं किया। इलाचंद्र जोशी और फिर बाद में नरेश मेहता ने तो सामान्य रूप में कई शहरों को छोड़ कर इलाहाबाद को रहने के लिए चुना, 'फ्रीलांसर' के रूप में, आकाशवाणी से त्यागपत्र देने के बाद। ऐसा ही ऐच्छिक चुनाव कालिया दंपति (रवीन्द्र-ममता) और शैलेश मटियानी का रहा है। गिरिराज किशोर का आरंभिक रचना-जीवन यहाँ बीता है।

इलाहाबाद विश्वविद्यालय के परिसर और लेखक-समाज के बीच कई तरह के राग-द्वेष के बावजूद कई स्तरों पर सामंजस्य रहा। एक तरह की क्रिया-प्रतिक्रिया चलती रही सिविल सर्विसेज़ और रचनात्मक लेखन के बीच। अँग्रेज़ तथा कुछ भारतीय आई०सी०एस० अधिकारियों की एक प्रशस्त परंपरा थी, जिसमें उन्होंने भारतीय जीवन के विविध पक्षों पर शोधपूर्ण अध्ययन प्रस्तुत किए। बड़े-बड़े ग्रंथों में उनहोंने धर्मशास्त्र पर लिखा, पुराणों पर लिखा, भाषा और जातियों पर लिखा। विदेशी होने के कारण रचना से उनका कुछ संबंध न हो सकता था। परवर्त्ती काल में भारतीय अधिकारियों को सहज सुविधा थी कि वे अपनी भाषा में लिख-पढ़ सकें। इनमें से कई रचनात्मक क्षेत्र में आगे बढ़े। जैसा पहले भी कहा गया, इलाहाबाद के शिक्षित जीवन के तीन महत्त्वपूर्ण पक्ष रहे हैं—लेखकीय, उच्च अध्यापन और सिविल सर्विसेज़। विश्वविद्यालय के केन्द्र में इन तीनों का संगम रहा। यहाँ पढ़ कर लेखक भी बने, प्राध्यापक भी, और सिविल सर्विसेज़ में भी पहुँचे। कई उच्च अधिकारियों में ये पक्ष एक-दूसरे में मिल भी गए है। आई०सी०एस० की प्राय: अंतिम पीढ़ी-क्रम से बालकृष्ण राव और जगदीशचंद्र माथुर का नाम स्मरण हो आता है, जिनके बारे में कई बार यह सोचना मुश्किल होता है कि वे पहले अधिकारी हैं या कि लेखक।

इलाहाबाद परिसर पर यह क्रम आगे जारी रहता है। बिशन टंडन, श्रीलाल शुक्ल, विनोदचंद्र पांडे, गोविंद मिश्र, रवीन्द्रनाथ त्यागी, शम्सुर्रहमान फ़ारुक़ी, विभूतिनारायण राय साहित्य में अपने-अपने क्षेत्र के जाने-माने नाम हैं। अनिरुद्ध पांडे, गिरीश पांडे, ओमप्रकाश भी कथा और गद्य-विधाओं में सक्रिय रहे हैं। इनके कथा-लेखन में बहुत बार उनके प्रशासकीय जीवन से जुड़े पक्ष सहज भाव से उतर आए हैं, कई बार अनुभूति में पक कर तो कई बार महज़ सीधे अनुभव के स्तर पर ही। उड़िया भाषा के कवि-रचनाकार सीताकांत महापात्र तथा जे० पी० दास भी इसी नाममाला के अंतर्गत आते हैं। युवा अधिकारी हरिओम ने हिंदी ग़ज़लें लिखी हैं।

परिसर की सक्रियता बौद्धिक और रचनात्मक दोनों स्तरों पर परिलक्षित की जा सकती है। इलाहाबाद परिसर की एक विशिष्टता की ओर पहले भी संकेत किया है कि यहाँ की बौद्धिक चर्चा में विषयों का बँटवारा नहीं रहा। विविध विषयों के प्रोफ़ेसर एक-दूसरे के क्षेत्रों में सहज भाव से आते-जाते रहे हैं। एक तरह का संपृक्त बौद्धिक वातावरण रहा है। हिंदी का रचनात्मक लेखन भी सिर्फ़ हिंदी प्राध्यापकों द्वारा ही हुआ हो, ऐसा बिलकुल नहीं है। हिंदी-अंग्रेज़ी-उर्दू-दर्शन-भौतिकी के प्राध्यापक-शोधकर्त्ता लंबे समय से यहाँ सक्रिय रहे हैं।

यह अपने में कुछ रोचक, कुछ विस्मयकर और अधिकतर प्रीतिकर प्रसंग है कि अंग्रेज़ी शासन और उच्च अंग्रेज़ियत के जमाने में यहाँ के कई शीर्ष विद्वान हिंदी में लिखते रहे। जिन दिनों हिंदी में लिखना, उनकी बिरादरी में लज्जा और संकोच का कारक हो सकता था—'भाखा बोलि न जानहीं जिन के कुल के दास।' डॉ० बेनीप्रसाद इतिहास और राजनीति के अंतर्राष्ट्रीय ख्याति के विद्वान संविधान विशेषज्ञ। दूसरी ओर 'सूरसागर' का संस्करण प्रकाशित करते हैं, हिंदुस्तान की पुरानी सभ्यता के बारे में लिखते हैं और 'सरस्वती' में 'सत्यशोधक' नाम से नियमित लेखक हैं। डॉ० रामप्रसाद त्रिपाठी मध्यकालीन इतिहास के अनुपम व्याख्याता। इलाहाबाद में शोध को व्याख्यान से ऊपर महत्त्व कभी नहीं मिला। शोध काम्य है, पर व्याख्यान का महत्त्व केन्द्रीय है। डॉ० त्रिपाठी ऐसे ही शोधकर्ता - व्याख्याता थे। साथ-साथ ब्रजभाषा के कवि, कवि-सम्मेलनों में 'थ्री पीस सूट' के साथ वीरासन पर बैठ कर कवित्त-सवैया पढ़ते थे। जगन्नाथदास 'रत्नाकर' के साथ प्रयाग के 'रसिक मंडल' के पुरस्कर्त्ता। उनके विद्यार्थी बताते हैं कि पैंट की जेब में वे तम्बाकू की चुनौटी रखते थे। इन्हीं के सहयोगी ताराचंद जो इतिहास-संस्कृति और उर्दू साहित्य के एक साथ अधिकारी विद्वान थे। तो दूसरी और कुछ बाद में प्रो० एहतिशाम हुसैन थे जो उर्दू के शीर्ष समालोचक होने के साथ-साथ हिंदी साहित्य में भी पूरी गति रखते थे। अंग्रेज़ी विभाग के शिवाधार पांडेय ने सुमित्रानंदनपंत के 'उच्छ्वास' के बारे में 'सरस्वती' में लिखा था। डॉ० गोरखप्रसाद तथा सत्यप्रकाश, गणित-रसायन के विद्वानों ने हिंदी में मानक वैज्ञानिक ग्रंथ लिखे। यह नाममाला निश्चय ही अभी आगे बढ़ सकती है। इस योगदान को लक्षित करने से लगता है जैसे उन दिनों हिंदी में लिखना राष्ट्रीय कार्यक्रम का एक अंग हो गया हो।

और सबसे महत्त्वपूर्ण बात यह कि इलाहाबाद का परिसर कविता के लिए बड़ी उपजाऊ ज़मीन रहा। अगर एक मोटी जनगणना करें तो सुमित्रानंदन पंत से ले कर महादेवी वर्मा, रामकुमार वर्मा, भगवतीचरण वर्मा, बच्चन, नरेन्द्र शर्मा, केदारनाथ अग्रवाल, शमशेर बहादुर सिंह, धर्मवीर भारती, सर्वेश्वर दयाल सक्सेना, विजयदेवनारायण साही, लक्ष्मीकांत वर्मा, अजित कुमार, विपिन अग्रवाल, केशवचंद्र वर्मा, गोपेश, दुष्यन्त कुमार, मलयज, श्रीराम वर्मा, दूधनाथ सिंह, गिरधर राठी, नीलाभ, वीरेन डँगवाल और कैलाश गौतम तक चले आ सकते हैं। हिंदी कविता की कम-से-कम ये चार पीढ़ियाँ होंगी। और मैं समझता हूँ कि यह क्रम अभी जारी है।

जहाँ तक उर्दू का संबंध है फ़िराक़ गोरखपुरी मीरो-ग़ालिब के बाद उर्दू शायरी को एकदम नया मोड़ देने वालों में अग्रणी हैं। कम लोग यह जानते हैं कि यहाँ फ्रेंच के अध्यापक अरुण मित्र बंगला नयी कविता के शीर्ष नामों में हैं। सामान्यत: 'कैम्पस पोएट्री' (विश्वविद्यालय काव्य) प्रयोग कुछ क्षमा-याचना की मुद्रा में चलता है। इलाहाबाद परिसर ऐसा विरल-विलक्षण उदाहरण है, जहाँ 'कैम्पस पोएट्री' और मुख्य काव्य-धारा एकाकार हो गई है।

इधर परिवेश-पर्यावरण प्रदूषण के साथ-साथ साहित्यिक-सांस्कृतिक प्रदूषण की समस्या उठती है, इलाहाबाद के संदर्भ में भी कारण एक ओर पश्चिम के दबाव में आत्मविश्वास का क्षरण, और दूसरी ओर वैद्युतिक मीडिया का उत्तरोत्तर फैलता जाल कहा जा सकता है। इनमें से कोई भी हमारी इच्छा से हट नहीं सकते। तब यह भी निश्चित है कि इस प्रकार के प्रदूषण को हटाने के लिए कोई बाह्य अभिकरण प्रभावी नहीं हो सकते, जैसे कि गंगा-यमुना के लिए अपेक्षित हैं। सरस्वती को तो स्वयं सब कुछ को अपने प्रवाह से व्यवस्थित करना होगा। अगर उस सरस्वती में प्रवाह नहीं है तो कैसा भी प्रदूषण दूर नहीं होगा, न बाहर का और न अंदर का। और तब प्रदूषण दूर भी किसके लिए किया जाएगा? बहरहाल, अभी तो आशा कर सकते हैं कि आत्म-परिष्करण की क्षमता बनी हुई है।

अंत में यही कहना है कि पृष्ठभूमि के रूप में सबके लिए संगीत की महफ़िल में यह तानपूरा एक साथ बजा कर रख दिया, अब अलग-अलग कलाकार गाएँ-बजाएँगे, और अपने राग की प्रस्तुति करेंगे।

आलोचकथा

उत्तरार्द्ध

स्मरण-वार्त्ता

❑

प्राय: प्रत्येक वार्त्ता उसके केन्द्रीय चरित्र से जुड़ी किसी वैचारिक समस्या को उठाती है, जो कहीं 'आलोचकथा' के प्रकथनकार के चुनाव को दरसाती है। यही कारण है कि यहाँ वैयक्तिक तथा वैदुषिक पक्ष एक-दूसरे में घुल-मिल गए हैं। यों, वार्त्ता लेखक के निमित्त से चरित-नायक के प्रसंग में, और चरित-नायक के निमित्त से स्वयं लेखक के प्रसंग में कुछ बताती चलती है। 'स्मरण-वार्त्ता' के इस संकलन को 'आलोचकथा' में सम्मिलित करने का यही औचित्य है। वार्त्ता-सूची, स्पष्ट ही, समग्र नहीं, अपनी प्रकृति में नैमित्तिक है, और इसी रूप में मूलत: सम्मान-ग्रंथों/पत्रिकाओं में प्रकाशित है। तब एक प्रकार का अभिनव वार्त्ता-साहित्य है यह।

महादेवी वर्मा	:	इलाहाबाद के बौद्धिक आभिजात्य की देवी
अज्ञेय	:	कितने संस्मरणीय, कितने असंस्मरणीय
गोविंदचंद्र पांडे		गोविंदचंद्र पांडे का कला चिन्तन
कॉफ़ी हाउस	:	प्रतिपक्ष का सदन
विजयदेवनारायण साही	:	प्रतिस्पर्द्धा के विविध रूप
जगदीश गुप्त	:	जगदीश जी बनिये नहीं
विपिन अग्रवाल	:	नयी शती का संक्रमण
विद्यानिवास मिश्र	:	सामंजस्य और समन्वय के बीच
मुरली मनोहर जोशी	:	सांस्कृतिक विचलन और सांस्कृतिक वर्चस्व के बीच सन्तुलन की तलाश
निर्मला जैन	:	पुरानी दिल्ली की संस्कृति-नयी का वैदुष्य
रघुपति सहाय 'फ़िराक़'	:	'फ़िराक़' की फ़िराक़ियत
धीरेन्द्र वर्मा	:	मध्यदेश/हिंदी भाषी क्षेत्र की अवधारणा
रमाशंकर शुक्ल 'रसाल'	:	रीतिकाल के आधुनिक संस्करण
रामनाथ दुबे	:	प्रोफ़ेसर जीवन-चर्या के मानक
ब्रजेश्वर वर्मा,	:	मध्यकालीन वैदुष्य-आधुनिक साहित्य-संस्कार
अकील रिज़वी	:	उर्दू गद्य और 'गौधूल'
देवीशंकर अवस्थी	:	प्रसन्न आलोचक का जीवन, नियति ट्रैजडी की
विष्णुकांत शास्त्री	:	सांस्कृतिक राष्ट्रीयता के प्रतीक
डॉ० रघुवंश	:	सीमा में सामर्थ्य
समकालीन साहित्य	:	अध्ययन और शोध

महादेवी वर्मा : इलाहाबाद के बौद्धिक आभिजात्य की देवी

❑

इलाहाबाद नगर के बौद्धिक आभिजात्य और निर्भीक स्वतंत्र चिंतन की अपनी अलग परम्परा रही है। यहाँ के विश्वविद्यालय, उच्च न्यायालय, लेखक, पत्रकार, अधिवक्ता समाज के माध्यम से यह परंपरा बराबर जीवंत और विकासशील है। अपने नाटक 'चन्द्रगुप्त मौर्य' में जयशंकर प्रसाद ने—जिनकी जन्मशती हम मना रहे हैं—चाणक्य के माध्यम से, जन्म से नहीं, कर्म से ब्राह्मण की व्याख्या इस प्रकार की है—"ब्राह्मण एक सार्वभौम शाश्वत बुद्धि वैभव है।" (१/९) इस ब्राह्मण का लक्षण बताते हुए चाणक्य कहता है, "लोहे और सोने के सामने सिर झुकाने के लिए हम लोग ब्राह्मण नहीं बने हैं।" यानी कि ब्राह्मण होते नहीं, बनते हैं। इलाहाबाद ऐसे ब्राह्मणों की आरंभ से कर्म-भूमि रहा है। इस प्रसंग में एक लंबी नामावली उभरती है—मदन मोहन मालवीय जैसे विचारक मनीषी; चिंतामणि, बालकृष्ण भट्ट, महावीरप्रसाद द्विवेदी जैसे पत्रकार; मोतीलाल, तेजबहादुर सप्रू जैसे अधिवक्ता; टंडन द्वय (राजर्षि तथा पी० डी०) जैसे राजनेता; सतीशचंद्र देब, धीरेन्द्र वर्मा, जी० के० मेहता जैसे विश्वविद्यालय अध्यापक, और श्रीधर पाठक, अकबर इलाहाबादी, निराला, फ़िराक़ जैसे रचनाकार इस नाममाला के कुछ रत्न हैं। यह भी स्मरणीय है कि इनमें से अनेक की भूमिकाएँ एक से अधिक क्षेत्रों को छूती-काटती रही हैं। विश्वविद्यालय के कुलपति अमरनाथ झा ठीक ही इस समूचे तेवर के एक तेजस्वी प्रतीक कहे जा सकते हैं, जिनकी ऐंठ और नक्शेबाज़ी एक ओर उनके तीव्र वैचारिक स्वाभिमान से जुड़ी थी, तो दूसरी ओर विशिष्ट लेखकीय चरित्र से। आधुनिक काल के एकदम आरंभ में श्रीधर पाठक ने अपनी तथा लेखक-मात्र की स्वच्छन्दता इस रूप में घोषित की थी—"लिखो, न करो लेखनी बन्द। श्रीधर सम सब कवि स्वच्छंद।" इलाहाबाद की इस तेजस्वी विचार-परंपरा ने समूचे देश के साहित्य और इतिहास को बार-बार प्रेरित तथा प्रभावित किया है। इलाहाबाद उच्च न्यायालय के निर्णय हों या नियंत्रक महालेखा परीक्षक के प्रतिवेदन, यहाँ के समाचार-पत्रों के अग्रलेख तथा टिप्पणियाँ हों अथवा आधुनिक हिंदी-उर्दू साहित्य के उदय से जुड़े पत्र—सर्वत्र इलाहाबाद की बौद्धिक निर्भीकता का यह संस्कार बोलता सुनाई देगा। उल्लेखनीय है कि इस प्रखर निर्भीकता के साथ वैसी ही गंभीर शालीनता और विनम्रता मिलेगी। देश की स्वाधीनता के पहले और बाद में भी नगर का चरित्र एक जैसा रहा है, नामों की संख्या कुछ कम हो गई हो, यह अलग बात है।

इलाहाबाद के इस बौद्धिक आभिजात्य का प्रत्यक्ष निदर्शन महादेवी वर्मा के व्यक्तित्व तथा कृतित्व में देखा जा सकता है। निर्भीकता और निर्लोभ की सच्ची परीक्षा

राजसत्ता के समक्ष व्यवहार में सबसे अधिक होती है, क्योंकि 'लोहे और सोने' दोनों का मूल स्त्रोत वही है। महादेवी के लेखन से इस निर्भीकता के अनेक प्रमाण दिये जा सकते हैं, पर यहाँ एक व्यक्तिगत साक्ष्य के साथ अपनी बात पूरी करना चाहूँगा जिससे स्पष्ट हो सके कि कैसे वे स्वयं प्रयाग-संगम की तीसरी सरस्वती थीं।

जनता शासन के चरम वैभव का काल था। दिल्ली की गद्दी पर अपनी पूरी तेजस्विता में मोरारजी भाई विराजमान थे। वहाँ एक पुस्तकालय के एक नये खण्ड के उद्घाटन का अवसर था जिसके निर्माण में श्रीराम परिवार के सदस्यों का योग था। इस उद्घाटन के लिए निमंत्रित हो कर श्रीमती महादेवी वर्मा इलाहाबाद से दिल्ली गई थीं। इन पंक्तियों का लेखक भी किसी अन्य कारण से वहाँ था, और जब इस आयोजन की सूचना मिली तो कुछ मित्रों के साथ सभास्थल पर पहुँचा। मंच पर महादेवी जी थीं, श्रीराम परिवार के प्रतिनिधि थे और पुस्तकालय की प्रबंध-समिति के अध्यक्ष रूप में प्रधान मंत्री के सचिव विद्याशंकर महोदय जो, किसी ज़माने में स्वाधीन भारत के गृह-मंत्री, सरदार पटेल के सचिव रूप में पर्याप्त ख्याति अर्जित कर चुके थे और अब मोरारजी भाई के विशेष आग्रह पर अपने अवकाश काल से वापस आ कर उनके सचिव के रूप में कार्य कर रहे थे। प्रबंध समिति की ओर से उन्होंने स्वभावत: महादेवीजी का बड़े भावपूर्ण ढंग से हिंदी भाषा में बोलते हुए स्वागत किया। इस स्वागत-भाषण में जैसा कई बार होता है, उन्होंने महादेवीजी के सम्बन्ध में कुछ व्यक्तिगत स्मृतियों का सहारा लिया। उन्होंने बताया कि महादेवीजी को शायद स्मरण न हो, पर उन्हें ठीक-ठीक याद है कि उन्होंने तथा महादेवीजी ने एक ही वर्ष में एंट्रेंस परीक्षा उत्तीर्ण की थी, और उस परीक्षा में दोनों को सम्मान के स्थान प्राप्त हुए थे। फिर दोनों ने इलाहाबाद विश्वविद्यालय में एक ही साथ प्रवेश लिया। यह अलग बात है कि तत्कालीन सामाजिक स्थितियों में पुरुष तथा महिला छात्रों के बीच संपर्क लगभग नहीं के बराबर था। पुरुषों के विशेषाधिकार के नाते उन्होंने उस काल में महादेवीजी को देखा था और वे उन्हें पहिचानते थे, अपने बाहर चलने-फिरने की सीमाओं के कारण महादेवीजी को शायद उनकी याद न हो।

इलाहाबाद के दो अत्यंत विशिष्ट सहकर्मियों का युगों-युगों बाद दिल्ली के मंच पर यों मिलन और अभिज्ञान अपने आप में जैसा कोमल और नाटकीय था वैसा ही श्रोता-दर्शकों के लिए प्रभावपूर्ण। पर नाटकीयता यहाँ रुक गई या कि कहें अनाटकीयता में बदल गई। अभिज्ञान एक ही पक्ष की ओर से था, दूसरी ओर से नहीं। जब महादेवीजी अपने उद्घाटन व्याख्यान के लिए खड़ी हुईं तो हम लोग सोचते रहे कि देखें वे अपने सहपाठी को किस रूप में पहिचानती हैं, जो प्रधानमंत्री का सचिव होने के नाते इस समय संपूर्ण सत्त। का मूल है। पर एक घंटे के अपने धाराप्रवाह भाषण में उन्होंने श्री विद्याशंकर का कहीं कुछ ज़िक्र नहीं किया, जैसे वे कुछ बोले ही न हों, या कि मंच पर ही न हों। सिवा इसके कि भाषण के आरम्भ में शिष्टाचार के कुछ शब्द उन्होंने कहे। सचिव को न पहिचानना, जबकि पहल उन्होंने की हो, यह उस विशिष्ट

व्यक्ति के प्रति लगभग अवमानना जैसा था। होता ऐसे अवसरों पर यह है कि लोग सत्ता के व्यक्ति से किसी-न-किसी तरह पहिचान निकालते हैं—बहुत बार तो वादरायण शैली में—पर यहाँ उल्टा हो रहा है। सत्ता पहिचान रही है—बड़ी आत्मीयता और निष्ठा के साथ, और इलाहाबाद का लेखक दिल्ली की इस पहिचान को अंगीकार नहीं कर रहा। विद्याशंकर चाहें तो महादेवी को क्या कुछ नहीं दे सकते, पद्म पुरस्कारों से ले कर साहित्य अकादमी की अध्यक्षता या कि राज्यसभा की सदस्यता, पर लेने वाला पराङ्मुख है, या कि लेने वाला नहीं। सभा समाप्त होने पर वापसी यात्रा के समय कार में मैंने पूछा महादेवीजी से कि श्री शंकर ने आपका इतने आत्मीय ढंग से उल्लेख किया और आपने कुछ कहा नहीं। उन्होंने उत्तर दिया कि मैंने उसके संस्मरण को याद करने की बहुत कोशिश की, पर कुछ ध्यान ही में नहीं आया तो झूठी पहिचान कैसे बताती। यह था सत्ता के प्रति महादेवीजी का रुख़। निर्भीक और लगभग शालीन।

अज्ञेय : कितने संस्मरणीय, कितने असंस्मरणीय

❑

अज्ञेय के सम्बन्ध में संस्मरण सुनाना कठिन है, गढ़ना आसान। इसका एक प्रमुख कारण यह है कि बहुत समय तक वे बोलते बहुत कम थे। राष्ट्रकवि मैथिलीशरण गुप्त के सम्बन्ध में अपने **स्मृति-लेखा** के अन्तर्गत उन्होंने लिखा है, "मैं उनसे भेंट करने के लिए चिरगाँव गया था और उन दिनों अपने स्वभावगत संकोच के अलावा वर्षों की चुप्पी के अभ्यास के कारण मेरा यह हाल था कि पाँच-सात मिनिट भी लगातार बोलना पड़ जाय तो सचमुच मुँह देखने लगता था—स्नायुओं का शब्दोच्चार का अभ्यास छूट गया था।" इस आत्म-स्वीकार के सन्दर्भ में जो संस्मरण मैं सुनाने जा रहा हूँ, वह कितना संस्मरण है और कितना असंस्मरण, इसका निर्णय आप स्वयं करेंगे। पाँचवें दशक में अज्ञेय कुछ समय के लिए इलाहाबाद रहे थे—न्याय मार्ग, तब के हेस्टिंग्ज़ रोड पर। एक बड़ा-सा बँगला उनका आवास था। विश्वविद्यालय हिंदी विभाग के दो वरिष्ठ अध्येताओं ने निश्चय किया कि अज्ञेय इधर बहुचर्चित लेखक हैं, उनसे भेंट की जाय। दोनों महानुभावों में से एक बहुत कम बोलते थे, दूसरे सामान्य से कुछ अधिक। दोनों का यों औसत मिला कर ठीक पड़ता। भेंट कार्यक्रम के सूत्रधार मितभाषी बन्धु थे, दूसरे थे केवल सहचारी और साक्षी। दोनों बन्धु अज्ञेय के आवास पर पहुँचे, घण्टी बजायी। सहज आकर्षक व्यक्तित्व में अज्ञेय बाहर आये। हाथ जोड़ कर नमस्कार दोनों पक्षों की ओर से हुआ। कुर्सी की ओर हाथ दिखा कर उन्होंने बैठने का संकेत किया। दोनों मित्र बैठ गये फिर दोनों में मौन का एक लम्बा सिलसिला चला—पन्द्रह मिनट, बीस मिनट, आधा घण्टा। भेंट पूरी हुई जान कर आगन्तुक उठ खड़े हुए, नमस्कार-प्रति नमस्कार; और यों मौनालाप समाप्त। कार्यक्रम के प्रधान भेंटकर्ता थे डॉ० रामसिंह तोमर, जो आगे चल कर विश्वभारती शान्ति निकेतन में हिंदी भवन के प्रधान हुए, और दूसरे सहायक थे डॉ० रघुवंश, जो हिंदी विभाग, इलाहाबाद विश्वविद्यालय के अध्यक्ष बने। अब आप समझ गए होंगे कि अज्ञेय ने सैद्धान्तिक स्तर पर तो सम्प्रेषण में मौन को महत्त्व दिया ही है, वास्तविक जीवन में भी वे मौन के सच्चे पक्षधर थे।

व्यक्तिगत जीवन और रचना-कर्म दोनों में मूलत: विद्रोही होने के साथ व्यवस्था-प्रियता अज्ञेय के चरित्र का एक ऐसा गुण था जिसकी ओर उनके मित्रों का ध्यान प्राय: जाता था। किसी भी आयोजन में वक्ताओं के चुनाव और उनकी सुख-सुविधाओं से ले कर चलते समय बस या कार में छत पर सामान लादने तक की चिन्ता वे स्वयं करते। तब उनकी भंगिमा यह रहती कि जेसे बरसों से उन्होंने यह काम किया हो, और किसी दूसरे को उसमें पड़ने की ज़रूरत नहीं है। कभी-कभार इला, जिन्हें कार चलानी

होती, कुछ सुझाव देना चाहतीं तो मैं उन्हें यह समझाता कि यह अपेक्षित नहीं है, अज्ञेय बड़े निस्संग भाव से सामान को छत पर बैठाते रहते, दिये हुए सुझावों की अनदेखी करके, बहुत कुछ उन्हें अवांछनीय मान कर। शेक्सपियर के एक नाटक में कुछ चरित्र मिल कर एक नाटक खेलने की योजना बनाते हैं। उनमें से एक चरित्र उस अन्तर-नाटक की बहुतेरी भूमिकाएँ स्वयं लेना चाहता है, क्योंकि उसे लगता है, बड़े सहज भाव से, कि वही उस ख़ास भूमिका के लिए सर्वाधिक उपयुक्त है। वह शेर का भी अभिनय करना चाहता है और उस दीवार का भी जिसके सहारे अन्तर-नाटक के नायक-नायिका का प्रेमालाप चलना है। छोटी-बड़ी, ख़ास तौर से छोटी, भूमिकाओं के साथ अज्ञेय का लगाव बहुत कुछ ऐसा ही था।

व्यवस्था-प्रियता संबंधी इस परिचय को दे कर अब मैं आपको एक ऐसा संस्मरण सुना रहा हूँ जहाँ आप देख सकेंगे कि कैसे ऊपर से दिखने वाली व्यवस्था संबंधी भूल भी उनकी व्यवस्थाप्रियता का ही अंग होती, या कि उस रूप में उसे देखा जा सकता था। वत्सल निधि की ओर से राजस्थान में आबू की पहाड़ी पर एक लेखक शिविर आयोजित था। एक सप्ताह तक साथ-साथ रह कर लेखक बंधु वापस अपने घरों की ओर चल रहे थे। सबेरे हम चार लेखक बन्धुओं को एक स्टेशन वैगन में बैठा कर विदा किया गया—श्री सर्वेश्वरदयाल सक्सेना, श्री विजयदेवनारायण साही, डॉ० विपिन कुमार अग्रवाल तथा मैं। चलते समय अज्ञेय ने हम लोगों के टिकिट दे दिये कि पहाड़ी से नीचे उतर कर आबू रोड स्टेशन पर दिल्ली जाने वाली गाड़ी में हम लोगों का प्रथम श्रेणी आरक्षण है। अब अज्ञेय स्वयं टिकिट दे रहे हैं पूरे आश्वस्त भाव से तो किसी को यह सूझ भी नहीं सकता था कि उस पर छपा लिखा ब्यौरा देख लें। भावुक मन और लगभग आर्द्र नेत्रों से विदा की मुद्रा में सब मित्र टिकिट ले कर स्टेशन वैगन पर बैठ गए। रास्ते की मौज में समस्यापूर्ति का क्रम चला। समस्या सर्वेश्वर ने दी—'आबू से चले, झाबू से चले।' ज़ाहिर है कि आबू की उत्तम तुकें बहुत कम थीं—और सब मित्रों ने एक-एक पर जल्दी कब्ज़ा जमा लिया। एक ने कहा—'आए थे तो अफ़सर-से अब चले तो फिर बाबू-से चले' एक ने 'काबू-बेकाबू' की बात कही। किसी को कुछ न मिला तो गये ज़माने के स्टंट-अभिनेता साबू को पकड़ लिया, और अपनी बात पूरी की। मेरा समय आते-आते सब ख़लास! नारायण प्रसाद 'बेताब' के **प्रास-पुंज** नामक कोश की याद आयी, पर वह भी होता तो क्या ही सहायता करता। बहरहाल सरस्वती की कृपा हुई और एक उत्तम भंग-पद तुक बनी 'आये सुगन्धि के झोंके से, जब चले तो फिर हाबू से चले' ज़ाहिर है कि इस भंग-पद प्रयास के आगे और सब सीधे-सीधे तुक फीके पड़ गये। श्रीमती कंचन साही भी साथ थीं, और इस प्रतियोगिता में स्वतःस्फूर्त निर्णायक का दायित्व निर्वाह कर रही थीं। उनके निर्णयानुसार प्रथम स्थान मेरा रहा।

यह तो संस्मरण का क्षेपक हुआ। मूल बात यह कि सड़क का मार्ग अच्छा बीता, और जिसे सड़क साहित्य कहते हैं उसका निर्माण भी हुआ, बिना इस गुमान के कि

हम लोगों की पंक्तियाँ 'ड्रैमैटिक आयरनी' की तरह सच होने वाली थीं। स्टेशन पहुँचने पर पता चला कि हम लोगों में से किसी का कोई आरक्षण नहीं! सबके मुँह से प्रायः एक साथ निकला 'पर भाई ने तो कहा था...'। तीसरा पहर हो रहा था। गाड़ी आयी, और एक प्रथम श्रेणी के डिब्बे में हम सब जम गये। कण्डक्टर ने चेतावनी दी कि यहाँ अगले किसी स्टेशन पर वे यात्री आयेंगे, जिनके नाम का आरक्षण है। अब हम लोग बैठे आराम से हैं, पर चिन्ता का दबाव बना हुआ है। हर बड़े स्टेशन पर कभी सर्वेश्वर और कभी साही साहब उतर कर जाते हैं, आरक्षण का पता करने। सर्वेश्वर बीच में जता देते हैं कि वे टाइम्स ऑफ़ इण्डिया से सम्बद्ध हैं। पर कण्डक्टर इस सबसे अप्रभावित बना रहता है। हम सभी परेशान हैं कि अज्ञेय की व्यवस्था में यह चूक कैसे हुई। मैंने व्याख्या दी कि यह उस्ताद का हाथ है। अगर आरक्षण पक्का होता तो सब लोग इत्मीनान से गपशप करते जाते और रास्ते भर आबू शिविर का छिद्रान्वेषण होता चलता। भाई की व्यवस्था में दिन भर सब आरक्षण के लिए चिन्तित रहे, और रात होने पर प्रायः हर एक को अलग-अलग डिब्बे में सोने का स्थान मिला, यों निन्दा प्रकरण की नौबत ही नहीं आने पायी कि दिल्ली आ गयी, और सब इधर-उधर बिखर गये। व्यवस्था के अन्तर्गत अव्यवस्था का यह एक बेजोड़ प्रसंग रहा।

पहले संकेतित विद्रोह और व्यवस्था का संयोग तो आचार्य रामचंद्र शुक्ल के प्रसिद्ध विभावन 'विरुद्धों का सामंजस्य' का अनायास स्मरण दिलाता है, और एक स्तर पर अज्ञेय की रचना-क्षमता का मूल स्रोत कहा जा सकता है। हिंदी साहित्य में अज्ञेय को ले कर आकर्षण-विकर्षण का क्रम कुछ ज्वार-भाटे की तरह चलता रहा है। नयी पीढ़ी के अनेक कवियों ने उन्हें अपने काव्य-ग्रन्थ समर्पित किये हैं, बहुतों की पुस्तकों की भूमिकाएँ अज्ञेय ने लिखी हैं। किसी कवि के चित्रों का परिचय और किसी की कविताओं का परिचय भी अज्ञेय ने लिखा। उधर हिंदी के प्रायः सभी प्रमुख साप्ताहिकों का सम्पादन-दायित्व अज्ञेय के मित्रों और सहकर्मियों को क्रमशः मिला। सप्तकों के सम्पादन से ले कर विविध लेखकीय आयोजनों तक में अज्ञेय की अग्रणी भूमिका रही है। याद आता है कि अज्ञेय का शहर में आना एक घटना मानी जाती थी। कॉफ़ी हाउस की मेज़ पर उनके एकदम निकट कौन बैठेगा और कौन वापसी में रिक्शे पर साथ जायेगा, इसके लिए कभी-कभी थोड़ी-बहुत शालीन ढंग की छीना-झपटी भी देखी जा सकती थी। तब सागर के एक सुकुमार युवा कवि और आलोचक अज्ञेय पर नयी शैली का अभिनन्दन ग्रंथ तैयार कर रहे थे, जबकि कलकत्ता के एक विद्रोही रचनाकार उनके सौन्दर्य पर इतने मुग्ध थे कि उनकी कामना थी कि वे लड़की होते और अज्ञेय से विवाह करते। इलाहाबाद में तो अज्ञेय की तरह के कुरतों और कन्धे पर डालने वाले झोलों की धूम थी। बरसों तक असाध्य वीणा रहने के बाद अज्ञेय कुछ-कुछ सध रहे थे। और सब अलग-अलग उनमें अपना संगीत सुनते। हिंदी साहित्य में वे कुछ उत्सव जैसे दिन थे।

फिर ख़बरें आने लगीं कि अज्ञेय पर ग्रंथ निकालने वाले और उनसे विवाह की इच्छा रखने वाले, तथा उन्हें समर्पण करने वाले—सब उनसे नाराज़ हैं, उन्हें गाली देते हैं, बुरा-भला कहते और लिखते हैं। आकर्षण जितना तीव्र था, विकर्षण उससे तीव्रतर। प्रस्तुत लेखक भी इस व्यापक आकर्षण से मुक्त नहीं रहा था, पर विकर्षण की स्थिति से बच गया। इसका कारण संभवतः यह था कि उसने अज्ञेय पर यह एक विनम्र समीक्षा-पुस्तक लिखी। और जैसे कवि—एलियट के अनुसार, जिनके निर्वैयक्तिकता संबंधी काव्य-सिद्धांत को अज्ञेय ने दूर तक स्वीकार किया है—कविता लिख कर उसके अनुभव से मुक्त हो जाता है, शायद कुछ वैसे ही आलोचक अपनी समीक्षा लिख कर उसके लेखकीय अनुभव से मुक्त हो जाता है। और यों आलोचक के लिए कवि से अधिक कविता प्रासंगिक होती गयी। अज्ञेय की ही पंक्तियाँ कवि और काव्य के अन्तर के प्रसंग में याद आती हैं—

मैं कवि हूँ

× × ×

मैं सच लिखता हूँ
लिख लिख कर सब/झूठा करता जाता हूँ।

× × ×

तू काव्य :

× × ×

तू छलता है
पर हर छल में
तू और विशद, अभ्रान्त,
अनूठा होता जाता है।

कहूँ कि मैंने अज्ञेय को कवि से अधिक काव्य के रूप में जाना है, जो निश्चय ही सदा, निरपवाद रूप में एक प्रीतिकर अनुभूति रही है। यों समीक्षा पुस्तक का होना औरों के लिए कितना उपयोगी रहा, यह तो मैं नहीं जानता पर उसका होना इस विवादी संदर्भ में मेरे लिए महत्त्वपूर्ण सिद्ध हुआ, इतना कह सकता हूँ।

प्रो० गोविंदचंद्र पांडे का कला-चिंतन

❑

प्रो० गोविंदचंद्र पांडे के वैदुषिक व्यक्तित्व में भारतीय परम्परा की वह मान्यता प्रतिफलित दिखती है कि ज्ञान एक, तथा अविभाज्य है। इलाहाबाद विश्वविद्यालय, जहाँ प्रो० पांडे का शैक्षणिक पोषण तथा विकास अधिकतर हुआ, यों तो ठेठ अंग्रेज़ी रीति-नीति का ज्ञान-केन्द्र रहा, पर ज्ञान की समग्रता की उसकी दृष्टि भारतीय परम्परा के निकटतर रही। यही कारण है कि वहाँ की विशिष्ट प्राध्यापक-माला ऐसी थी जो अपने को किसी विषय की सीमा में बाँधना नहीं चाहती थी। सतीशचन्द्र देब, बेनीप्रसाद, रामप्रसाद त्रिपाठी, जे० के० मेहता, ताराचन्द, धीरेन्द्र वर्मा, गोरखप्रसाद विश्वविद्यालय के अध्यापक थे, न कि अलग-अलग विभागों के, यद्यपि व्यावहारिक अनुशासन की दृष्टि से उनको किसी-न-किसी विभाग से सम्बद्ध होना होता था। गोविंदचंद्र पांडे उसी विख्यात माला की एक विशिष्ट कड़ी हैं। इतिहास-दर्शन-साहित्य, धर्म-तन्त्र-सामाजिक तथा किसी क़दर प्राकृतिक विज्ञानों में उनकी गहरी और साझी रुचि तथा गति रही है। कलाओं के समग्रतर विन्यास में ऐसे व्यक्तित्व की पैठ स्पष्ट ही बहुत उपयुक्त होगी। यहाँ इसी पैठ का कुछ अनुमान लगाने का यत्न होगा।

उपर्युक्त मान्यता के अनुकूल ही प्रो० पाण्डेय का कला-चिंतन उनके विविध लेखन में प्रसरित है। यहाँ विवेचन के लिए उनके दो अध्ययनों को केन्द्र में रखा गया है—*'भारतीय परम्परा के मूल स्वर'* (१९८२), तथा *'साहित्य, सौन्दर्य और संस्कृति'* (१९९४)। यह संयोग से कुछ अधिक है कि दोनों मूलतः वैदुषिक व्याख्यानों के रूप में प्रस्तुत हुए हैं, और इस दृष्टि से अधिकतर व्याख्यात्मक शैली का अनुसरण करते हैं। कहना न होगा, कला-चिंतन के समग्र स्वरूप को बहुत बार 'सौन्दर्यशास्त्र' या कि 'सौन्दर्यमीमांसा' की संज्ञा दी जाती है, जिस अभिधान का पिवेचन लेखक ने व्याख्यानों के कई स्थलों पर स्वतंत्र रूप से किया है। इस दृष्टि से प्रस्तुत आलेख में इस विषय की अपेक्षया स्वतंत्र रूप से समीक्षा भी हुई है।

डॉ० पांडे की दृष्टि में सांस्कृतिक विकास के अन्तर्गत मुख्य अभियान कला-रचना का होता है। अपने चिंतन-क्रम को खोलते हुए 'भारतीय परम्परा के मूल स्वर' में वे अपनी इस प्रतिज्ञा को यों रखते हैं—"साहित्य एवं कला में संकेत मूल्य-बोध का इस प्रकार से व्यंजक होता है कि अभिव्यंजनात्मक मूल्य भी रक्षित हो। यदि संस्कृति मूल्य-चेतना है तो कला उसकी व्यापकतम एवं समर्थतम भाषा।" (पृ० ९७) लक्षित करने की बात है कि मूल्य-चेतना के संवहन के लिए लेखक धर्म-दर्शन की तुलना में

कला को अधिक समर्थ और उपयुक्त पाता है। यों उसके संस्कृति-चिंतन के केन्द्र में साहित्य एवं कला है। यहाँ उसका तर्क-क्रम कुछ इस प्रकार चलता है—कला →संकेत→ अभिव्यंजना→ मूल्यबोध। कहना न होगा कि यह क्रम उल्टी दिशा में भी इसी प्रकार चलेगा। अपनी इस मान्यता के ही कारण गोविन्दजी का निष्कर्ष बनता है, "इस आंतरिक तत्त्व से परिचित होने के कारण भारतीय काव्य-कला की परंपरा में मनुष्य की ऐतिहासिक रूपावली की खोज नहीं है, बल्कि उसके सनातन स्वरूप की खोज है।" (पृ० ९९)।

भारतीय काव्य-कला में मनुष्य की ऐतिहासिक रूपावली की खोज न हो कर उसके सनातन स्वरूप की खोज है, यह मानते हुए डॉ० पांडे कला के अनिवार्य सामाजिक सन्दर्भ की अनदेखी नहीं करते। इस पक्ष पर विशेष बल उन्होंने 'साहित्य, सौन्दर्य और संस्कृति' में दिया है, जो उनकी परवर्त्ती रचना है। यहाँ वे कहते हैं, "सांस्कृतिक विषय, जिनमें कला शामिल है, ऐतिहासिक घटनाएँ और रचनाएँ होती हैं। वे सिर्फ़ देश-काल में नहीं, बल्कि एक व्यवस्थित सामाजिक चेतना में जन्म लेते हैं और उसे रूपान्तरित करते हैं। इस प्रकार कला-विश्व को ऐतिहासिक-सामाजिक प्रवृत्तियों से निर्धारित और इन प्रवृत्तियों को एक बृहत्तर सांस्कृतिक विकास के सन्दर्भ में देखने का प्रयास उस कला-विश्व को समझने के लिए एक अनिवार्य उपाय है।" (पृ० ३३) यों कला-विवेचन के सन्दर्भ में लेखक एक ओर मूल्य-बोध तथा अभिव्यंजना क्षमता को एक साथ साधता है, तो दूसरी ओर ऐतिहासिकता तथा सनातनता को—भले कुछ आगे-पीछे। नये-पुराने, भारतीय-विदेशी आग्रहों को एक-दूसरे से दबाते हुए गोविन्द जी अपने विकास-क्रम को आगे बढ़ाते हैं। इस प्रसंग में उनका एक महत्त्वपूर्ण पर्यवेक्षण कला, संस्कृति और दर्शन की अंतर-क्रिया के सन्दर्भ में आता है। पश्चिम के अठारहवीं-उन्नीसवीं शती के परिदृश्य को साक्ष्य-रूप में प्रस्तुत करते हुए वे आगे कहते हैं—"कला-सृष्टि, सांस्कृतिक दृष्टि और दर्शन इन तीनों में एक अन्योन्याश्रयता का अंतरंग संबंध है।" भारतीय और पाश्चात्य कला-विश्व का एक संक्षिप्त अवलोकन करने के बाद लेखक का मानना है, "अत: न संस्कृति को, न कला को तटस्थ रूप से देखा जा सकता है।" (पृ० ३४) इस उद्धरण-माला से यह स्पष्ट हो जाता है कि लेखक पूरी सावधानी बरत रहा है जिससे कई तरह के दबावों के बीच उसका कला-चिंतन किसी ओर झुक कर एकांगी न हो जाए। संस्कृत और यूनानी पंडित भाग्यशाली थे कि उन्हें अन्यान्य परंपराओं से सहज अपरिचय था, और वे अपनी बात बिना किसी 'किन्तु'—'परन्तु' के इदमित्थं शैली में आसानी से कह सकते थे। आधुनिक विचारक को अपनी बात व्यवस्थित करते समय आगे-पीछे, दाएँ-बाएँ सब ओर निगाह रखनी होती है। यह उसकी विडंबना है तो विशेषता भी। यह अच्छे से संभव हुआ है कि उन यूनानी तथा संस्कृत पंडितों के कृतित्व को ध्यान में रख कर अब तुलनात्मक काव्यशास्त्र प्रस्तुत हो रहा है भारत में भी और पश्चिम में भी। स्वयं गोविंद चंद्र पांडे के लेखन में इसकी पूरी झलक देखने को मिलती है।

कला और मूल्य को, जैसा संकेत किया गया, लेखक सहजात युग्म मानता है। इस प्रकृति के वैशिष्ट्य को बताने के लिए वह नवजात अंकुर की लक्षणा लेता है। जैसे अंकुर द्विदलीय होता है, वैसे ही मूल्य और कला की स्थिति होती है। लेखक के शब्दों में, ''पहले कहा जा चुका है कि काव्य और कला के मूल्य द्विदलीय हैं। एक ओर रूप का प्रतिभास है, दूसरी ओर सार्थकता की प्रतीति है। इस द्विदलीयता का यह अर्थ नहीं है कि काव्य दो पृथक खंडों को जोड़ कर बना है जैसे घट दो कपालों के संयोग से बनता हैं। साहित्यिक अथवा कला-कृति में एक स्वगत और परस्पर-सापेक्ष भेद मिलता है जो उनकी संकेतात्मकता और मूल्यात्मकता के कारण है। ये दोनों ही समवेत पक्ष विशिष्ट कमनीय विषयता के अन्तर्गत हैं।'' (साहित्य, सौन्दर्य और संस्कृति—पृ० ५३-५४) इस 'परस्पर-सापेक्ष' (ता) या कि द्वन्द्व-प्रक्रिया का आगे विवेचन 'संगीत का दृष्टान्त' प्रकरण के अन्तर्गत होता है। लेखक फिर कहता है, ''साहित्यिक या कलात्मक कृति का मूल्य से दोहरा संबंध है। एक ओर वह स्वयं एक अद्वितीय प्रकार के मूल्य का मूर्त्त प्रतिनिधित्व करती है, दूसरी ओर वह मानवीय मूल्यों को निदर्शित करती है।'' इस समूची प्रक्रिया को संगीत के सृजन और आस्वादन पक्षों के बीच बहुत अच्छे से व्यवस्थित किया गया है। सच तो यह है कि यहाँ संगीत का दृष्टान्त सर्वाधिक उपयुक्त है कि संगीत, प्रसिद्ध सौन्दर्यशास्त्री वाल्टर पेटर के अनुसार, सभी कलाओं की अंतिम काम्य नियति है। ऐसा इसलिए कि संगीत में, सतही स्तर पर बहुचर्चित, भाव-पक्ष और कला-पक्ष का द्वैत आप-से-आप विलीन हो जाता है। संगीत के स्वरूप की व्याख्या करने के बाद लेखक अपना निष्कर्ष इस प्रकार देता है—''इस प्रकार यद्यपि संगीत का प्रथम प्रतिभास रंजक स्वरादि के संवेदन के रूप में होता है, इस प्रतिभास में संगीतकार की कल्पना साकार होती है। श्रोता की कल्पना से तादात्म्य प्राप्त कर वह उसकी चेतना का आत्म-प्रतिबिम्ब बन कर उसमें भावसघनता व्यक्त करती है।'' (पृ० ५६) साहित्य और कला की समग्र सत्ता बनने में 'सामाजिक' की इस विशिष्ट भूमिका की भारतीय परम्परा में बार-बार चर्चा होती है। इस भूमिका को आधुनिक साहित्य में किस प्रकार की सक्रियता प्राप्त हुई है, इसका ब्यौरेवार विवेचन इधर की आलोचना में होता है।

आधुनिक आत्मिक संवाद की परंपरा कैसे नये बनते अमरीकी साहित्य में आरंभ होती है, 'द वेस्ट लैंड' (१९२२) (विंटेज १९९८) से इसे उद्धृत करते हुए टी० एस० एलिएट की अपनी नयी जीवनी 'टी० एस० एलिएट : ऐन इम्परफ़ेक्ट लाइफ़' में लिंडल गार्डेन लिखती हैं—''एक सतर्क आत्मस्वीकार का भाव एलिएट में भी, एमर्सन, थोरो और डिकिंसन तथा ह्विटमैन की ही तरह साझे में मिलता है। संत अगस्तीन, या कि रूसो की तरह यहाँ घनिष्टता नहीं, ये अमरीकी जनव्याख्या का दायित्व जैसे पाठक की गोद में छोड़ देते हैं। उनके आत्मस्वीकार, 'वेस्ट लैंड' की तरह, टुकड़ों में है, और जान-बूझ कर अधूरे छोड़े गये हैं, और इसीलिए पाठकीय प्रयत्न की अपेक्षा रखते हैं। यहाँ बात उनकी वस्तु की उतनी नहीं, जितनी कि पाठक

के आत्मान्वेषण और आत्मनिर्णय की है। उद्देश्य वक्ता को खोलना नहीं, पाठक को बनाना है।" (पृ० १४९)। 'वेस्ट लैंड' की रचना-प्रक्रिया पर लगभग ४५ पृष्ठों के एक स्वतंत्र और समूचे अध्याय में विचार करने के बाद लेखिका इस निष्कर्ष पर पहुँचती है, "दोनों प्रसंगों में कोई अंतिमता नहीं, कोई पूर्ण विराम नहीं। पूर्णता तक पहुँचना पाठक तक छोड़ दिया गया है।" (पृ० १९१) साहित्यिक संदर्भों में रचना और आस्वाद की इस मिली-जुली नयी प्रक्रिया की कुछ और समझ तथा सघन व्याख्या प्रस्तुत लेखक की समीक्षा-कृति 'कविता का पक्ष' (१९९४) में द्रष्टव्य है।

मूल्य-चिंतन के साथ कला को जोड़ कर देखने के साथ-साथ डॉ० पांडे कला तथा संस्कृति और दर्शन के संयोजन का भी परीक्षण करते हैं। यह हल्का-सा विवाद प्रायः चलता है कि विविध दार्शनिक प्रस्थान संस्कृति को प्रेरित-प्रभावित करते हैं या कि संस्कृति दर्शन को प्रेरित-प्रभावित करती है। कभी-कभी तो लगता है कि विद्वान विचारक जब दर्शन प्रस्तुत विषय होता है तो उसकी अग्रणी भूमिका प्रतिपादित करते हैं, और जब संस्कृति सामने है तो उसे आगे रखते हैं। वस्तुतः तो संस्कृति और दर्शन का परस्पर समावेशी संबंध बनता है। संस्कृति दर्शन के लिए उत्प्रेरक होती है, और फिर दर्शन स्वयं संस्कृति का अंगभूत होता है। यहाँ गोविन्द जी के लिए प्रस्तुत विषय कला और संस्कृति है। यों प्रबल पक्ष उसी का बनता है। दर्शन और संस्कृति का सापेक्ष विवेचन करते हुए वे लिखते हैं, "तो भी यह निर्विवाद है कि दर्शनों की प्रवृत्तियाँ सांस्कृतिक प्रवृत्तियों से अलग रख कर नहीं समझी जा सकती हैं... दार्शनिक प्रस्थानों के पीछे दृष्टि-भेद और संस्कृति-भेद की भूमिका है, यह मत, कुछ दार्शनिकों ने भी पहले स्वीकारा है, यह कहना अनावश्यक है।" (पृ० १७) फिर द्वीप और धारा की अज्ञेय जैसी लक्षणा—नदी के द्वीप—को उठाते हुए लेखक स्पष्ट करता है कि दर्शनों के द्वीप हैं, प्रवाह और धारा तो संस्कृति की है—"...दर्शन साम्राज्य असंख्य विच्छिन्न द्वीपों का एक समूह बन जाएगा। वस्तुतः उन्हें सांस्कृतिक अनुभूति-धारा और उपधाराओं के मोड़ मानना चाहिए।" (पृ० १८) कहना न होगा, दर्शन, संस्कृति और कलाओं की अंतर-प्रक्रिया पर विचार करते हुए गोविंद चंद्र पांडे का कवि-हृदय जगह-जगह उदग्र हो उठता है, जो समूचे विवेचन में संतुलन बनाए रखने की दृष्टि से हितकर है।

कला-चिंतन के क्रम में भारतीय संदर्भ की दृष्टि से रस-चर्चा आना सहज-स्वाभाविक है। 'भारतीय परम्परा के मूल स्वर' के अन्तर्गत वत्सल निधि के चौथे व्याख्यान का शीर्षक रक्खा गया है—'रसो वै सः'। यहाँ लेखक ने अनुभूति और अभिव्यक्ति के जटिल संबंध पर विचार किया है, जो सारी कला-प्रक्रिया का मूलाधार है। मूल्य-बोध और अभिव्यंजना-क्षमता में संतुलन लाने का प्रयास भी इसी से जुड़ा है, जिस बिन्दु से यह चर्चा आरंभ होती है। ध्यान देने की बात यह है कि परंपरित काव्यशास्त्र और उसकी शब्दावली में पूरी गति होने के बावजूद डॉ० पांडे उसके व्यूह में अपने को नहीं डालते। रस की उनकी अपनी व्याख्या एकदम सीधी-सरल है।

कहते हैं, ''काव्य के लिए चाहिए अनुभूति की अभिव्यक्ति। अनुभूति न तटस्थ ज्ञान या स्मृति है, न मात्र भावोत्तेजना या सुख-दुःख का अनुभव। किन्तु भाव संस्कारित हृदय की अवस्था-विशेष में आत्म-प्रतीति की सघनता ही अनुभूति है। सामान्यतया रस शब्द से इस प्रकार की अनुभूति ही अभिप्रेत है।'' (पृ० १०४) स्पष्ट ही यहाँ प्रचलित परिभाषाओं और शब्दावली से अपने को मुक्त करके लेखक काव्य और कलाओं में रस-तत्त्व की व्याख्या कर रहा है। इस सन्दर्भ में वह अपना दृष्टिकोण पहले ही स्पष्ट कर चुका है। ''यह सही है कि कुछ विद्वानों ने उसकी (रस की) शास्त्रीय चर्चा को फिर से प्रस्तुत करने का श्लाघनीय प्रयत्न किया है। किन्तु उसके अभी पुरानी पारिभाषिकता के दुर्ग से न निकलने के कारण रस को एक जीवंत प्रत्यय के रूप में प्रस्तुत किया जा सकता है, यह कहना कठिन है।'' (पृ० १०१-२) यही नहीं, 'साहित्य, सौन्दर्य और संस्कृति' व्याख्यानमाला में डॉ० पांडे 'गाहा सत्तसई' की बहुउद्धृत प्रख्यात आर्या 'भम धम्मिय वीसद्धो' को उत्तम काव्य मानने को प्रस्तुत नहीं। लिखा है, ''भम धम्मिय वीसद्धो आदि ध्वनि का प्रसिद्ध उदाहरण है, पर उसका महत्व प्रक्रिया-निदर्शन में है, न कि उत्तम काव्य के निदर्शन में।'' (पृ० ६३) यह विलक्षण संयोग है कि गोविन्द जी ने इधर हाल में ही 'गाहा सत्तसई' का प्रायः समश्लोकी अनुवाद व्याख्या और टिप्पणी के साथ 'महिलाएँ' (२००२) शीर्षक से, उचित ही, बड़े नयनाभिराम रूप में प्रकाशित किया है। इस अनुवाद की कुछ चर्चा का अवसर आगे होगा।

इस संदर्भ में एक रोचक प्रसंग ध्यान में आता है। काव्यशास्त्र के प्रसिद्ध विद्वान और काव्य-मर्मज्ञ राममूर्ति त्रिपाठी का एक विस्तृत अध्ययन इधर आया है, 'अर्द्धशती का भारतीय काव्य-चिंतन' (२००१)। यहाँ लेखक ने परंपरित भारतीय काव्यशास्त्र के प्रति दृष्टिकोण को आधार बनाते हुए समकालीन आलोचकों के दो पक्ष निर्धारित किए हैं। जिनकी गहरी सहानुभूति परंपरित काव्यशास्त्र के प्रति है, ऐसे विद्वानों और आलोचकों में शीर्षस्थ नाम गोविंद चंद्र पांडे का है, प्रतिपक्षियों में एक नाम इन पंक्तियों के लेखक का है। मेरी आलोचना की गई है जहाँ मैंने उक्त आर्या को अपनी पुस्तक 'सर्जन और भाषिक संरचना' (१९८०) में भारतीय परंपरा के श्रेष्ठ काव्य-सिद्धान्त ध्वनि के अपेक्षया हीन उदाहरण के रूप में विवेचित किया है। आलोचना की शब्दावली प्रायः वैसी ही है जैसी कि डॉ० पांडे की ऊपर उद्धृत की गई है। यों डॉ० पांडे का पक्ष राममूर्ति त्रिपाठी के साथ नहीं बनता जैसा कि 'अर्द्धशती का भारतीय काव्य चिन्तन' में प्रदर्शित किया गया है; कम-से-कम इस प्रसंग में रामस्वरूप चतुर्वेदी के साथ प्रतिपक्ष में बनता है।

कला के विविध रूपों और उसकी अनेक स्तरीय विकास-प्रक्रिया के विवेचन के साथ-साथ डॉ० पांडे कला विकास के सामाजिक सन्दर्भ और उनके भारतीय परिप्रेक्ष्य को रेखांकित करते हैं। कला विकास समाज के विविध वर्गों की उभयमुखी क्रिया-प्रतिक्रिया से कैसे जुड़ा है इसकी सोदाहरण व्याख्या उन्होंने की है, ''उदाहरण के लिए शास्त्रीय परम्परा में वाग्गेयकार अल्पसंख्यक होते हुए भी न लोक-संगीत की व्यापकता

अस्वीकार्य हो सकती है और न यह कहा जा सकता है कि संगीत की शास्त्रीय और लोक परम्पराओं में निश्चित संबंध नहीं है।" (भारतीय परम्परा के मूल स्वर : पृ० १२) इस सामान्य पृष्ठभूमि में लेखक भारतीय साहित्य और कलाओं के वैशिष्ट्य को उभारता है। वैदिक वाङ्मय के संबंध में उसका पर्यवेक्षण इस प्रकार है, "समस्त विश्व मधुमय है जिसमें दिव्य व्यवस्था और शक्ति की अभिव्यक्ति है। वैदिक काव्य में सृष्टि के इसी विराट आनन्द, सामंजस्य एवं ज्योतिर्मय शक्तियों की लीला का कीर्तन है। उदात्तता की ऐसी अभिव्यक्ति अथवा छंद की ऐसी मांत्रिकता अन्यत्र दुर्लभ है।" (पृ० १०८) इसी क्रम में वह वैदिक सौन्दर्य-बोध की ओर भी संकेत करता है, "उषा संबंधी सूक्तों के सौन्दर्य-बोध की चर्चा हुई है किन्तु उनमें ऐन्द्रियता और विषयासक्ति की गंध नहीं है। सौन्दर्य की वैदिक धारणा बौद्धिक और नैतिक है।" (पृ० ११०)

धीरेन्द्र वर्मा व्याख्यानमाला के क्रम में लेखक भारतीय कला-विश्व का अंकन अधिक ब्यौरों में करता है। यहाँ वह साहित्य के साथ संगीत तथा रूप-कलाओं का सन्दर्भ भी उठाता है। भारतीय कला-विश्व के विकास को वह दो चरणों में बाँटता है—आर्ष और लौकिक। आर्ष का संबंध मनुष्य के पुरुषार्थों में से धर्म और मोक्ष के साथ जुड़ता है, जब कि लौकिक चरण विशेषत: अर्थ-काम से जुड़ा है। यों यह कला-विश्व मनुष्य की समग्र मनोभूमि को आत्मसात किए है। दोनों परम्पराएँ फिर रस में अपनी निष्पत्ति पाती हैं। डॉ० पांडे का स्पष्ट अभिमत है, "रस को प्रकाशित करने वाली शब्द, नाद अथवा रूप की रचनाएँ ही उत्तमकोटिक कला कही जानी चाहिए और रस ही कला का चरम अर्थ एवं सौन्दर्य शब्द का वास्तविक लक्ष्य माना जाना चाहिए।" (पृ० ३१) रस को लेखक ने किस उन्मुक्त रूप में समझा है, उसका विवेचन पहले हो चुका है।

कला और सौन्दर्य के संयोजन के इस बिन्दु पर हम उस प्रश्न को उठाना चाहते हैं जो वस्तुत: किसी अनुशासन के विवेचन के एकदम आरंभ में उपस्थित होता है, अर्थात उस अनुशासन का वास्तविक स्वरूप। 'साहित्य, सौन्दर्य और संस्कृति' शीर्षक धीरेन्द्र वर्मा व्याख्यानमाला के प्राक्कथन में गोविंद चंद्र पांडे स्पष्ट करते हैं, "मेरा अभिप्राय साहित्य, सौन्दर्यशास्त्र एवं संस्कृति की सापेक्षता का प्रतिपादन है।" तब सौन्दर्यशास्त्र या कलाशास्त्र या कि सौन्दर्यमीमांसा का वास्तविक स्वरूप और उसके सीमांत समझना हमारे लिए आवश्यक हो जाता है। स्वयं लेखक ने इन व्याख्यानों के दूसरे प्रकरण में इस प्रश्न को उठाया है। यहाँ प्रकरण इस प्रकार खुलता है, "अनेकत्र यह पढ़ा-सुना जाता है कि सौन्दर्यमीमांसा या एस्थेटिक्स की कोई निश्चित शास्त्रीय परम्परा भारत में नहीं पाई जाती। स्वयं 'सौन्दर्यमीमांसा' या 'सौन्दर्यशास्त्र', ये शब्द भी एस्थेटिक्स के अनुवाद के रूप में गढ़े गए हैं... सौन्दर्य और कलातत्त्व की सर्वांगीण और व्यवस्थित दार्शनिक मीमांसा के रूप में एक पृथक शास्त्रीय प्रस्थान अवश्य ही प्राचीन भारतीय परम्परा के अवशिष्ट साहित्य में नहीं मिलता, पर इस प्रकार का शास्त्र पश्चिम में भी

पहले नहीं था। उसकी उद्‌भावना १८वीं सदी में बाउमगार्टेन के द्वारा सर्वप्रथम हुई, यह सुविदित है।'' यहाँ इस प्रस्तावना में ध्वनि आती है कि भारतीय परम्परा में सौन्दर्यशास्त्र की अवधारणा नहीं है तो यह कमी हमारे वैदुषिक जगत के लिए जैसे कुछ लज्जा या संकोच का कारण है, और यह भी कि ऐसा कोई शास्त्र हमारे पास देर-सबेर रहा होता तो अच्छा ही था। विद्वान लेखक इसीलिए बड़ी सावधानी के साथ *'भारतीय परम्परा के अवशिष्ट साहित्य'* (यहाँ स्पष्ट ही रेखांकन मेरा है) की बात कह कर यह संभावना सुरक्षित करना चाहता है कि संभवतः ऐसा कोई शास्त्र बना हो पर किन्हीं कारणों—विदेशी आक्रमण या कि स्वदेशी उपेक्षा के कारण—नष्ट हो गया हो। यह संकेत किसी कथाकार की विद्वत्कल्पना को सक्रिय कर सकता है—प्रसिद्ध इटैलियन आलोचक और कथाकार अंबर्त्तो एक्को की तरह 'द नेम ऑफ द रोज़' जैसी कथा-कृति रचने के लिए, जिसके बृहदाकार के केन्द्र में अरस्तू की खोई मानी जानी वाली 'द बुक ऑफ़ कॉमेडी' की खोज, और अंततः उसकी विनाश-लीला अंकित है। फिर डॉ० पांडे यह भी संकेत देते हैं कि स्वयं पश्चिम में ही इस शास्त्र का आविर्भाव बहुत बाद में, १८वीं शती में हुआ।

भारत में सौन्दर्यशास्त्र की अवधारणा, एक ऐसे अनुशासन के रूप में, जो सभी कलाओं द्वारा साध्य सौन्दर्यानुभूति की समग्रतः व्याख्या करे, नहीं हुई। यह बात तथ्य के रूप में मन-बेमन ली जाती है। पर इस अभाव के पीछे कोई वैदुषिक उपक्रम या कि सामर्थ्य की कमी है, ऐसा नहीं समझा जाना चाहिए। वस्तुतः इसके पीछे है भारत और पश्चिम में 'कला' पद की बुनियादी अवधारणा का ही अंतर।

कला के दो विभाजन-वर्गीकरण प्रसिद्ध हैं—पश्चिम में हेगेल का और भारत में वात्स्यायन का। और यहीं 'कला' पद के अलग-अलग संदर्भों-अर्थों का अंतर उभरता है। पश्चिम में कला के अन्तर्गत काव्य सम्मिलित है। हेगेल की पाँच कलाओं—काव्य, संगीत, चित्रकला, मूर्तिकला और स्थापत्य के क्रमिक विभाजन में काव्य को सर्वोत्तम स्थान दिया गया है। भारत में काव्य की गणना कलाओं में नहीं है, वह दर्शन-अध्यात्म के समतुल्य उच्चतम साधनाओं में है : कवि ऋषि और मनीषी है। कवि-कर्म में सृजन और विचार-क्षमता का संयोग होने से शायद उसकी यह विशिष्ट स्थिति है। कलाएँ यहाँ निम्नतर धरातल पर हैं। वात्स्यायन के कामसूत्र में चौंसठ कलाएँ परिगणित हैं। हेगेल की पाँच कलाओं में से काव्य को छोड़ कर शेष सभी को यहाँ स्थान मिला है। आरंभ की पाँच में क्रमशः गायन, वादन, नर्तन, नाट्य, आलेख्य (चित्र लिखना) है, इन्हें ललित कलाएँ कहा जा सकता है। उसके बाद तो अधिकतर व्यवहार-विधाओं की सूची है, जैसे—विशेषक (मुखादि पर पत्रलेखन), चौक पूरना, पुष्पशय्या बनाना। और आगे चल कर वास्तुकला आती है, जिसमें संभवतः मूर्तिकला और स्थापत्यकला दोनों आ जाती हैं। फिर गिनती बढ़ते-बढ़ते कठपुतली के खेल, द्यूतविद्या, रस्साकशी और व्यायाम तक पहुँचती है। यों हेगेल की कलाओं में से गायन संख्या एक पर, चित्रलेखन पाँच पर, और मूर्तिकला तथा स्थापत्य संख्या सैंतीस पर हैं। इनके अतिरिक्त,

स्पष्ट ही, ये अधिकतर व्यवहार-विधाएँ अंग्रेज़ी शब्द 'आर्ट्स' के बजाय 'क्राफ़्ट्स' कोटि के अन्तर्गत आती हैं। काव्य यहाँ नहीं है, पर उसकी दो व्यवहार-विधाएँ 'काव्य-समस्या पूर्ति' तथा 'आशुकाव्य क्रिया' क्रमश: तैंतीस तथा चौवन संख्या पर हैं। ('हिन्दी विश्वकोश'—नागरी प्रचारिणी सभा)। जयशंकर प्रसाद ने अपने निबंध 'काव्य और कला' में 'कला' शब्द के इन प्रयोगों का विवेचन किया है यद्यपि कुछ भिन्न संदर्भ में। यहाँ स्मरणीय है कि संस्कृत काव्य में 'कलाकार' शब्द का प्रयोग कई बार कवि के निकट आता है, पर शास्त्र में कवि ऋषि और मनीषी है, जबकि कलाओं के प्रयोक्ता कारीगर जैसे हैं। यही कारण है कि पश्चिम के मूर्तिशिल्पी, वास्तुकार, चित्रकार वहाँ के कवियों-रचनाकारों के समतुल्य बैठते हैं जैसे—लियोनार्दो द विंशी, माइकेल ऐंजेलो या और अनेक परवर्त्ती कलाकार, जबकि भारत में अजंता, कोणार्क और खजुराहो के रचयिताओं का कोई नाम भी नहीं जानता। शास्त्र में भारतीय कलाओं के प्रयोक्ता—विशेषत: गायक-वादक को कवि-कलाकार से कुछ हीन अभिधान 'कलावंत' दिया गया है। ऐसी स्थिति में पश्चिम के 'कला' पद को भारतीय संदर्भ में ला कर सौन्दर्यशास्त्र या कि कलाशास्त्र जैसे अनुशासन की अवधारणा बनाना कई तरह के विभ्रम उत्पन्न कर सकता है। यही कारण है जिससे भारतीय परंपरा में सौन्दर्यशास्त्र या कि कलाशास्त्र की समग्र विचार-प्रक्रिया और उससे जुड़े अभिधान को कोई स्थान नहीं मिला।

कला और अर्थ तथा कला बनाम सौन्दर्यमीमांसा पर डॉ० पांडे की टिप्पणियाँ बड़ी सधी हुई हैं, उनके सामान्य विवेचन के अनुकूल। कला को सार्थकता के साथ किस स्तर पर जोड़ा जा सकता है, इस बुनियादी प्रश्न पर डॉ० पांडे ने धीरेन्द्र वर्मा व्याख्यान के आरंम्भिक प्रकरण में विचार किया है। यहाँ वे लिखते हैं, ''बिलासखानी के साथ शोक, बहार के साथ हर्ष को जोड़ना कठिन नहीं है। पर निश्चित अर्थ की अभिव्यक्ति की दृष्टि से कलाएँ एक असमर्थता से ग्रस्त दीखती हैं। जैसे प्राकृतिक सौन्दर्य कुछ कहना चाहता है पर कह नहीं पाता, ऐसे ही कलाएँ भी भाव के साथ एक अद्‌भुत और रहस्यमय ढंग से जुड़ जाती हैं पर उसे स्पष्टतया निर्धारित नहीं कर पातीं।'' तब लगता है कि अनुभूति सघनता की दृष्टि में संगीत सबसे अधिक प्रभावी है, विचार और अनुभूति के संश्लेष में साहित्य अद्वितीय।

सौन्दर्य और कला मीमांसा की सापेक्षता के प्रसंग कई जगह आते हैं। यहाँ लेखक ने बराबर अपने दृष्टिकोण को बिना किसी लाग-लपेट के प्रस्तुत किया है, जिसमें, ठीक ही, प्रबलता कला और रचना के पक्ष की है, मीमांसा के ऊपर। 'सौन्दर्यशास्त्रविषयक अनुचिंतन' प्रकरण के अन्तर्गत वह लिखता है, ''मैं यह कहना चाहता हूँ कि सौन्दर्य और कला-तत्त्व की दार्शनिक मीमांसा एक दार्शनिक जिज्ञासा को पूरी करती है, वह अपने में कला की प्रेरणा नहीं बनती, न उसमें साक्षात रूप से साधक बनती है। किन्तु वह बाधक बन सकती है। और बाधक दृष्टियों का निरास करने के द्वारा साधक भी बन सकती है।'' (पृ० २२) डॉ० पांडे का यह वक्तव्य बाधक

और साधक के बीच एक कुशल नैयायिक की तरह चलता है। कहना न होगा, जीवन और कला के कई उलझे प्रसंगों में यही शैली अंतत: उपकारक होती है।

यह संयोग ही है कि कला और सौन्दर्य-चिंतन के कुछ पक्षों की व्यावहारिक समीक्षा गोविन्दजी द्वारा अभी हाल में प्रकाशित हाल के प्रकृत-संकलन 'गाहा सत्तसई' के हिन्दी रूपांतर (२००२) में देखने को मिलती है। यहाँ मूल के साथ समश्लोकी हिन्दी अनुवाद, या कहिए अनुसर्जन, और साथ में समीक्षात्मक टिप्पणियाँ दी गई हैं। शीर्षक—'महिलाएँ'। इस महत्वाकांक्षी प्रकाशन में सौन्दर्य-परिकल्पना के विविध व्यावहारिक चित्र, संस्कृत-प्राकृत-हिन्दी-अंग्रेज़ी काव्य तथा काव्यशास्त्र के संदर्भों के सहित हैं। पाठ के साथ सचमुच के रेखाचित्र भी हैं। यों, प्रकृति-प्रणय और मानव शरीर के सौन्दर्य का अवगाहन काव्य-चित्र-मूर्तिशिल्प में एक साथ है। इसे ऐहिक-आध्यात्मिक का कला रूपों में सहानुभव कहा जा सकता है, 'सत्तसई' के मंगलाचरण और समापन की ओर निर्देश के बीच। भारतीय परंपरा में सौन्दर्यमात्र को एक दिव्य स्पर्श से युक्त माना गया है। कला बनाम सौन्दर्यमीमांसा का विवेचन करते हुए डॉ० पांडे लिखते हैं, ''यद्यपि कला-विश्व सौन्दर्यमीमांसा के लिए आवश्यक है, कला-विश्व के लिए सौन्दर्यबोध आवश्यक होते हुए भी सौन्दर्यमीमांसा आवश्यक नहीं है।'' (पृ० १९)। 'सत्तसई' में अंकित सौन्दर्य-चित्र, जैसा संकेत किया गया, काव्य-ध्वनि और रूपाकार को एकमेक करते हुए सामने आते है। आलोचक का उपर्युक्त पर्यवेक्षण जहाँ इस संश्लेष से एक ओर नि:सृत होता है, वहीं उसको प्रमाणित भी करता है। हाल के संकलन के निमित्त से इस अत्यंत सजग व्यावहारिक समीक्षा का मूल्यांकन, स्पष्ट ही, एक स्वतंत्र अध्ययन की अपेक्षा रखता है।

कॉफ़ी हाउस : प्रतिपक्ष का सदन

❑

मित्रवर विजयदेवनारायण साही का कहना था कि संसद के दो नहीं, तीन 'हाउस' हैं—अपर हाउस, लोअर हाउस और कॉफ़ी हाउस। मेरा सुझाव था कि कॉफ़ी हाउस या कि संसद के तीसरे सदन की विशेषता है कि वह प्रतिपक्ष का स्थायी सदन है। दोनों विचारों में साझा तत्त्व यह था कि कवि-रचनाकार को जो 'अघोषित विश्व-सांसद' कहा गया है, उसकी कार्यस्थली व्यवहार जगत में कॉफ़ी हाउस है। बंगाल में ऐसे बौद्धिक सहेट स्थलों को अड्डा बोला जाता है। इंग्लैंड के 'पब' इस संदर्भ में बहुत पहले से प्रसिद्ध हैं। यों तो कॉफ़ी हाउस सभी तरह के बौद्धिकों-बुद्धिजीवियों का अड्डा है, जिनमें लेखक-कलाकार-अध्यापक-पत्रकार-राजनेता कई तरह की बिरादरियों के सदस्य आते हैं, पर लेखकों की प्रेरणा को सक्रिय करने के लिए इसकी विशेष ख्याति है। और इसकी मूल वृत्ति, जैसा संकेत किया गया, व्यवस्था-विरोधी है।

एक व्यावहारिक उदाहरण से अपनी बात पुष्ट करना चाहूँगा। समकालीन साहित्य के परिदृश्य पर नयी कविता आंदोलन तथा 'नयी कविता' पत्रिका का विशिष्ट योगदान माना जाता है। कम लोग जानते होंगे कि 'नयी कविता' पत्रिका का प्रवेशांक इलाहाबाद के कॉफ़ी हाउस में तैयार हुआ था। पत्रिका के संपादक-द्वय थे—जगदीश गुप्त तथा रामस्वरूप चतुर्वेदी, धर्मवीर भारती समूचे आयोजन के प्रमुख पुरस्कर्त्ता थे। तीनों की अनौपचारिक बैठक विश्वविद्यालय का काम निपटा कर कॉफ़ी हाउस में हुई, जो तब वर्तमान कॉफ़ी हाउस के कुछ पहले पड़ने वाले एक पुराने-से बँगले में अवस्थित था। हल्की गर्मी शुरू हो गई थी—बात १९५४ की होनी चाहिए। उस कॉफ़ी हाउस के अंदर वाला हिस्सा मोटी दीवारों की वजह से ख़ासा ठंडा रहता था—वहीं इस मित्रमंडल की लंबी बहस चली और पहले अंक की सामग्री का चयन पूरा हुआ। भारती अपनी व्यवस्थाप्रियता के लिए प्रसिद्ध थे, सो सारी चुनी हुई सामग्री घर लेते गए, अगले दिन 'प्रेस कॉपी' बना कर लाने के लिए। फिर मुद्रण दिल्ली में हुआ तब राजकमल के ओमप्रकाश की देख-रेख में। पत्रिका के प्रकाशन के बाद का वृत्त अब इतिहास का अंग है, जिसमें कहीं कॉफ़ी की ऊष्मा और तीव्र गंध है। तब कॉफ़ी के सामान्य प्याले का मूल्य तीन आने (वर्तमान बीस पैसे) था, क्रीमयुक्त विशेष कॉफ़ी चार आने या कि वर्तमान पच्चीस पैसे की थी। कॉफ़ी हाउस आने-जाने की सामान्य सवारी साइकिल थी—'स्कूटर' का तब तक आविष्कार नहीं हुआ था—कार में बैठ कर कॉफ़ी पीने आना बड़ा अटपटा, करीब-करीब हास्यास्पद लगता।

कॉफ़ी हाउस के अनेक चरित्रों में विश्वविद्यालय अंग्रेज़ी विभाग के अध्यापक ज्योतिस्वरूप सक्सेना प्रमुख थे। उनके बारे में प्रचलित था कि सबेरे बिस्तर छोड़ने के बाद वे कुल्ला गरम कॉफ़ी से करना ही पसंद करते हैं। बीच में कुछ समय विश्वविद्यालय अपनी कक्षाओं के लिए जाते, फिर भोजन-विश्राम के बाद कॉफ़ी का सायंकालीन सत्र जमता। उनके कॉफ़ी हाउस के विस्तृत कार्यक्रम के लिए मथुरा-आगरा के चतुर्वेदी परिवारों में भाँग-सेवन के लिए प्रचलित समय-चंक्र का मैं उपयोग करता था। तदनुसार बेला की दृष्टि से कॉफ़ी के तीन प्रकार निर्धारित किए गए थे—कागाबासी, भोगविलासी और सत्यानासी। प्रातःकालीन कॉफ़ी हाउस का लगभग दरवाज़ा खुलवा कर कॉफ़ी पीना कागाबासी कार्यक्रम था। संध्या के समय स्नान-ध्यान करके धुले वस्त्रों से सज्जित हो कर कॉफ़ी हाउस की टेबल पर जमना स्पष्ट ही भोगविलासी प्रकार था। और भराभर दोपहर में जब चील अंडा छोड़ रही हो, ऐसे में निराला की 'तोड़ती पत्थर' याद करते हुए कॉफ़ी हाउस आना-जाना सत्यानासी कोटि में था। ज्योंति बाबू इन तीनों बेलाओं के नित्य दर्शनीया थे, और अंग्रेज़ी भाषा-साहित्य के प्रकाण्ड पण्डित, तब स्पष्ट ही वे कॉफ़ी हाउस के प्रथम नागरिक थे। उनकी मृत्यु का समाचार आने पर उस दिन कॉफ़ी हाउस आप-से-आप बंद कर दिया गया था।

कॉफ़ी हाउस के नियमितों ने विचार-विमर्श की सुविधा के लिए एक आचार-संहिता बना रखी थी। एक नियम यह था कि बहस के बीच कुछ लिखित-प्रकाशित दस्तावेज़ का उपयोग नहीं किया जा सकता। दूसरा नियम था कि चर्चा के समय किसी मित्र ने कई दिन पहले क्या-कुछ दृष्टिकोण प्रस्तुत किया था, उसका हवाला नहीं दिया जायेगा। व्यावहारिक नियमों में था विचार-विमर्श के बीच सिर्फ़ कॉफ़ी पी जाएगी, किसी खाद्य वस्तु को मेज़ पर नहीं आने दिया जाएगा। कॉफ़ी हाउस में खाने के लिए आना यों भी बहुत निकृष्ट व्यवहार माना जाता था। विजयदेवनारायण साही तथा विपिन अग्रवाल आचार-संहिता के पालन पर विशेष बल देते, और उन्हें सब नियम अपने सही अनुक्रम में याद भी थे। विश्वम्भर मानव इस सदन के स्वयंभू 'स्पीकर' थे और उनका मुख्य दायित्व था कि निर्धारित समय के पहले आ कर तब की बढ़ती भीड़ के पहले ही एक बड़ी मेज़ पर बैठ कर हम सब के लिए जगह घेर लें। मैंने अपनी एक पुस्तक ('प्रसाद-निराला-अज्ञेय') इन तीनों मित्रों की स्मृति में कॉफ़ी हाउस के लिए समर्पित की है।

संस्मरणों की दृष्टि से तो कॉफ़ी हाउस का अपना 'सरित्सागर बन सकता है; उदाहरण के तौर पर सिर्फ़ एक प्रस्तुत कर रहा हूँ। सत्संग के आकर्षण के लिए कॉफ़ी हाउस की संस्था अपने में बेजोड़ रही है, पर बहुत बार वहाँ अनचाहत भी आ पहुँचते जिनसे बचना अपने में एक बड़ा काम था। ऐसे व्यक्तियों से बचाव का हर सदस्य का अपना ढंग था जो एक प्रकार से कॉफ़ी हाउस में सत्संग से प्राप्त योग्यता की परीक्षा भी कही जा सकती थी। एक दिन शाम लगते-लगते कुछ जल्दी ही मैं और साही साहब वहाँ पहुँच गए। उन दिनों साही अपनी 'जायसी' शीर्षक पुस्तक पर काम कर रहे थे,

और बड़े मनोयोग के साथ। तब वे एक तरह से अपनी हर नयी उद्‌भावना का परीक्षण मुझ पर करना चाहते। इसी क्रम की कोई समस्या उन्होंने छेड़ी ही थी कि एक सज्जन साही साहब की ताक में सीधे हम लोगों की मेज़ पर आ गए। वे कोई कवि यश:प्रार्थी लेखक थे और अपनी पुस्तक कुछ दिन पूर्व साही को भेंट कर चुके थे। आते ही उन्होंने बड़े बेचैन भाव से हमारी परिचर्चा में हस्तक्षेप करते हुए साही की ओर देखते पूछा—अब तक तो आपने मेरी पुस्तक पढ़ ली होगी, कैसी लगी मेरी कविताएँ? साही साहब कुछ हकबकी मुद्रा में प्रश्नकर्ता से नज़रें बचा कर मेरी ओर देखने लगे। क्या आपने मेरी रचना पढ़ी है? जैसी असुखद जिज्ञासा के भुक्त भोगी हजारीप्रसाद द्विवेदी से ले कर रामस्वरूप चतुर्वेदी तक छोटे-बड़े सभी आलोचक रहे हैं। मैं फ़ौरन समझ गया कि मित्र संकट में हैं, और किसी तरह उन्हें उबारने का कठिन दायित्व मेरे ऊपर आ गया है। मैंने कुछ गंभीर मुस्कराहट के साथ कहा कि साही साहब, आप तो रेलवे प्लेटफार्म पर रखी तौलने वाली मशीन हो गए हैं, जहाँ हर कोई मुसाफ़िर एक सिक्का डाल कर अपने वज़न का टिकट निकाल लेता है, जिस पर उसका सुखद भविष्य अलग से छपा है। लेखक आया, आलोचक के मुँह में पुस्तक ठूँसी और प्रतिक्रिया निकलने की प्रतीक्षा में खड़ा हो गया। साही साहब, जिनका चेहरा उस बीच हल्के तनाव में दिख रहा था, एकाएक ठठा कर हँसे और बोले कि तुमने मेरी मुश्किल हल कर दी। अब भविष्य में भी कोई मुझ से इस प्रकार की जिज्ञासा करेगा तो तुम्हारा नाम ले कर यह पूरा वाक् बिंब उसके सामने दुहरा कर स्वयं मुक्ति पा जाऊँगा।

इलाहाबाद के कॉफ़ी हाउस में नगर की संस्कृति बख़ूबी झलकती है। यहाँ एक मेज़ राजनीतिज्ञों की लगती है, जिसमें ग़ैर-राजनीतिज्ञों की भी शिरकत रहती है। इसकी विशेषता यह है कि वहाँ सभी दलों के प्रतिनिधि एक साथ बड़े सौमनस्य में बैठते हैं। इस मेज़ का समय पूर्वाह्न प्राय: दस से बारह रहता है। सब रंगों के लोग यहाँ इकट्ठा होंगे, गरमा-गरम कॉफ़ी के साथ गरमा-गरम बहस होगी, एक-दूसरे पर छींटाकशी भी, पर उससे अधिक नहीं। बहस अगले दिन के लिए स्थगित हो जाने पर सब अपने-अपने दल, या कि एक बड़े दलदल, की व्यवस्था के लिए निकल पड़ेंगे, एक-दूसरे की घात में। पर अगले दिन के सबेरे कॉफ़ी हाउस में पूर्ववत मुस्कराहट के साथ मिलेंगे। जब किसी शहर में राजनीतिज्ञों का बर्ताव परस्पर ऐसा हो तो बौद्धिकों और बुद्धिजीवियों की बात ही क्या? कॉफ़ी हाउस की सहज ऊष्मा में 'अवि मयूर मृग बाघ' सब तपोवन की तरह बैठते हैं। फ़िलहाल सदन के सचिव सत्यप्रकाश मिश्र हैं, और विद्यानगरी तथा कॉफ़ी हाउस दोनों के पूर्व प्रधान त्रिविक्रम पति अब मानद सदस्य।

कॉफ़ी हाउस के पहले भी इलाहाबाद में साहित्यिकों के अड्डे रहे हैं, जैसे रामा का रेस्तराँ या मलानी काफ़े या अन्नपूर्णा कैफ़ेटेरिया, पर कॉफ़ी हाउस की बैठक सबसे निराली है, जिसमें विशिष्ट और सामान्य दोनों का संगम रहता है। कुलपति से ले कर अस्थायी लेक्चरर तक और प्रतिष्ठित साहित्यकार, पत्रकार, राजनेता तथा विधि

विशेषज्ञ से ले कर इन क्षेत्रों के नौसिखिये तक यहाँ समान आत्मविश्वास के साथ पूरे शोर-शराबे के बीच बात करते दिखेंगे। बातचीत में तन्मयता इतनी अधिक है कि सबका विश्वास है कि सर्वाधिक गोपनीय बात करने के लिए कॉफ़ी हाउस जैसे सार्वजनिक स्थल से निरापद और कोई स्थान नहीं, क्योंकि यहाँ कोई व्यक्ति बग़ल की मेज़ पर चलने वाली बात में ज़रा भी दिलचस्पी नहीं रखता। इधर नगर में कारों की संख्या बढ़ने से कुछ शौकीन बाहर अपनी कार में बैठ कर ही कॉफ़ी पीना पसंद करते हैं, पर वह अभिधा और लक्षणा दोनों में कॉफ़ी हाउस का सिवान है।

इलाहाबाद के निवासी, नाम से गोरखपुरी, और शायरे-जहाँ फ़िराक साहब का संध्याकालीन पेय तो कुछ और था, पर कभी-कभी कॉफ़ी हाउस का आकर्षण उन्हें भी खींच लाता अतिथि कलाकार के रूप में। उनके आने पर तरह-तरह के किस्सों का बाज़ार गर्म होता, पर केन्द्र में रहता साहित्य और किसी हद तक विश्वविद्यालय। बात करने की उनकी शैली और उससे अधिक उनकी भंगिमा बड़ी प्रभावपूर्ण होती, पर यदि कहीं कोई उन्हें छेड़ पाने का मौक़ा पा जाता तो वे बड़े खिलाड़ी की तरह उसकी क़द्र करते। कॉफ़ी हाउस के इस संस्मरण-क्रम को सम्पन्न करते समय उन्हीं की पंक्ति याद आती है—

ग़रज़ कि काट दिये ज़िंदगी के दिन ऐ दोस्त,
वो तेरी याद में हों या तुझे भुलाने में।

विजयदेवनारायण साही : प्रतिस्पर्धा के विविध रूप

❑

समर्थ रचनाकार और विचारक की होड़ अधिक समर्थ से होती है। निराला में सराहना और ईर्ष्या का मिला-जुला भाव कवियों में रवीन्द्रनाथ के लिए था और विचारकर्मी के रूप में जवाहरलाल के लिए। विजयदेवनारायण साही की होड़ लगती थी अध्यापन के क्षेत्र में प्रो० सतीशचन्द्र देब से, रचना-कार्य में अज्ञेय से और आलोचना के प्रसंग में आचार्य रामचंद्र शुक्ल से। उनके मन का भाव था कि जो कुछ ये महाजन कर सकते, उससे अधिक वे स्वयं करके दिखा सकते हैं। इसीलिए अंग्रेज़ी साहित्य के केन्द्रीय नगर लंदन का नक्शा उन्हें याद था बिना तब तक लंदन की यात्रा किए हुए; किसी गोष्ठी में वे निबंध-वाचन का आभास दे सकते थे हाथ में महज़ कोरे कागज़ पकड़े हुए, और आचार्य शुक्ल के प्रिय कवि जायसी पर वे आलोचना लिख सकते थे कुछ अधिक तैयारी के साथ। फिर राजनीति के क्षेत्र में अपने सहकर्मियों को बौद्धिक स्तर पर डाँट भी सकते थे लोहिया के अंदाज़ में।

जायसी पर लिखने की तैयारी के समय हम लोगों का साथ बहुत रहा। इस अवधि में उनकी जो नयी उद्‌भावना होती, उसका पहला परीक्षण जैसे वे मुझ पर करते। भारती के 'अंधा युग' के रचना-काल का भी किसी क़दर साक्षी मैं रहा था; रचना के क्षेत्र में आलोचना जैसी सहभागिता स्पष्ट ही नहीं हो सकती, वह अलग बात है। जायसी पर लिखते समय साही प्रायः मेरे यहाँ आ जाते, और/या कॉफ़ी हाउस चलते। तब की इस भाव-दशा का उल्लेख अन्यत्र भी किया है। कॉफ़ी हाउस के समय में शायद मेरा और साही का साथ सर्वाधिक रहा। जब वे बैंक रोड पर रहे, उस अवधि में मैंने तीन घर बदले, पर क्षेत्र प्रायः वही रहा। तीसरी बार तो मैं भी बैंक रोड पर आ गया। माया के तीन नाम की तरह पहले हम लोग साइकिलों पर साथ निकलते, फिर मैं अपने घर से रिक्शा पर चलता और उन्हें साथ ले कर सिविल लाइन्स जाता, और अंतिम वर्षों में अधिकतर मैं उनके स्कूटर की एक सवारी था। इन तीनों यात्रा-विधाओं में हम लोगों के मिलते ही जैसे कॉफ़ी हाउस शुरू हो जाता, सारे रास्ते बातचीत चलती रहती। जब वे जायसी पर अपना अध्ययन तैयार कर रहे थे तब हम स्कूटर-युग में थे। स्कूटर पर चलते समय उनका शंका-समाधान भी तीव्रगति से चलता, और अपेक्षया भीरु स्वभाव का होने के नाते मुझे लगता कि अब हम लोग सामने वाली सवारी से टकरायेंगे। तब मैं बहुत बार यह बहाना लेता कि बातचीत कॉफ़ी हाउस पहुँच कर ही आरंभ होगी क्योंकि हवा तेज़ होने के कारण मैं उनकी बात ठीक नहीं सुन पा रहा, और तब उसका सही उत्तर भी कैसे दिया जा सकता! मेरे

ही तर्क को मान कर वे मेरी आपत्ति अनसुनी कर देते, और जायसी से वे इतना भरे रहते कि बड़े उच्छलित भाव से अपनी नयी मान्यताएँ प्रस्तावित करते और आचार्य शुक्ल के विवेचन में यदि कहीं कुछ चूक हुई है तो उसके निराकरण का मार्ग सुझाते।

हिंदी और अंग्रेज़ी के श्रेष्ठ समयसिद्ध आलोचकों की परंपरा में साही ने जायसी का विवेचन मूलतः रचनाकार के रूप में किया है, जहाँ तुलना या संदर्भ कालिदास या शेक्सपियर या टॉल्सटॉय जैसे कालजयी लेखकों से बनता है। इसके लिए उन्होंने आरंभ में ही यह प्रतिज्ञा रक्खी है कि जायसी यदि सूफ़ी थे भी, तो न 'सरकारी सूफ़ी थे' न मठी। अगर डॉक्टर लोहिया की शब्दावली का इस्तेमाल करें तो कुजात सूफ़ी रहें हों तो हों।' यानी जायसी की रचनात्मकता को समझने के लिए साही की दृष्टि में कवि का सूफ़ी होना कुछ ख़ास महत्त्व नहीं रखता। रचना में विचारधारा को सर्वप्रमुख तत्त्व मानने वाले आलोचकों को यह मान्यता काफ़ी परेशान करने वाली है, और इस संदर्भ में कई स्तरों पर विवाद चलता भी है। इस संदर्भ में साही का दृष्टिकोण संबंधी मतभेद आचार्य शुक्ल के साथ कोरा शाब्दिक है। 'जायसी ग्रंथावली' की विस्तृत भूमिका में 'जायसी का जीवन-वृत्त' खंड के उत्तरार्द्ध में रामचंद्र शुक्ल लिखते हैं, "इन सब बातों से पता चलता है कि जायसी साधारण मुसलमान फ़कीरों के समान नहीं थे। वे सच्चे जिज्ञासु थे और हर एक मत के साधु-महात्माओं से मिलते-जुलते रहते थे और उनकी बातें सुना करते थे। सूफ़ी तो वे थे ही।" अनुच्छेद का समापन करने वाले इस अंतिम वाक्य विधान की ध्वनि से स्पष्ट है कि आचार्य शुक्ल के लिए महत्त्वपूर्ण बात यह है कि वे (जायसी) सच्चे जिज्ञासु थे और हर एक मत के साधु-महात्माओं से मिलते-जुलते रहते थे...। ऊपर से बलार्थक दिखने पर भी समापन वाक्य 'सूफ़ी' तो थे ही— हाशिये में चला जाता है, केन्द्र पर नहीं रहता। हालाँकि इस प्रसंग में लोहिया के सहारे साही का व्यंग कुछ अधिक मुखर हो गया है, आचार्य का व्यंग काकु में है, शब्दों में नहीं। जायसी के काव्य-विवेचन के लिए यों सूफ़ी होने की बात दोनों के लिए महज़ तथ्य हो सकती है। रचना-प्रक्रिया का गुणात्मक संदर्भ नहीं।

'जायसी ग्रंथावली' की भूमिका के समानान्तर ही साही के 'जायसी' ग्रंथ का विधान भी व्यापक विद्वत्तापूर्ण, तथ्य-संग्रही और गहरा संवेदनशील एक साथ है। इसीलिए वह हर तरह के काव्य-पाठक को तृप्तिदायक है। रचना के वैशिष्ट्य को उबारना उसका मुख्य दायित्व है। इस प्रसंग में आलोचक की मान्यता बहुत स्पष्ट है, "साहित्य में किसी विचारधारा या दार्शनिक सिद्धांत का वहन करना एक बात है और अपने युग की संपूर्ण चिंतनशीलता में उलझी हुई अनुभूति को आत्मसात् करना दूसरी बात है। यह आत्मस्थ चिंतनशीलता गंभीर साहित्य से एक बौद्धिक सघनता प्रदान करती है।" यहाँ आलोचकीय शैली अनायास आचार्य शुक्ल का स्मरण कराती है। साही द्वारा प्रस्तावित साहित्य का कोटि-क्रम निर्धारित करने की यह कसौटी आचार्य शुक्ल से, यद्यपि एक भिन्न स्तर पर कितना मेल रखती है! 'गोस्वामी तुलसीदास' के अन्तर्गत शील-निरूपण और चरित्र-चित्रण प्रसंग का आरंभ करते हुए रामचंद्र शुक्ल

लिखते हैं, ''रस संचार में आगे बढ़ने पर हम काव्य की उस उच्च भूमि में पहुँचते हैं जहाँ मनोविकार अपने क्षणिक रूप में ही न दिखाई दे कर जीवन-व्यापी रूप में दिखाई पड़ते हैं। इसी स्थायित्व की प्रतिष्ठा द्वारा शील-निरूपण और पात्रों का चरित्र-चित्रण होता है। कहने की आवश्यकता नहीं कि इस उच्च भूमि में आने पर फुटकरिए कवि पीछे छूट जाते हैं; केवल प्रबंध कुशल कवि ही दिखाई पड़ते हैं।'' यहाँ जोड़ा जा सकता है कि एक लंबे समय तक अलग-अलग आलोचनात्मक निबंध लिखने पर तोष न होने के कारण ही शायद साही ने जायसी जैसे बड़े कवि पर एक व्यवस्थित पुस्तक लिखने की बात सोची होगी। 'फुटकरिए कवि' की तरह इधर 'फुटकरिए आलोचक' भी बढ़ते गए हैं। साही उनसे अपने आप को 'जायसी' के द्वारा अलग कर लेते हैं।

जायसी पर लिखित कोई भी सार्थक आलोचना केन्द्र में 'पद्मावत' को रख कर चलती है। साही की उधेड़-बुन में प्रतिज्ञा है, ''अब हम अपनी उधेड़-बुन के उस केन्द्र में पहुँचते हैं जहाँ पूरी कथा की बनावट और जायसी की शिल्प-विधि के विश्लेषण की आवश्यकता है। वस्तुत: हमारी खोज पद्मावती की नहीं, पद्मावत की होनी चाहिए।'' पद्मावत की इस खोज में आलोचक पूरी रचना के विविध अर्थ-स्तरों और उनकी झंकार को समझना चाहता है; इस झंकार को 'प्रतिध्वनि' या 'प्रतिच्छाया' जैसा अभिनव अलंकार कह कर विस्तृत उदाहरणों के साथ रूपायित करता है। स्पष्ट ही यह आलोचना-कृति का हृदय-प्रदेश है। आधुनिक आलोचना के वैशिष्ट्य को रेखांकित करते हुए अन्यत्र कहा है, ''जीवन में अर्थ का संधान रचनाकार करता है और रचना में अर्थ का संधान आलोचक।'' साही की कृति 'जायसी' इस मान्यता का श्रेष्ठ उदाहरण प्रस्तुत करती है। 'प्रतिध्वनि' अथवा 'प्रतिच्छाया' का निरूपण करते हुए आलोचक ने संपूर्ण 'पद्मावत' को एक विलक्षण रूप से अंतर्ग्रथित रचना के रूप में प्रस्तुत किया है जो अपनी प्रकृति में मध्ययुगीन हिंदी की अकेली ट्रैजडी होते हुए भी यूनान की ट्रैजडी से भिन्न है। इस प्रसंग को समेटते हुए आलोचक लिखता है, ''पूरा काव्य अंतत: केन्द्रित, संपूर्ण और अखंडित बौद्धिक सघनता का प्रभाव छोड़ता है जो ट्रैजडी-जैसा होते हुए भी यूनानी अर्थ में ट्रैजडी नहीं है और जिसे मैंने जायसी की विषाद-दृष्टि कहा है।'' मध्ययुगीन रचना की आधुनिक आलोचक द्वारा ऐसी जीवंत व्याख्या सर्जनात्मक कोटि की आलोचना का प्रतिमान बनाती है, जहाँ रचना और आलोचना के युग-परिवेश एक-दूसरे से टकराते हुए निरंतरता की सृष्टि करते हैं, और जहाँ लगेगा कि रचना के हर चरित्र के बीच से रचनाकार स्वयं को अभिव्यक्त कर रहा है। रचनाकार की यह अविभाज्य सहानुभूति तब आलोचक के भीतर उतरती है और अर्थ तथा अनुभूति का विराट अद्वैत रचती है, जहाँ रचना का कोई एक अर्थ नहीं है, अनेक अर्थ भी नहीं हैं, वरन एक ही भाव बोध में कई स्तर परस्पर टकरा कर अर्थ का अद्वैत बनाते हैं। आलोचना-कृति इस दृष्टि से साही की 'जायसी' 'पद्मावत' और आचार्य शुक्ल की अंतरक्रिया को आगे बढ़ाती है।

आरंभ में साही की वैदुषिक साहित्यिक होड़/हिर्स का उल्लेख किया था। फिर कवि की अंतिम होड़ तो काल से होती है, जहाँ यह मान कर भी कि यह 'हारी होड़' है, वह एक भिन्न स्तर पर कहता है—'काल तुझसे होड़ है मेरी'। साही के व्यक्तित्व और कृतित्व में प्रसाद और शमशेर दोनों चरितार्थ होते हैं, और यह संयोग से कुछ अधिक है कि आलोचक-रूप में साही के आधुनिक काल में ये दोनों प्रिय कवि है।

जगदीश जी बनिये नहीं

❑

सन ५० के दशक में डॉ० जगदीश गुप्त के साथ कई प्रसंगों में भागीदारी करने का अवसर हुआ। उन दिनों प्रयाग में नये लेखकों की संस्था 'परिमल' अपने पूरे वैभव पर थी। मेरे मन में भी उस संस्था और उसके सदस्यों के प्रति एक सहज आकर्षण था। **'परिमल'** के कई विशिष्ट सदस्य विश्वविद्यालय में अध्यापक थे। सन ५३ के अंत में मुझे भी विश्वविद्यालय के हिन्दी-विभाग में नियुक्ति मिल गयी थी, जहाँ मुझसे पहले डॉ० रघुवंश, डॉ० जगदीश गुप्त तथा धर्मवीर भारती आ चुके थे। अंग्रेज़ी विभाग में श्री विजयदेवनारायण साही लगभग उन्हीं दिनों पहुँचे थे। यों, यह मित्र-मण्डली विश्वविद्यालय परिसर और साहित्य-क्षेत्र दोनों में समान-रूप से सक्रिय थी। जगदीशजी के साथ कई संदर्भों में साझेदारी होती थी। एक तो यह कि **'नयी कविता'** पत्रिका के प्रवर्त्तन और संपादन में हम दोनों साथ थे। अनौपचारिक रूप से तो उपर्युक्त सभी मित्र उसके संयोजन में भाग लेते थे पर संपादकों में डॉ० जगदीश गुप्त और मेरा नाम था। यों, नयी कविता की आरंभिक परिकल्पना से ले कर उसके विकास-क्रम में हम लोगों का साथ चलना हुआ। रोचक स्थिति यह थी कि नयी कविता के साथ-साथ ब्रजभाषा-काव्य में भी हममें से कई मित्रों की सहज रुचि थी। जगदीश जी की रुचि सक्रिय थी और वे स्वयं ब्रजभाषा में काव्य-रचना करते थे। यह अपने में एक इतिहास का रोचक तथ्य है कि कानपुर के सनेही स्कूल से जुड़े कवि ने किस प्रकार नयी कविता के आंदोलन में अग्रणी भूमिका निभाई। मेरी स्थिति यह थी कि मैं स्वयं ब्रज-क्षेत्र का निवासी था, और ब्रजभाषा पर शोध-कार्य कर रहा था। बाद में जब जगदीशजी का ब्रजभाषा-काव्य-संकलन **'छन्दशती'** प्रकाशित हुआ, तो मैंने उसकी विधिवत समीक्षा भी की। कविता के अतिरिक्त जगदीश जी की रुचि का दूसरा क्षेत्र चित्रकला था। ५० के दशक में तैल रंगों से उन्होंने कुछ स्वप्न और यथार्थ को मिला कर चित्र रचना की थी। यह संयोग था कि उसी अवधि में मैंने प्रख्यात कला-समीक्षक हरबर्ट रीड की पुस्तक **'सुररियलिज़्म'** ध्यान से पढ़ी थी, जिसमें स्वभावतः इस कला-आंदोलन की अनेक कृतियाँ भी उद्धृत थीं। मैंने **'सुररियलिज़्म'** के अपने आरंभिक ज्ञान को जगदीशजी की इस नई चित्रमाला से जोड़ा। दोनों में कुछ बुनियादी साम्य लक्षित हुआ, जिससे प्रेरित हो कर मैंने उन चित्रों की एक समीक्षा लिखी 'जगदीश के अतियथार्थवादी चित्र।' भाव यह था कि इस समीक्षा को दिल्ली की किसी कला-पत्रिका में छपने भेजा जायेगा। पर एक तो हिंदी में कला-पत्रिकाओं की संख्या ही तब नगण्य थी, और दूसरे चित्रकला के क्षेत्र में कुछ अपने बँधे-बँधाये संप्रदाय थे जो अपने को बंबई, कलकत्ता या दिल्ली-जैसे महानगरों तक ही सीमित रखते थे। इन परिस्थितियों में वह चित्रकला विषयक आलोचना प्रयाग के 'भारत' पत्र के रविवासरीय विशेषांक में छपी। इन कई समान अभिरुचियों के कारण जगदीश जी को

निकट से देखने-समझने के अनेक अवसर मिले और उनके साथ पारिवारिक स्तर पर गहरे भावात्मक संबंध भी विकसित हो गये।

स्पष्ट ही तब जगदीश गुप्त के बारे में अनेक संस्मरण मन में उभरते हैं, जिनमें से केवल एक को सुना कर मैं अपनी बात पूरी करूँगा। इस संस्मरण के पीछे भी हम लोगों का एक समान काव्य-व्यसन काम कर रहा है। भारतीजी, जगदीशजी, साही साहब और बाद में विपिन अग्रवाल के साथ हम लोग अनेक बार कठिन तुकों का निर्वाह, और यमक-श्लेष जैसे प्रयोग बातचीत में प्राय: करते थे। इस क्षेत्र में हम लोगों के गुरु भिन्न थे। डॉ० रामशंकर शुक्ल 'रसाल' यहाँ पर जैसे हमें प्रेरित करते हों। एक अवसर हुआ जब तीन खंडों में महादेवी वर्मा की रचनावली का विमोचन करने के लिए रामधारी सिंह 'दिनकर' पटना से यहाँ आये। आयोजन प्रयाग महिला विद्यापीठ के प्रांगण में था। विमोचन और महादेवीजी तथा दिनकर की वक्तृताओं के बाद खुले परिसर पर चाय का कार्यक्रम था। हम लोग अपने-अपने हाथ में खाने की प्लेट और चाय के प्याले लिये हुए घूम-घूम कर एक-दूसरे से बात कर रहे थे। दिनकर जी प्रमुख अतिथि थे और सब मित्रों के पास पहुँच कर थोड़ा-थोड़ा समय बिता रहे थे। कुछ देर में वे वहाँ पहुँचे जहाँ मैं और जगदीश जी खड़े चाय-पान में संलग्न थे। दिनकर जी ने जगदीशजी की पीठ पर अपने स्नेहाधिकार के साथ हाथ रखा और कहा कि जगदीश आजकल क्या काम चल रहा है? जगदीशजी ने दिनकर की उस सहज जिज्ञासा को शायद कुछ अधिक गंभीरता के साथ लिया और वे सचमुच बताने लगे प्रागैतिहासिक चित्रकला के बारे में जिस संदर्भ में उन दिनों वे कुछ सघन अध्ययन कर रहे थे। दिनकर जी से बात करने की इच्छुक प्रसिद्ध कवयित्री चन्द्रमुखी ओझा 'सुधा' भी वहाँ आ पहुँचीं। थोड़ी देर तक सब लोग प्रागैतिहासिक चित्रकला और आधुनिक कला के संबंध में जगदीशजी की व्याख्या को ध्यान से सुनते रहे। पर कुछ देर बाद 'सुधा' जी का धीरज जैसे कुछ टूटा हो। उन्होंने बीच में ही टोक कर कहा कि अरे! जगदीश, सुना है तुमने नया घर बनवा लिया है। जगदीश गुप्त उन दिनों नागवासुकी क्षेत्र में निर्मित अपने नये आवास में आ चुके थे। सुधाजी ने इसी ओर संकेत करते हुए कहा कि नये घर में आ गये और हम लोगों को कुछ खिलाया-पिलाया भी नहीं। रहे बनिये के बनिये! अब हम सब लोग, जो उस समय कला की गहन बारीकियों में डूबे हुए थे, एकदम से स्तब्ध रह गये। ऊपर के स्तर से एकदम ज़मीन पर आना पड़ा। स्वभावत: जगदीशजी कुछ अप्रतिभ-से हो गये कि अचानक इस हमले का वे क्या जवाब दें। तभी एक काकु-श्लेष का प्रयोग करते हुए मैंने स्थिति सँभालने का उपक्रम किया। मेरे मुँह से सहज ही निकला, जगदीशजी बनिये नहीं! और मेरे वाक्य के निकलते ही जगदीशजी ने मुझे गले से लगा लिया और कहा कि बड़े संकट से तुमने मुझे उबारा। मैं क्या उत्तर देता सिवा इस अनुभव के कि जो यमक-श्लेष विद्या जगदीशजी के साहचर्य में सीखी थी, उससे कुछ उऋण होने का जैसे अचानक अवसर मिल गया हो।

विपिन कुमार अग्रवाल : नयी शती का संक्रमण

❑

प्रसिद्ध जर्मन दार्शनिक-वैज्ञानिक हैकेल के ग्रंथ 'रिड्ल ऑफ़ द यूनिवर्स' का 'विश्वप्रपंच' शीर्षक से, वर्तमान शती के आरंभिक चरण (१९२० ई०) में, अनुवाद करके रामचंद्र शुक्ल ने उसे एक सौ पृष्ठों की लंबी भूमिका से मंडित किया। इस भूमिका के समापन अंश में आचार्य ने लिखा, "अब जिन्हें मैदान में जाना हो वे नाना विज्ञानों से तथ्य संग्रह करके सीधे उस सीमा पर जाँय जहाँ दो पक्ष अड़े हुए हैं—एक ओर आत्मवादी, दूसरी ओर अनात्मवादी; एक ओर जड़वादी, दूसरी ओर नित्य चैतन्यवादी। यदि चैतन्य की नित्य सत्ता सर्वमान्य हो गई तो फिर सब मतों की भावना का समर्थन हुआ समझिए क्योंकि चैतन्य सर्वस्वरूप है। नाना भेदों में अभेद दृष्टि ही सच्ची तत्त्व दृष्टि है। इसी के द्वारा सत्य का अनुभव और मतमतांतर के रागद्वेष का परिहार हो सकता है।" उद्धरण के परिदृश्य को समझते हुए कह सकते हैं कि इस शती का यह केन्द्रीय द्वन्द्व रहा है—आत्मवाद बनाम अनात्मवाद, अध्यात्म बनाम विज्ञान।

इस द्वन्द्व को निबेटने का एक ढंग हो सकता था जो व्यंग-कहानी में भगवती बाबू के 'दो बाँके' ने अपनाया—

> "इस पार वाले बाँके ने कहा—उस्ताद, झगड़ा किस बात का है?
>
> उस पार वाले बाँके ने कहा—उस्ताद, यही तो मैं भी समझ नहीं पा रहा हूँ।
>
> इस पार वाले बाँके ने कहा—उस्ताद, पुल के इस तरफ़ वाले हिस्से का मालिक मैं।
>
> उस पार वाले बाँके ने कहा—उस्ताद, पुल के इस तरफ़ वाले हिस्से का मालिक मैं।
>
> और दोनों ने साथ कहा—पुल की दूसरी तरफ़ से न हमें कोई मतलब है और न हमारे शागिर्दों को।
>
> दोनों के हाथ ढीले पड़े—दोनों ने एक-दूसरे को सलाम किया और फिर दोनों घूम पड़े। छाती फुलाये हुए दोनों बाँके अपने शागिर्दों में आ मिले। बिजली की तरह यह ख़बर फैल गई कि दोनों बाँके बराबर की जोड़ छूटे और उनमें सुलह हो गई।"

नये कवि और रचनाकार विपिन कुमार अग्रवाल के यहाँ ढंग दूसरा है। उनके यहाँ कविता में विज्ञान का हस्तक्षेप है, और विज्ञान में कविता का; आत्मवाद और अनात्मवाद एक-दूसरे में गुँथे हुए हैं, पुल के इस तरफ़ भी और उस तरफ़ भी। दोनों बाँकों का अधिकार-क्षेत्र यों दोनों तरफ़ है, फिर भी 'लाशें गिरने' की संभावना नहीं बनती।

कविता में विज्ञान का हस्तक्षेप कई आधुनिक कवियों-रचनाकारों में द्रष्टव्य है। पर विज्ञान में कविता का हस्तक्षेप विपिन के सर्जनात्मक साहस में ही संभव है। उच्च भौतिकी की उनकी अन्तर्राष्ट्रीय पाठ्य कृति 'क्वान्टम मेकैनिक्स एण्ड 'फ़ील्ड थिएरी' (१९७६) के अनेक अध्यायों के शीर्ष पर कबीर-तुलसी, रत्नाकर-हरिऔध, प्रसाद-निराला की पंक्तियों को उद्धृत करना। अभिप्राय, यह विपिन के रचनाकार-चिंतक वैज्ञानिक का वैशिष्ट्य है। उदाहरण के लिए पहले अध्याय का शीर्षक है—Wave-Particle Duality। उसके नीचे कबीर की यह पंक्ति लगी है—

जोगी के जोगिन होई बैठी, राजा के घर रानी।

यह सब कौतुक-कौतूहल का चरित्र नहीं, वरन तत्त्व की समझ बुनियादी तौर पर पकड़ने की कोशिश है। दो संस्कृतियों—मानविकीय और वैज्ञानिक—को मिलाने का कठिन कार्य उन्होंने यों व्यवहारत: संपन्न किया है। आचार्य शुक्ल ने विज्ञान और दर्शन के क्षेत्र में आत्मवाद-अनात्मवाद के द्वन्द्व का चित्र खींचा, वहीं प्राय: उसी कालावधि—वर्तमान शती के तीसरे दशक—में प्रसाद उनके भी अद्वैत तक पैठना चाहते हैं। 'कामायनी' के आरंभ में ही उपपत्ति है—

एक तत्त्व की ही प्रधानता
कहो उसे जड़ या चेतन।

यह आकस्मिक नहीं कि रामचंद्र शुक्ल के उत्तराधिकारी रामविलास शर्मा ने अपने उत्तरकालीन लेखन (दिल्ली विश्वविद्यालय द्वारा प्रकाशित इतिहास-ग्रंथ चतुष्टय : 'इतिहास और समकालीन परिदृश्य' : १९९२-९६ या कि 'भारतीय साहित्य की भूमिका' : १९९६) में तत्त्व-चिंतन के ये बुनियादी प्रश्न बार-बार उठाए हैं। प्रसाद की उपपत्ति को स्मरण करें तो लगता है कि 'जड़' कहो तो रामविलास शर्मा, 'चेतन' कहो तो रामचंद्र शुक्ल, तत्त्व एक ही है। विपिन की समझ इस प्रसंग में प्रसाद के निकट है।

दर्शन और साहित्य की बड़ी पुरानी संगति रही है। दोनों एक-दूसरे को शत्रु भाव से भी देखते हैं और एक-दूसरे के उपकारक भी हैं। दर्शन-साहित्य-विज्ञान की त्रयी अपेक्षया कठिन और असाधारण रही है। विपिन ने इस कठिन त्रयी को साधा है। शिक्षा-दीक्षा-वृत्ति से वे उच्च कोटि के भौतिक विज्ञानी थे, स्वभाव से कवि-कलाकार और शौक से सौन्दर्यशास्त्री। कहना न होगा ये सभी तत्त्व उनके यहाँ बड़े सहज भाव से घुल-मिल गए हैं, जिसका बहुत सटीक प्रमाण है उनकी भाषा, जिसमें कहीं गृहिणी बोलती लगेगी तो कहीं पाठशाला का विद्यार्थी और कहीं चौराहे पर विचरने वाला युवक। उनके विधान में नाटकीय या कि असाधारण कुछ भी नहीं है, यद्यपि जैसा कहा गया उनके व्यक्तित्व जैसा संपुंजन अपने में एकदम असाधारण है।

विपिन की लंबी कविता 'नंगे पैर' यों खुलती है—

सुनती हो

जो चलता है और नहीं चलता

जो दूर है और पास भी
जो इस सबके भीतर है और
इस सब के बाहर भी
वही वह है जो मैं हूँ

लगेगा कि वेद की ऋचा और विज्ञान का समीकरण दोनों यहाँ एक साथ बोलते हैं, और घर-आँगन की भंगिमा में। हिंदी साहित्य की मूल परिवारी संवेदना यों विपिन में बड़े गहरे परिव्याप्त है, उनकी कविता और नाटकों में तथा उनके विस्तृत चित्रांकन में भी। आधुनिक ज्ञान-विज्ञान के तमाम ठाठ को उन्होंने निपट तद्भव बनाया है, लोक या देशी नहीं। क्योंकि तत्सम में यदि एक प्रकार का आग्रह है तो लोक में एक-दूसरे प्रकार का, और रचनाकार की जैसे मूल प्रतिज्ञा है—कैसे भी आग्रह से अपने को मुक्त रखने की। यह निराग्रही भाव रचना में, जैसे कि चिन्तन में, विपिन का अपना वैशिष्ट्य है।

विपिन-रचनावली की यह भूमिका प्रसन्नता और विषाद की मिली-जुली छाया में लिखी जा रही है। यह मिलावट ही कमती-बढ़ती मात्रा में जीवन का रूप है, जो क्रमशः फैलती हुई अपने चरम पर जा पहुँचती है। साहित्य-चर्चा के लिए यह एक प्रकार से उपयुक्त मनःस्थिति है। इस रचनावली के पृष्ठों में 'कहीं-कहीं साहित्यिक यात्रा के चित्र भी झलक जाते हैं। सच पूछा जाए तो एक रचना-पीढ़ी की पूरा दस्तावेज़ है यह। यह प्रसन्नता की बात है कि विपिन की कुछेक अप्रकाशित कविताएँ यहाँ पहली बार देखने को मिलती हैं, जो उनके पूरे रचना-काल के विकास-क्रम से जुड़ी हुई हैं। यों रचनाकार का एक समग्रतर जीवन-चित्र हमारे सामने आता है।

बिना नाटकीयता के नाटक, बिना कहानी का उपन्यास, बिना काव्यत्व के कविता—इस सारे रचना-विधान के पीछे विपिन की एक ही मान्यता सक्रिय है कि 'जो कम जी कर ज़्यादा जी सकता है, वही कम कह कर, ज़्यादा कह सकता है; और जो दोनों कर सकता है वह कवि है।' आधुनिक सभ्यता में मनुष्य की औसत आयु बढ़ी है, पर जीने की अवधि जैसे कम हुई है; तब मित का महत्त्व बढ़ना स्वाभाविक है। विपिन ने अपने पूरे रचना-कर्म में इस नयी ज़रूरत को रेखांकित किया है—बोलना कम तो कहना अधिक।

इस रचनावली में बिरमते आपको लगेगा कि यहाँ दो शताब्दियों का ही संक्रमण नहीं, विविध विचार और अनुभव-सरणियों का भी संक्रमण है। देश-काल-अनुभव-विचार एक-दूसरे में फेंट कर मिला दिए गए हैं, प्रजापति की रचना और वैज्ञानिक का विस्मय यों घुले-मिले हैं। विपिन की कविताओं और नाटकों, उपन्यास तथा अन्य गद्य-रूपों में यह समंजन बड़े सहज भाव से देखा जा सकता है। इस स्तर पर उनकी रचनावली परंपरा और प्रयोग का विलक्षण समागम है, और सटीक उदाहरण।

यह भूमिका रचना की तरह स्वयं भी बोले कम और कहे अधिक तो यही काम्य है।

विद्यानिवास मिश्र : सामंजस्य और समन्वय के बीच

❑

आचार्य रामचंद्र शुक्ल के लेखन में दो प्रसंग आते हैं—समन्वय और विरुद्धों का सामंजस्य। ऊपर से एक जैसे दिखने के बावजूद दोनों के बीच गुणात्मक भेद लक्षित किया जा सकता है। दोनों के उद्धरण प्रस्तुत हैं—'जीवन की पूर्णता कर्म, ज्ञान और भक्ति तीनों के समन्वय में है,' तथा 'विरुद्धों का यही सामंजस्य कर्मक्षेत्र का सौंदर्य हैं। अंतर यह लगेगा कि समन्वय का प्रयत्न कुछ हलका है, जब कि विरुद्धों के सामंजस्य के लिए प्रयत्न उद्दाम होगा। और यह भी कि समन्वय का क्षेत्र अपेक्षया सीमित है, विरुद्धों के सामंजस्य का विस्तृत। अलग-अलग व्यक्तियों में, स्पष्ट ही, ये दोनों प्रकार के प्रयत्न अलग-अलग अनुपात में होंगे। तब यह भी अपेक्षित है कि ऐसे व्यक्तित्व में चिंतन और कर्म का उचित संयोग हो।

इन जीवन-शैलियों के संदर्भ में पंडित विद्यानिवास मिश्र के जैसे संश्लिष्ट व्यक्तित्व का विवेचन प्रासंगिक होगा। व्यक्तित्व वस्तुतः जितना प्रबुद्ध और जटिल होगा इन दो स्तरों के बीच आरोह-अवरोह उतना क्षिप्र रहेगा। समन्वय की अवधारणा यदि तुलसी की व्यवस्था का स्मरण कराती है तो विरुद्धों का सामंजस्य कबीर के विद्रोह का ध्यान दिलाता है। इन दो महाकवियों के बीच हिंदी क्षेत्र का अधिकतर जातीय जीवन परिचालित होता है, जिसका एक श्रेष्ठ मानक विद्यानिवास का व्यक्तित्व है, जो चिंतन और कर्म दोनों से बराबर जुड़ा है। वस्तुतः तो हिंदू परंपरा अपने में विरुद्धों के सामंजस्य और उत्कट आत्मालोचन-क्षमता का उत्कृष्ट रूप है, कबीर जिसके श्रेष्ठ प्रतिनिधि कहे जा सकते हैं। जनमानस में वर्णाश्रम धर्म के समर्थक तुलसी, और विरोधी कबीर साथ-साथ बसे हैं, यह फिर किसी क़दर इसी विरुद्धों के सामंजस्य का एक और साक्ष्य कहा जा सकता है।

विद्यानिवास के व्यक्तित्व में उपर्युक्त जीवन-मूल्यों की व्यावहारिक परिणति कई स्तरों पर द्रष्टव्य है। व्यवस्था के संदर्भ में टकराहट पहले आती है। व्यवस्था विश्वविद्यालय की हो सकती है, पत्रकारिता की या फिर सीधे प्रकाशन की। कहाँ भिड़ना है, कहाँ रण छोड़ देना है, कहाँ प्रतीक्षा करना है, इसका निर्णय वे तर्क से नहीं, सहज बुद्धि से करते हैं। विश्वविद्यालय-तंत्र से उन्हें बरसों संघर्ष करना पड़ा, पर वे झुके नहीं, और विजय ले कर रहे। पत्रकारिता के क्षेत्र में वे 'टाइम्स' संस्थान में कई बरस थे, ऐसी अवधि में जब कि भारतीय राजनीति तीखा मोड़ ले रही थी, पर अपनी सहानुभूति और पक्षधरता के बीच उन्होंने बराबर विवेक किया। प्रशासन से टकराने का एक मुख्य क्षेत्र भाषा का होता है, पर इस प्रश्न से जूझते-जूझते लगता है, सबने इसे एक अनायास सहमति के आधार पर 'महाबली काल के हवाले कर दिया' है।

व्यवस्था से कहीं अधिक व्यापक और दीर्घकालीन क्षेत्र होता है संस्कृति और सभ्यता का। यहाँ पिछली कई शताब्दियों से टकराहट चल रही है पश्चिम के फैलते आक्रांतकारी दबाव से। पाँच हज़ार वर्षों के सुदीर्घ इतिहास में भारतीय संस्कृति को इतनी विषम चुनौती का सामना नहीं करना पड़ा। 'महामानव समुद्र' में जैसे कुछ हठी प्रदूषण आ गया हो। विवेकानंद-दयानंद से ले कर तिलक और गांधी, रवीन्द्र, बंकिम, सुब्रह्मण्य भारती और भारतेंदु हरिश्चंद्र सब जैसे राष्ट्रीय जीवन की इस केन्द्रीय समस्या से जूझते रहे। आधुनिक हिंदी साहित्य की मुख्य रचना-चिंता यही रही है, मैथिलीशरण गुप्त, प्रसाद, निराला, प्रेमचंद, रामचंद्र शुक्ल, अज्ञेय और रामविलास शर्मा का विपुल साहित्य जिसका प्रमाण है।

विद्यानिवास मिश्र अपनी मनोवृत्ति और वैदुषिक सज्जा के अनुकूल इस सांस्कृतिक चुनौती से टकराते हैं। यहाँ उनकी तैयारी में पाणिनि शामिल हैं तो नयी कविता भी। यों भारतीय रचनात्मकता के एक लंबे इतिहास का अवगाहन करते हुए वे पश्चिम के सामने पहुँचते हैं। भाषा विज्ञान-कविता, धर्म-संस्कृति के विविध पक्षों पर वे अपना दृष्टिकोण प्रस्तुत करते हैं, जो उनकी सहज निष्ठा के कारण दूसरे पक्ष को फिर सहज स्वीकार्य होता है। यहाँ समन्वय नहीं, विरुद्धों का सामंजस्य उनका निर्देशक सिद्धांत बनता है। विवाद के आगे वे क्रमशः संवाद की भूमिका में पहुँच जाते हैं। हिंदी-अंग्रेज़ी के उभयपक्षी अनुवाद-कार्य में उनका अज्ञेय, लैनर्ड नैथन कुछ अन्य अमरीकी मित्रों के साथ रचनात्मक सहकार रहा। विरुद्धों का सामंजस्य की इस प्रक्रिया को क्रमशः विकसित करने में विद्यानिवास को अपने गुरुजनों तथा वरिष्ठ मित्रों, जैसे क्षेत्रेश चट्टोपाध्याय, श्रीनारायण चतुर्वेदी, राहुल सांकृत्यायन तथा अज्ञेय से बहुत-कुछ सीखने-समझने को मिला, जिन सबने अपने-अपने ढंग से अपने कार्य-क्षेत्रों तथा व्यक्तिगत जीवन में इस पद्धति को उतारा था। यह संयोग से कुछ अधिक है कि भारत-पश्चिम संवाद के क्रम में इन दिनों डॉ० मिश्र एक अमरीकी-भारतीय संस्थान के लिए हिंदू धर्म-संस्कृति का विश्व-कोश तैयार कर रहे हैं।

संस्कृत-अंग्रेज़ी पर अधिकार और अपनी बोली भोजपुरी से सहज लगाव के बावजूद विद्यानिवास मिश्र के व्यक्तित्व की निष्ठा परिनिष्ठित हिंदी में है, जहाँ उनकी चारित्रिक दृढ़ता का स्रोत है। वे पिएँगे कॉफ़ी, पर पिएँगे स्टील के गिलास में। यह कुछ वैसा ही दृश्य बनता है जैसा आचार्य शुक्ल ने 'काव्य में लोक-मंगल की साधनावस्था' में बताया है—किसी उघारे बदन पंडित को धाराप्रवाह अंग्रेज़ी बोलते देखने का। व्यक्तिगत संदर्भों में उनकी व्यापक उदारता कहीं कमज़ोरी है, कहीं व्यावहारिकता के दबाव में है, तो बहुत बार अपने सरल निश्छल रूप में है। कहीं समन्वय कहीं सामंजस्य, तो कहीं बीच की छायाएँ भी। देश की सुदीर्घ परंपरा के ज्ञान और दबाव के बीच व्यक्तित्व की स्वाधीनता में विद्यानिवास मिश्र की आस्था अडिग है। उसी के सम्मानार्थ ये कुछ शब्द!

प्रो० मुरलीमनोहर जोशी : सांस्कृतिक विचलन और सांस्कृतिक वर्चस्व के बीच संतुलन की तलाश

❑

भारतीय स्वतंत्रता संग्राम के दौर में नेतृत्व बुद्धिजीवी वर्ग—वकील, डॉक्टर, प्राध्यापक, पत्रकार का था, जनसाधारण उन्हें पीछे से शक्ति देता चलता था। स्वतंत्रता प्राप्ति के बाद स्थिति बदली है। आज नेतृत्व धीरे-धीरे जन सामान्य के हाथों में आ रहा है, जो नवविकसित जनतंत्र की प्रकृति के अनुरूप ही है। पर चिंता की बात यह है कि जन सामान्य के उत्साह अतिरेक से घबरा कर बुद्धिजीवी वर्ग राजनीति से इधर उपराम हुआ है। आवश्यकता इस बात की है कि देश की राजनीति में जन सामान्य के इस उत्साह अतिरेक को अनुशासित, और मर्यादाओं को अक्षुण्ण रखने के लिए सक्रिय राजनीति में बुद्धिजीवी की दृश्य भूमिका रहे। डॉ० मुरली मनोहर जोशी हमारी इस राष्ट्रीय आवश्यकता की पूर्त्ति करने वाले श्रेष्ठ उदाहरणों में हैं। एक समय था जब तिलक, गांधी, मौलाना आज़ाद, जवाहरलाल नेहरू, आचार्य नरेन्द्र देव, संपूर्णानंद, डॉ० राममनोहर लोहिया के बारे में यह निर्णय करना कठिन था कि वे राष्ट्र नेता अधिक हैं या विद्वान मनीषी। आज शायद उसी तरह नेता और अपराधी के बीच में फ़र्क करना मुश्किल होता जा रहा है। ऐसे में हमें राधाकृष्णन, ज़ाकिर हुसैन तथा वर्तमान राष्ट्रपति कलाम, मनमोहन सिंह और मुरली मनोहर जोशी, सिद्धेश्वर प्रसाद और विष्णुकांत शास्त्री जैसे प्रोफ़ेसरों की भूमिका को विशेष रूप से रेखांकित करना होगा। यह ठीक है कि इन प्राध्यापकों की राष्ट्रीय आंदोलन के दौर में कोई अग्रणी स्थिति न थी, पर इन्होंने ज्ञान-विज्ञान के क्षेत्र में जो विशिष्ट योगदान किया है, उसके कारण समकालीन राजनीति में इनका चरित्र पुष्ट और विश्वसनीय हो कर उभरा है। राजनीति और अपराध के बढ़ते सहकार में ऐसे गुरुओं का व्यक्तित्व सामूहिक स्खलन को किसी क़दर रोक सकता है।

डॉ० जोशी उच्चस्तरीय भौतिकी के शोधकर्त्ता, कुशल प्राध्यापक, भारतीय भाषा-संस्कृति के पक्षधर और विश्वसनीय मित्र तथा वैसे ही विश्वसनीय विरोधी हैं। कहना न होगा, इनमें से अनेक मूल्यों की समकालीन राजनीति को बेहद अपेक्षा है पर प्रसिद्ध हिंदी आलोचक तथा विचारक नामवर सिंह को ऐसा समवाय कहीं प्रतिक्रियावादी और अनुपयुक्त समझ में आता है। संदर्भ है, उनकी दृष्टि में उत्तर प्रदेश के सांस्कृतिक पतन का, जिसके कुछ उदाहरण वे प्रस्तुत करते हैं। अपने समय के उत्तर प्रदेश

तथा काशी हिंदू विश्वविद्यालय के बौद्धिक परिदृश्य पर विचार करते हुए वे कहते हैं—

''जिस इलाहाबाद में 'सरस्वती' पत्रिका निकली, उसमें २० साल तक लगातार विज्ञान पर छपा, वहीं के मुरली मनोहर जोशी वैदिक ज्योतिष ला रहे हैं...उत्तर प्रदेश में माध्यमिक कक्षाओं में उर्दू पढ़ाई जाती थी। १९४७ के बाद संपूर्णानंद ने इसे बंद करवा दिया तभी से ग़लत हिंदी लिखने वाले पैदा होने लगे। मुझे याद है कि जयंत विष्णु नार्लिकर के पिता पर (बिना नामोल्लेख के 'पिता' से आशय काशी हिंदू विश्वविद्यालय के प्रसिद्ध गणित-प्रोफ़ेसर विष्णु वासुदेव नार्लिकर से है) आध्यात्मिक प्रभाव कुछ ज़्यादा ही था और राष्ट्रीय स्वयंसेवक संघ की शाखाओं में जाने वाले सबसे अधिक शिक्षक विज्ञान एवं प्रौद्योगिकी के थे। ग़रज़ यह कि हिंदी क्षेत्रों में पिछले पचास सालों में कुछ ऐसा ज़रूर हुआ है जिससे सांप्रादायिकता इतनी बढ़ गई।'' (रविवारी जनसत्ता : ७-१०-२००१) अर्थात विज्ञान के साथ नामवरसिंह अध्यात्म को नहीं देखना चाहते। पता नहीं तब वे आइंस्टाइन से ले कर नोबुल विजेता सलाम के आध्यात्मिक रुझान को कैसे देखेंगे। वे महावीरप्रसाद द्विवेदी के 'सरस्वती' में विज्ञान लेखन को ठीक स्मरण करते हैं, पर उन्हीं द्विवेदीजी के उन निबंधों का क्या करेंगे जो उन्होंने १९२६ में 'आध्यात्मिकी' शीर्षक से इंडियन प्रेस से पुस्तकाकार छपवाये थे, और जो भी सब लेखक के शब्दों में ''सरस्वती में प्रकाशित हो चुके।'' (निवेदक) यहाँ ज्योतिष-प्रसंग में नामवर सिंह यह भी भूल जाते हैं कि उनके पूज्य गुरुदेव और हिंदी के शीर्ष आलोचक तथा विचारक हज़ारी प्रसाद द्विवेदी के पास एक ही डिग्री थी—ज्योतिष की और एक समय था, उन्हीं के पत्राचार के अनुसार जब ज्योतिष उनकी आजीविका का साधन था। डा० हज़ारी प्रसाद द्विवेदी का लंबा पत्र बनारसीदास चतुर्वेदी के नाम, तिथि : १९-९-४५) उनके शीर्ष निबंध-संग्रह 'अशोक के फूल' का अंतिम लंबा निबंध 'भारतीय फलित ज्योतिष' है, जिससे उनकी अभिरुचि और आस्था का पता चलता है। पर इससे हज़ारी प्रसाद द्विवेदी सांप्रदायिक नहीं हो गए, और उनके शिष्य तो विशेष रूप से प्रगतिशील हुए। अपने ग्रंथ 'द मिलेनियम कबीर वाणी' (मनोहर : २००० ई०) की विस्तृत भूमिका में संपादक एम० कैलैवर्त्त ने आचार्य द्विवेदी पर कबीर को ब्राह्मणिक रंग देने ('ब्राह्मनिकल एप्रोप्रिएशन ऑफ़ कबीर') का जो आरोप लगाया है (पृ० १५) वह एक अलग संदर्भ है।

इस सब के बीच समझ में यह आता है कि पश्चिमीकरण और आधुनिकता का समीकरण कुछ इस रूप में प्रतिपादित हुआ है, जिससे भारतीयता और अध्यात्म रूढ़िवाद के परिचायक हो गए हैं। प्रगति का मानदंड पश्चिम से आता है। मास्को-लन्दन-वोंशिग्टन से और तब अनायास १८५४ ई० में संसदीय समिति के समक्ष प्रस्तुत सर चार्ल्स ई० ट्रैविलियन का वह प्रतिवेदन स्मरण हो आता है, जिसमें उन्होंने तत्कालीन भारत में प्रचलित विविध शिक्षा-पद्धतियों की राजनैतिक प्रवृत्तियों की व्याख्या की थी। सर चार्ल्स लिखते हैं—''हमारे लिए एक ही उपाय रह जाता है कि

हम देसी जनों को यूरोपीय सुधारों की ओर अग्रसारित करें, जिसमें उनकी ख़ासी रुचि पहले से हो गई है। तब प्राचीन भारतीय धरातल पर स्वतंत्रता की उनकी कामना ही समाप्त हो जाएगी। कोई आकस्मिक परिवर्त्तन तब असंभव हो जाएगा और भारत से हमारा लंबा निर्बाध संबंध सुनिश्चित हो जाएगा... शिक्षित वर्ग तब हमसे चिपके रहेंगे। कोई ऐसा वर्ग नहीं हमारे शासितों के बीच, सिवा उन जनों के जिनसे शिक्षा-दीक्षा अंग्रेज़ी ढाँचे में हुई है, जिनके लिए हमारी उपस्थिति इतनी ज़रूरी हो! वे किसी भी देसी शासन को बर्दाश्त नहीं कर सकते, वे हर तरह से डरेंगे ऐसे किसी देसी शासन से। भारतीय जन हमारे प्रति वैसा रुख़ रखेंगे जैसा एक ज़माने में हमारा रोमनों के प्रति था... प्रबल शत्रु होने के स्थान पर ब्रिटेनवासी सघन और विश्वासी मित्र हो गए; और उन्होंने रोमनों को अपने यहाँ बनाए रखने के लिए वैसे ही घनघोर प्रयत्न किए जैसे कि उनके पूर्वजों ने इस रोमन आक्रमण के प्रतिरोध में किए थे। अपनी बेहतर क्षमताओं के साथ, हमारे लिए यह शर्म की बात होगी, यदि हम भी [भारत से] अपने प्रयाण को वैसा ही ख़ौफ़नाक नहीं बना लेते।'' भारतीय इतिहास-लेखक का पूर्वज और मैकॉले का आत्मीय संबंधी, ट्रैविलियन अपनी परिकल्पना साकार करके दिखा रहा है, जब हमारे समकालीन बौद्धिक 'प्राचीन भारतीय धरातल पर स्वतंत्रता' को बलपूर्वक नकार रहे हैं। रोचक प्रसंग यह है कि पश्चिमीकरण का दबाव ऐसा गहरा है भारतीय समाज के इस वर्ग पर कि स्वयं पश्चिम के अनेक स्वतंत्र विचारकों की भारतीय-दृष्टि इधर कैसी हुई है, इस ओर उनका ध्यान नहीं जाता। सईद, हंटिंग्टन, ऑक्टेवियो पाज़, नीरद चौधरी, वी० एस० नायपाल जैसे लेखकों-विचारकों का नवीनतम भारत-मूल्यांकन क्या है, इसकी ओर से वे आँखें मूँदे हुए हैं। ऐसे अध्ययन-क्रम की शृंखला में नया नाम जुड़ता है कॉनरॉड एल्स की सांगोपांग कृति 'डिकॉलॉनाइज़िंग द हिंदू माइंड' (रूपा : २००१) का। इस समूचे क्रम में पूर्वी-भारतीय-हिंदू जीवन-मूल्यों की आंतरिक संगति और प्रासंगिकता को अपने-अपने ढंग से व्याख्यायित किया गया है।

लगभग इसी अवधि में प्रख्यात फ्रेंच पत्र 'ल फ़िगारो' के भारत स्थित संवाददाता फ्रॉक्का गोतिए का स्तंभ लेखन भी हमारा ध्यान आकर्षित करता है। उनका यह लेखन अधिकतर 'टाइम्स ऑफ इंडिया'/'इंडियन एक्सप्रेस' में द्रष्टव्य है। यहीं वे मुरली मनोहर जोशी द्वारा सांस्कृतिक आयोजनों के आरंभ में पुरस्कृत सरस्वती-वंदना का ज़ोरदार समर्थन करते हैं, और हिंदू जीवन-शैली का पक्ष स्पष्ट करते हैं। कुछ शीर्षक इस प्रकार है—'कार्टेज़ियन थॉट्स ऑन हिंदू स्टोन गॉड्स' (टाइम्स ऑफ़ इंडिया : ५-१-०१), 'इंडिया शुड वेक टु द आवर ऑफ़ गॉड' (वही : २-२-०१), 'व्हेयर इज़ अवर शिवाजी?' (इंडियन एक्सप्रेस : १७-१-२०००)। डॉ० जोशी को इस बात का श्रेय है कि ट्रेविलियन-मैकॉले द्वारा संस्थापित अंग्रेज़ी शिक्षा-दीक्षा के दौरान इतिहास-विज्ञान-साहित्य के क्षेत्रों में जो सांस्कृतिक विचलन आया उसके निवारण की ओर उन्होंने ध्यान दिया।

यह प्रसन्नता की बात है कि अपने १२ सितम्बर, २००२ के ऐतिहासिक निर्णय में उच्चतम न्यायालय ने धर्म-शिक्षा, और धार्मिक शिक्षा के बीच महत्त्वपूर्ण विवेक किया है। धर्म-शिक्षा हमारे संविधान के अनुकूल है, धार्मिक शिक्षा नहीं। इस निर्णय से राष्ट्रीय शैक्षिक अनुसंधान परिषद की पाठ्य पुस्तकों में डॉ० जोशी द्वारा प्रवर्त्तित संशोधन-परिवर्द्धन वैध ठहराए गए हैं। इस प्रसंग में बाएँ बाजू के बौद्धिकों की मुरली मनोहर जोशी से मूलत: एक ही शिकायत रही है, उन्हीं के नगर के यशस्वी कवि अकबर इलाहाबादी के शब्दों में—

रक़ीबों ने रपट लिखवाई है जा जा के थाने में।
कि अकबर नाम लेता है ख़ुदा का इस ज़माने में॥

मेरे विचार से उच्चतम न्यायालय के निर्णय के बाद यह शिकायत अब समाप्त हो जानी चाहिए।

किसी भी देश की संस्कृति अपने राष्ट्रीय स्वरूप में ऐसी सहज, जीवंत और गतिशील होती है कि कानून के द्वारा उसका रूप स्थिर नहीं किया जा सकता। राष्ट्रीय जीवन में न इसकी अपेक्षा होती है, और न यह सुकर ही है। आवश्यकता इस बात की है कि स्वयं समाज द्वारा पिछली कई शताब्दियों में आए सांस्कृतिक विचलन का निरसन किया जाए बिना किसी क्षेत्र में सांस्कृतिक वर्चस्व की अनुभूति को जगाए हुए। यही सांस्कृतिक राष्ट्रीयता का वास्तविक रूप होगा। शिक्षा-मंत्री के रूप में डॉ० जोशी भारतीय तथा परिचात्त्य, धर्म और विज्ञान, पुराने तथा नये के बीच यदि संतुलन की तलाश में हैं तो यह हर दृष्टि से उचित है। भारत हिंदू राष्ट्र और सेकुलर राज्य एक साथ रहा है और रहेगा, यह देखना-दिखा सकना शिक्षा-संस्कृति के आयोजन में केन्द्रीय दायित्व है।

निर्मला जैन : पुरानी दिल्ली की संस्कृति-नयी का वैदुष्य

❑

दिल्ली के साहित्य-जगत में 'न' की बारहखड़ी का वर्चस्व है—नगेन्द्र से ले कर नेमिचंद्र जैन तक। इस बारहखड़ी के बीच निर्मला जैन ने अपने व्यक्तित्व को बराबर स्वतंत्र बनाए रक्खा है और पूरे सौजन्य के साथ। स्वतंत्रता और सौजन्य के इस संयोग में नयी और पुरानी दिल्ली एक-दूसरे में घुलती-मिलती दिखती हैं। इस पृष्ठभूमि में निर्मला ने महिला-आरक्षण की न कभी कांक्षा की, न कभी उसका उपयोग किया, और न तो अतिरिक्त प्रभाव के लिए अपने ऊपर पुरुषत्व ओढ़ने की कोशिश की। नये युग की मानसिकता के अनुकूल उन्होंने श्रद्धा और इड़ा के चरित्रों को फेंट कर मिलाया है, जहाँ चौके से निकला यह लाक्षणिक प्रयोग अपनी विशिष्टता अलग रखता है। यों एक प्रबुद्ध महिला अपने लेखन और चिंतन से क्या कुछ कर सकती है, इसका एक नाम है निर्मला जैन।

दिल्ली जो एक शहर था...की झलक पूरे परिवार में द्रष्टव्य रही है, जिसके एक प्रतीक जैन साहब स्वयं थे, जिनके कुशल और बड़े हल्के निर्देशन में परिवार का क्रम-विकास होना रहा और अब जब वे नहीं हैं तो जैसे उनकी अदृश्य उपस्थिति सबको प्रेरित और संचालित करती है। उनके कारण ही यह संभव हो सका कि गृहस्थी और परिसर के दायित्वों का सफल संतुलन निर्मला कर सकीं—न एक से दूसरे को बाधित होने दिया और न एक का लाभ दूसरे के हित में उठाया, जो इस घनघोर परिग्रह के जमाने में बड़ा आदर्श है।

निर्मला जी का विशिष्ट कार्य-क्षेत्र आलोचना का रहा है, और बहुत कुछ इस व्यक्तित्व के अनुकूल ही वे कुशल वक्ता और सफल अध्यापक हैं। आलोचकीय निर्भीकता उनके लेखन का एक प्रमुख गुण है। उनकी दुबली-पतली पुस्तक 'हिंदी आलोचना : बीसवीं शताब्दी' (१९७५) अपने में आधुनिक आलोचना का बड़ा पुष्ट विवेचन है। आचार्य रामचंद्र शुक्ल ने अपने इतिहास के प्रथम संस्करण की भूमिका में समकालीन साहित्य पर कुछ लिखने के जोखिम की ओर ध्यान दिलाया था—"...क्योंकि वर्तमान लेखकों और कवियों के संबंध में कुछ लिखना अपने सिर एक बला मोल लेना ही समझ पड़ता था।" फिर यह 'बला' कुछ और बढ़ जाती है जब लिखना वर्तमान आलोचकों के संबंध में हो। पर इस संदर्भ में निर्मला का विश्लेषण और विवेचन एकदम स्वच्छ, संतुलित और निर्भीक है। डॉ० नगेन्द्र पर अपने विवेचन को समेटते हुए वे टिप्पणी करती हैं, "इस प्रकार उनका आलोचक व्यक्तित्व क्रमश: साधनावस्था से सिद्धावस्था की ओर ही बढ़ता रहा है।" हिंदी आलोचना में

आचार्य शुक्ल के प्रसिद्ध प्रयोग से 'साधनावस्था' और 'सिद्धावस्था' जैसे नाम-पारिभाषिक हो गए हैं। तब यह स्पष्ट है कि साधनावस्था से सिद्धावस्था की ओर बढ़ना एक तरह की वैचारिक कठोरता का ही परिचायक है। पर अपने गुरु और एक तरह से वैदुषिक अभिभावक की इस शैलीगत कमी की ओर निर्मला बड़े संयत भाव से संकेत करती हैं। यह निश्चय ही उच्च कोटि की आलोचकीय निष्ठा का साक्ष्य है, जिसके उनके लेखन में अन्यत्र भी भरपूर उदाहरण मिलेंगे। यह निष्ठा बनी रहे और वर्द्धनशील हो, इससे बड़ी शुभकामना उनका कोई सहकर्मी नहीं कर सकता। ये पंक्तियाँ भी इसी शुभकामना का रूप हैं, चाहे तो स्वरूप कह लें।

फ़िराक़ की फ़िराक़ियत

❑

फ़िराक़ का भी कुछ 'अंदाज़े बयाँ', और अंदाज़े ज़बाँ 'और' है यदि, तो वह क्या है, आलोचनात्मक जिज्ञासा का यह मूल बिंदु कहा सकता है। और यहीं से बात शुरू करनी है। उर्दू कविता में यों भी बात का अद्वितीय महत्त्व है, जिसकी कुछ विस्तृत चर्चा आगे होगी। 'फ़िराक़' अपने में अमूर्त्त संज्ञा है, जिसमें वियोग, चिंता और खोज के भाव अब एक-दूसरे में लगे-लिपटे हैं, जैसे एक-दूसरे में से निकले हों। तब इस अमूर्त्त को और अमूर्त्त करके समझने की खोज फ़िराक़ जैसे सूक्ष्मदर्शी कवि-चिंतक के संदर्भ में सर्वथा योग्य है।

उर्दू काव्य-परंपरा में फ़िराक़ का व्यक्तित्व अपनी अपनी अलग विशिष्टता रखता है। यों तो यह वक्तव्य किसी भी बड़े कवि, और उसकी काव्य-परंपरा से रिश्ते को ले कर सच ठहरता है। पर फ़िराक़ में अलगाव की यह पहिचान जैसी साफ़ नज़र आती है, वैसी ही उसकी व्याख्या मुश्किल और उलझी हुई लगती है। फ़िराक़ अलग और विशिष्ट हैं तो अपनी तरह से, अपनी शर्तों पर। जैसे बड़ा गायक कलावंत तमाम घरानों की विशेषताओं से ऊपर उठ कर अपनी गायकी का स्वरूप कुछ अलग स्थापित करता है, महज़ अच्छा गा कर, कुछ उसी तरह फ़िराक़ उर्दू कविता में प्रचलित कविता-केन्द्रों—दिल्ली, लखनऊ, हैदराबाद से अपनी पहिचान अलग बनाते हैं, फ़िराक़ हो कर। यह फ़िराक़ होना क्या है, कुछ वैसा है? जैसा उनके समकालीन हिंदी कवि निराला के यहाँ राग-विराग का रूप। प्रस्तुत निबंध में इस विशिष्टता की व्याख्या का एक विनम्र यत्न होगा। फ़िराक़ पर पिछले कुछ समय से कहीं कुछ कहने और लिखने का अवसर हुआ है। प्रस्तुत आलेख में उस सामग्री का समाहार-जैसा है। ज़ाहिर है कि इस प्रबंध में पुनरावृत्तियाँ होंगी, पर कुछ नये विचार-बिंदुओं के आ जाने से उन्हें भी एक नयी दिशा मिल जाती है।

उर्दू में बात करना और कविता का बड़ा प्रीतिकर संयोग मिलता है। साधारणत: समझा जाता है कि बात करना भाषा का सबसे मामूली दैनंदिन उपयोग है, जबकि कविता भाषा का सबसे अधिक सुचिंतित सर्जनात्मक उपयोग—भाषा के इंद्रधनुष में दो सिरों के रूप! पर, जैसा कहा गया, उर्दू में बात बड़े सहज भाव से कविता बन जाती है। प्रसिद्ध शायरों ने बात की इस सरलता, और कठिनाई का भी, जगह-जगह ज़िक्र किया है। बहादुरशाह ज़फ़र को याद करें जब वे कहते हैं—"बात करनी मुझे मुश्किल कभी ऐसी तो न थी।" या फिर मिर्ज़ा ग़ालिब का ध्यान अनायास आता

है—"है कुछ ऐसी ही बात जो चुप हूँ/वर्ना क्या बात कर नहीं आती?" ख़ुद फ़िराक़ के यहाँ—"हम भी वही हैं, तुम भी वही हो/लेकिन अब वो बात कहाँ!" गली-मुहल्ले-बाज़ार की बातचीत, एकाएक उठ कर दरबार और शिष्टजनों की शायरी बन जाती है, और यों उर्दू के मूल नामकरण 'ज़बान-उर्दुए-मुअल्ला' की संगति समझ आती है।

गारेखपुरी कहे जाने वाले इलाहाबाद के रघुपति सहाय 'फ़िराक़' अलग-अलग, बात के इन दोनों स्तरों पर उत्कृष्ट थे, और उनके लिए इनके बीच आवाजाही भी एकदम सहज थी। उस ज़माने में बात करना शिष्ट समुदाय और जन सामान्य दोनों के बीच अपने-अपने ढंग से एक कला थी। पढ़े-लिखे समाज की बैठकबाज़ी में तो ढंग से बात करना एक बड़ी सांस्कृतिक उपलब्धि समझी जाती थी। पुरानी यूनानी शिक्षा के पाठ्यक्रम में वक्तृत्व-कला यानी कि 'रहैटरिक' को विशिष्ट स्थान प्राप्त था, उसका बाक़ायदा प्रशिक्षण होता था। पर ज़ाहिर है, बात करना सिखाने की कोई पाठशाला नहीं होती, शायरी की तरह वह किसी क़दर जन्मजात प्रतिभा है। हाँ, सत्संग दोनों के लिए उपकारक है। अंग्रेज़ी साहित्य में डॉ० जॉन्सन की वार्ता-कला और विलक्षणता के अनेक प्रसंग उद्धृत हैं। फ़िराक़ की एक अतिरिक्त विशेषता उनके 'हमअसरों' के अनुसार यह थी कि वे अपने समूचे शरीर से बात करते थे। बात करना उनके यहाँ एक प्रदर्शनीय कला—परफ़ॉर्मिंग आर्ट—थी। और उस कला का बड़ा गहरा संबंध उनके काव्य, पाठ में था। फ़िराक़ के काव्य-संकलन 'गुले नग़मा' की भूमिका में मुहम्मद हसन अस्करी ने ठीक लिखा है, "इस बार यह भी दावा करूँगा कि आजकल सिर्फ़ फ़िराक़ साहब ही एक ऐसे कवि हैं, जो शेर पढ़ना जानते हैं...'फ़िराक़' की शायरी ही में नहीं, 'फ़िराक़' की आवाज़ में कायनात जाग उठती है।"

फ़िराक़ को बात करना कैसा प्रिय था, और इसके लिए वे कितने बेचैन रहते थे, यह बताने के लिए अली सरदार ज़ाफ़री का एक संस्मरण पर्याप्त होगा। वे फ़िराक़ पर एक फ़िल्म बना रहे थे, और इस प्रसंग में इलाहाबाद आए हुए थे। यहाँ की एक गोष्ठी में उन्होंने यह संस्मरण सुनाया। फ़िराक़ किसी रात घर में अकेले लेटे थे। उनका नौकर पन्ना, जो एक तरह से उनका निजी सचिव भी होता था, भोजन और अन्य व्यवस्थाओं से फ़ारिग़ हो कर बाज़ार घूमने निकल गया था। इसी समय सुनसान समझ कर एक चोर घर में पैठा। शायर की गृहस्थी में चोरी के उपयुक्त माल की तलाश में वह इधर-उधर काग़ज़-पत्र खखोल रहा था। आहट से फ़िराक़ चौकन्ने हुए, और समझ गए कि कोई घर में घुसा है। उन्होंने बिस्तर पर लेटे-ही-लेटे आवाज़ दी कि अरे भाई, तुम परेशान न हो। अगर कुछ रुपये-पैसे की ज़रूरत है तो थोड़ा इंतज़ार करो। मेरा नौकर अभी घूमने के लिए गया हुआ है, रुपया-पैसा वही सँभाल कर रखता है। उसके वापस आते ही मैं तुम्हें कुछ दिलवा दूँगा। तब तक इधर मेरे पास आ जाओ और कुछ बात करो, तनहाई में मैं तो घबरा उठा था।

दूसरी ओर, उनकी शायरी में बात का आग्रह देखें—

शामे-ग़म कुछ उस निगाहे-नाज़ की बातें करो।
बेख़ुदी बढ़ती चली है राज़ की बातें करो॥
नकहते-ज़ुल्फ़े -परीशाँ दास्ताने-तामे-ग़म।
सुबह होने तक इसी अंदाज़ की बातें करो॥

तो घर में आया चोर या प्रेमास्पद, या कि चोर और चितचोर, दोनों से फ़िराक़ का एक ही अनुरोध है—बातें करो।

फ़िराक़ की शिक्षा इलाहाबाद विश्वविद्यालय में हुई। बी०ए० परीक्षा के चार सर्वोत्तम छात्रों में वे एक थे। और तत्कालीन शासकीय नीति के अनुसार उन्हें डिप्टी कलक्टरी के लिए नामज़द किया गया। उन्होंने कुछ समय तक नौकरी की, और फिर उसे छोड़ कर, तब इलाहाबाद में स्थित कांग्रेस-मुख्यालय में काम करने लगे। फिर एक लंबे अरसे तक इलाहाबाद विश्वविद्यालय के अंग्रेज़ी विभाग में उन्होंने पढ़ाया-अपढ़ाया। इस अवधि में वे एक श्रेष्ठ कवि-वार्ताकार और अंग्रेज़ी रोमांटिक काव्य के व्याख्याकार रूप में प्रतिष्ठित हुए। जब उन्हें समय मिलता, तो कक्षा में उनके व्याख्यान, उनकी शायरी की तरह अविस्मरणीय होते। काव्य-रचना और पाठ, अध्यापन और व्याख्या—उनके व्यक्तित्व के इन सभी पक्षों को महीन और मज़बूत सूत की तरह जोड़ने वाला तत्त्व था उनका विक्रांत वार्ताकार। फ़िराक़ की गर्वोक्ति बहुतों को याद है—"आने वाली नस्लें तुम पर रश्क करेंगी हमअस्रो/जब ये ध्यान आएगा उनको तुमने 'फ़िराक़' को देखा था"। पर उनकी दीनोक्ति (जो भी दर्प-प्रेरित है)—"अब अक्सर चुप-चुप से रहे हैं यूँ ही कभू लब खोले हैं/पहले 'फ़िराक़' को देखा होता अब तो बहुत कम बोले हैं।" कम स्मरणीय नहीं! पहले अंदाज़ शायराना था, अब फ़कीराना है, जो अपने लिए दोनों उक्तियों के एकवचन और बहुवचन प्रयोगों के अंतर में भली-भाँति झलकता है। पर बल बराबर बोलने पर है, अधिक या कि कम। यों बात करना, बोलना और शायरी फ़िराक़ के यहाँ बहुत अच्छे-से घुल-मिल गए हैं।

इस बात की चर्चा प्राय: होती है कि समकालीन परिदृश्य पर फ़िराक़ की शायरी का रंग एकदम अलग है। ज़हिर है कि उनके व्यक्तित्व के अन्य पक्षों की तुलना में यह केन्द्रीय तत्त्व सबसे महत्त्वपूर्ण है, जिसकी वजह से उनका एक आत्मीय आतंक था अपने भावकों में भी और सहयोगी शायरों के बीच भी, जो उनके समकालीन और किसी क़दर मित्र हिंदी कवि निराला की याद दिलाता है। उनके सहयोगी उनसे चिढ़ते थे, ईर्ष्या करते थे, पर उनसे डरते थे, और उनकी उपेक्षा तो नहीं ही कर सकते थे।

तब स्वभावत: प्रश्न उठता है कि फ़िराक़ की शायरी का यह नया रंग क्या है, और बनता कैसे है? एकदम नया रंग बनता है नये रंग से नहीं, रंगों की नयी तरह की मिलावट से। फ़िराक़ के यहाँ यह मिलावट कई स्तरों पर होती है। एक महत्त्वपूर्ण प्रयोग उन्होंने यह किया कि उर्दू शायरी की परंपरित बोलचाल की ज़बान में उन्होंने

बिंब तथा कई और तरह के अप्रस्तुत विधान की क़लम लगाई। उर्दू शायरी, जैसा पहले कहा गया, बोलचाल के सीधे मुहाविरे में बनती है; साफ़गोई वहाँ कविता का केन्द्रीय गुण है। उर्दू में इसीलिए शेर लिखा नहीं जाता, कहा जाता है। हिंदी, अंग्रेज़ी तथा अन्य भाषाओं में कविता की व्यंजना-शक्ति तरह-तरह के अप्रस्तुत विधानों में सक्रिय होती है। यह काफ़ी स्वाभाविक है कि फ़िराक़ इस काव्य-प्रक्रिया को अंग्रेज़ी-हिंदी से उर्दू में लाए। उदाहरण के लिए कवि की प्रसिद्ध ग़ज़ल--'बहुत पहले से उन क़दमों की आहट जान लेते हैं'—का एक शेर लिया जा सकता है—

तबीयत अपनी घबराती है जब सुनसान रातों में
हम ऐसे में तेरी यादों की चादर तान लेते हैं।

रात के सन्नाटे में घबराने पर, उस परिवेश को तो नहीं हटाया जा सकता, सिर्फ़ चादर तान कर उसे देखने से बचा जा सकता है, जो एक बड़ी सहज मानवीय प्रतिक्रिया है। इस निश्चिंतता के भाव के लिए ही चादर तान कर सोने का मुहावरा चलता है। पर फ़िराक़ के यहाँ फ़र्क़ यह है कि चादर साधारण नहीं, यादों की है, जो गरमाहट भी देती है और भावात्मक सुरक्षा भी। 'यादों की चादर' का यह मेरी समझ में, उर्दू काव्यभाषा के लिए एक नये तरह का प्रयोग है। मुहाविरे में बिंब को डाल कर कहें तो idiom की पौध में image की क़लम बाँध कर। मुहाविरा अपनी सादगी और सिधाई में व्यंजना देता है, पर बिंब की जटिलता और सघनता में अर्थ की जो परतें बनती हैं, उन्हें खोलने और समझने का सुख भावक का साथ कहीं दूर तलक देता है। उससे बड़ी बात यह कि समूची रचना को भाषिक विधान के स्तर पर और अधिक संश्लिष्ट बनाता है।

फ़िराक़ की शायरी में इस नयी तरह की मिलावट के पीछे किसी क़दर इलाहाबाद नगर का अपना चरित्र भी देखा जा सकता है, जो आधुनिक काल में कई बड़े हिंदी-उर्दू कवियों का रचना-स्थल रहा है, और जहाँ नदियों के संगम के साथ-साथ कई तरह की सांस्कृतिक परंपराओं का भी संगम रहा है। ब्रिटिश शासन के दौर में इलाहाबाद, राजधानी कलकत्ता के बाद, पश्चिम की ओर दूसरा प्रमुख नगर था, पश्चिमोत्तर प्रांत की राजधानी यहीं थी। फलतः अंग्रेज़ी भाषा, साहित्य और अंग्रेज़ियत का यहाँ काफ़ी प्रचलन था। हिंदी साहित्य में आधुनिक खड़ी बोली का काल वर्तमान शती के आरंभ में श्रीधर पाठक के साथ इसी नगर में गति पकड़ता है। और उर्दू साहित्य तथा सूफ़ी मानसिकता का भी यहाँ बड़ा केन्द्र रहा है। यों अंग्रेज़ी-हिंदी--उर्दू काव्य-धाराओं का महत्त्वपूर्ण संगम इलाहाबाद और यहाँ का विश्वविद्यालय बना, जो एक तरह से फ़िराक़ के काव्य-व्यक्तित्व को कई रूपों में पोषण देता रहा। हिंदी के अनेक शब्द, बिंब तथा संदर्भ उनके यहाँ जगह-जगह प्रयुक्त हुए हैं, अंग्रेज़ी रोमांटिक कवियों की प्रसिद्ध पंक्तियों के भावार्थ कहीं गूँजते सुन पड़ेंगे; उर्दू परंपरा, ख़ास तौर से मीर का सत वहाँ घुला मिलेगा। पर इस सभी सामग्री का बड़ा सावधान सर्जनात्मक प्रयोग हुआ है। यों फ़िराक़ में पहले की काव्य-परंपरा गहरे में उतरी है, पर तब उतर

कर वह वहीं नहीं रहती, उसका रूप एकदम बदल जाता है। परंपरा और प्रयोग के स्वस्थ रिश्ते का यह बड़ा सच्चा उदाहरण है, जिसकी चर्चा एलियट ने बार-बार की है, जिस आधुनिक कवि—फ़िराक़ के अपने लहजे में इलियटवा—को पढ़ने में फ़िराक़ का जी कभी नहीं लगा, जैसा उनके सहयोगी प्रायः बताते हैं। इस संदर्भ में स्मरणीय है कि विविध सांस्कृतिक परंपराओं की मिलावट की यह सुविधा इलाहाबाद नगर में ज्यों संभव थी, वह उर्दू कविता के अन्य बड़े केन्द्रों—दिल्ली, लखनऊ या कि हैदराबाद—को सुलभ न थी।

इलाहाबाद नगर के चरित्र से कहीं जुड़ी यह मौलिक प्रयोगशील वृत्ति फ़िराक़ के साथ बड़े विलक्षण ढंग से, उनके समकालीन हिंदी कवि निराला में—जिन दोनों की जन्म-शती साथ-साथ मनाई जा रही है—दिखती है। दोनों कवियों को अपनी-अपनी काव्य-धाराओं में बड़े कड़े प्रतिरोध के बाद स्वीकार किया गया। इन कवियों के प्रयोगों का पहले आतंक और कुछ उपहास रहा, फिर धीरे-धीरे उन्होंने अपनी समझ बनाई और तब कहीं, बहुत बार दोनों कवियों के व्यक्तिगत उद्दाम चरित्र के अंतर्गत इन प्रयोगों को मान्यता मिली। अब, ज़ाहिर है कि ये प्रयोग समकालीन हिंदी-उर्दू कविता के अभिन्न आत्मीय अंग बन गए हैं।

अंग्रेज़ी-अंग्रेज़ियत के प्रभाव को लेकर फ़िराक़ रचना और चिंतन दोनों जगह बहुत सजग-सतर्क रहे हैं। उनके पहले इलाहाबाद के अपने शायर अकबर इलाहाबादी पश्चिम के प्रभावों से बेहद खीझे थे। फ़िराक़ ने इस संदर्भ में सकारात्मक और नकरात्मक पहलू दोनों पर उनसे सीखा, पर उसके बीच रास्ता ख़ुद बनाया, जिसका अच्छा प्रमाण स्वयं अकबर की प्रशस्ति में लिखी फ़िराक़ की कविता है। ज़ाहिर है, पश्चिम को ले कर अकबर में जो तीखापन था, वह फ़िराक़ में शामिल हो गया है। यहाँ अकबर की जो बात फ़िराक़ को सब से अधिक प्रेरित करती है वह है फ़ारसी और अंग्रेज़ीपरस्ती, दोनों से ऊपर उठ कर भारतीय जीवन-मूल्यों में निष्ठा। इस तथ्य को फ़िराक़ बार-बार रेखांकित करते हैं। कुछ संदर्भ इस प्रकार हैं—

मगर ये कह के सेर-रात तूने टोक दिया
न खा फ़रेब! तरक़्क़ीनुमा ग़ुलामी के
कहा कि लाट के दरबार में मिली कुर्सी
कहा कि दोस्तो इस नक़्ली शद्दो-मद से बचो
कहा कि इनकी हजानत से क़ौम पनपेगी
कहा कि भाइयो अंग्रेज़ की मदद से बचो

आज के ज़माने में शायद यह पंक्ति इस प्रकार लिखी जाती—

कहा कि भाइयो अंग्रेज़ियत की हद से बचो

और 'तरक़्क़ीनुमा ग़ुलामी' का ख़तरा जो अकबर के लिए था, फ़िराक़ की जिस पर निगाह थी, वह आज भी अपनी जगह बरकरार है, राजनैतिक रूप से आज़ाद भारत

में जिसकी शक्ल कुछ भले बदल गई हो। इस संदर्भ में अकबर की ही तरह फ़िराक़ हिंदू-मुसलमान के द्वन्द्व को भारतीयता की व्यापक परिकल्पना में विलीन कर देना चाहते हैं, जो उनकी धारणा 'इस्लामी अदब' की बहस को ले कर उनके पत्रों में भी देखी जा सकती है—

सबक़ पढ़ोगे अगर हिंदू-ओ-मुसलमाँ का
तो याद रक्खोगे, हिंदोस्ताँ भुला दोगे।

हिंद-हिंदोस्ताँ की चिंता 'लिसानुल-अस्त्र अकबर इलाहाबादी' का मूल स्वर है। यहाँ ध्यान देने की बात यह भी है कविता में जगह-जगह अकबर की ही तर्ज़ का तंज़ सुन पड़ेगा, जो कविता के इस मूल आत्मीय स्वर की टकराहट में दोनों को गहरा करता चलता है। यों फ़िराक़ अंग्रेज़ी कविता से सूक्ष्म और रचनात्मक स्तरों पर प्रेरणा लेते हुए अपने भारतीय व्यक्तित्व में विश्वास अक्षुण्ण बनाए रखते हैं।

एक अंतिम बात रहती है फ़िराक़ की शायरी में रोमांटिसिज़्म और रियलिज़्म—यथार्थवाद—की मिलावट की, जो उनके ज़माने में ख़ास तौर से अदबी बहसों के दो ख़ास मुद्दे हुआ करते थे। रोमांटिसिज़्म आज किसी क़दर बदनाम प्रयोग है, जो फ़िराक़ के अपने दौर में ऐसा न था। तब वह स्वस्थ विद्रोह का परिचायक था जिसने क्लैसिसिज़्म के तमाम कठोर नियमों के ख़िलाफ़ सिर उठाया था। १९वीं शती का अंग्रेज़ी रोमांटिक काव्य फ़िराक़ की अत्यन्त प्रिय पाठ्य-सामग्री था जैसा कि उसी दौर के हिंदी-छायावादी परिवेश में भी किसी सीमा तक देखा जा सकता है। लेखक का लगाव इन कवियों में वड्र्सवर्थ से अधिक था जो इनमें वरिष्ठ थे, और जिनके यहाँ विचार तथा भाव की मिलावट बड़े सही अनुपात में हुई थी। यही फ़िराक़ का अपना काव्यादर्श भी कहा जा सकता है।

रोमांटिसिज़्म और रियलिज़्म की मिलावट का अच्छा उदाहरण फ़िराक़ की प्रसिद्ध नज़्म 'आधी रात को' में देखने को मिलता है, जिसे आधुनिक आलोचक अक़ील रिज़वी ने ठीक ही 'शाहकार नज़्म' कहा है। द्वितीय महायुद्ध के दौरान लिखी इस कविता की बनावट में कवि की रचना-चिंता बड़े गहरे स्तर पर सक्रिय है। शीर्षक में आया परसर्ग 'को' —के समय (आधी रात के समय) का भी अर्थ देता है, और अंग्रेज़ी के रोमांटिक कवियों में अत्यधिक प्रचलित काव्य-रूप 'ओड' (ओड टू इममौरटैलिटी'/ 'ओड टू द वेस्ट विंड') का जैसा संबोधन-सूचक भी हो सकता है। कविता स्पष्ट ही शारदीय रात की मोहक प्राकृतिक दृश्यावली से भरपूर है, जिस शैली के लिए सभी भाषाओं के रोमांटिक कवि ख्यात रहे हैं। पर इस लंबी कविता के हर एक बंद में, सिर्फ़ एक-एक पंक्ति जैसे प्रतिरोधक यथार्थ—'रियलिज़्म' की रक्खी गई है, जो समकालीन वास्तविकता से सीधे जुड़ती है। इन पंक्तियों पर ध्यान दें, जो अपने बंद में अकेली-अकेली हैं व्यापक प्राकृतिक सम्मोहन—'रात का जादू' के बीच : 'सिपाहे-रूस हैं अब कितनी दूर बरलिन से?'/ 'न मुफ़लिसी हो तो कितनी हसीन है दुनिया'/ 'एक आदमी है कि इतना दुखी है दुनिया में'/ 'इस इंकलाब की कोई ख़बर

नहीं आती'/ 'ज़माना कितना लड़ाई को रह गया होगा'/ 'अब इंकलाब में शायद ज़्यादा देर नहीं'। कभी-कभी लग सकता है कि शायर जैसे बीच-बीच में चौंक कर ये सवाल पूछ रहा है, और टिप्पणियाँ कर रहा है! पर वस्तुतः लंबी कविता का बड़ी सावधानी से बनाया हुआ विधान है जो एक ओर प्राकृतिक सौंदर्य-वर्णन की अपनी एकरसता में हस्तक्षेप करता है, दूसरी ओर नज़्म के बीच नाटकीयता ले आता है, और फिर समकालीन जीवन के यथार्थ को ओझल नहीं होने देता। 'तमोलियों की दुकानें' और 'सवारियों के बड़े घुँघरुओं की झंकारें'—यानी देर रात लौटते इक्के भी इसी ग़रज़ से कविता में अंकित हैं। अंत के दो बंदों में तो इस समूचे यथार्थ को और सघन कर दिया गया है, शास्त्रीय संगीत में विलंबित और द्रुत ख़याल की बंदिशों की याद दिलाते हुए। फ़िराक़ ने लिखा है, ''बड़ी इश्किया शायरी की निगाह में जहाँ एक तरफ़ माशूक़ होता है वहाँ दूसरी तरफ़ क़ौमी ज़िंदगी और उसके इम्कानात होते हैं।'' (मुहम्मद तुफ़ैल, संपादक—'नुकूश—पाकिस्तान को लिखे गए पत्र में : ५-८-१९५३) इस संदर्भ में फ़िराक़ की 'आधी रात को' पढ़ते-सुनते फ़ैज़ अहमद 'फ़ैज़' की वैसी ही प्रसिद्ध नज़्म 'मुझसे पहली-सी मुहब्बत मेरी महबूब न माँग' का स्मरण स्वाभाविक है। दोनों में प्रेम और प्राकृतिक सौंदर्य की टकराहट जीवन के कठोर यथार्थ से दिखाई गई है। यह टकराहट, ज़ाहिर है, वैचारिक स्तर पर अधिक है। पर फ़िराक़ के यहाँ टकराहट गहरे रचना-स्तर पर भी चलती है। जैसा अभी कहा गया, 'आधी रात को' के हर बंद का विधान ऐसा है कि वहाँ शरद की उजली आधी रात की मोहक बिंबमाला के बीच-बीच में प्रतिरोधक यथार्थ की एक-एक पंक्ति लगा दी गई है। दो उदाहरण प्रस्तुत हैं—

शुआ-ए-मेह्र ने यूँ उनको चूम चूम लिया
नदी की बीच कुमुदनी के फूल खिल उट्ठे
न मुफ़लिसी हो तो कितनी हसीन है दुनिया

× × ×

ये चाँदनी है कि उमड़ा हुआ है रस-सागर
एक आदमी है कि इतना दुखी है दुनिया में

फिर इस संश्लिष्ट विधान के बीच एक और टकराहट पिरोई हुई है, वह है सीधे वर्णन और जटिल बिंब-प्रक्रिया के बीच। 'नदी के बीच कुमुदनी के फूल खिल उट्ठे' सीधा वर्णन है, पर 'चाँदनी है कि उमड़ा हुआ है रस-सागर' में प्रस्तुत 'चाँदनी' के लिए 'रस-सागर' का अप्रस्तुत या कि बिंब इमेजविकसित हुआ है। स्पष्ट ही इस त्रिस्तरीय टकराहट में रचना की अर्थ-क्षमता बढ़ती चली गई है। प्रेम और कठोर यथार्थ, प्राकृतिक सौंदर्य और दुनिया की कुरूपता संश्लिष्ट बिंब और सीधा वर्णन—ये एक-दूसरे के आमने-सामने आ कर अर्थ-सघनता को उत्तरोत्तर वर्द्धित करते हैं। फ़ैज़ की नज़्म, तुलना में, प्रत्यक्ष वर्णनों पर अधिक आश्रित है। दोनों नज़्मों की केन्द्रीय पंक्ति जिस तरह कही गई है उसमें यह फ़र्क समझा जा सकता है। फ़ैज़ की कविता की

कुंजी है 'और भी दुख हैं ज़माने में मुहब्बत के सिवा'। फ़िराक़ के यहाँ ऐसी पंक्ति है—'न मुफ़लिसी हो तो कितनी हसीन है दुनिया'। 'मुफ़लिसी' और 'हसीनियत' के बीच जैसी अर्थ और ध्वनि के दुहरे स्तर पर आमने-सामने की टकराहट है, वैसी 'दुख' और 'मुहब्बत' के बीच नहीं। फ़िराक़ में अर्थ का अक्षय स्रोत यह शब्दों की द्वन्द्व-प्रक्रिया है। संस्कारों की मिलावट से, जैसा पहले संकेत किया गया, रचनाकार का व्यक्तित्व बना, और तब रचना बनती है शब्दों की द्वन्द्व-प्रक्रिया से। समन्वय भी है, द्वन्द्व-प्रक्रिया भी है—'मेहमानी भी मेज़बानी भी'!

मध्यदेश/हिंदी भाषी क्षेत्र की अवधारणा : धीरेन्द्र वर्मा का योग-दान

❑

मध्यदेश या हिंदी भाषी क्षेत्र की इकाई डॉ० धीरेन्द्र वर्मा के चिंतन का केन्द्रीय पक्ष है, समूची विचारणा का मध्यदेश जैसा। इस एक बिंदु पर भाषा, साहित्य और संस्कृति की धाराओं का संगम होता है, जो विचारक के अपने संश्लिष्ट व्यक्तित्व, और हिंदी की बहुरूपी प्रकृति के सर्वथा अनुकूल है। १९२० के दशक में डॉ० वर्मा की मध्यदेश संबंधी अवधारणा रूपाकार लेती दिखती है जिस अवधि में उन्होंने इस विषय से संबद्ध कई निबंध लिखे, जो बाद में उनकी पुस्तक 'विचारधारा' में संकलित होते हैं। आरंभिक निबंध का शीर्षक है 'मध्यदेश का विकास' जहाँ उन्होंने इस अवधारणा का भारतीय इतिहास में क्रम-विकास दरसाया है। यहाँ 'मनुस्मृति' का प्रसिद्ध उल्लेख उन्होंने रेखांकित किया है—जो उनके अनुसार 'मध्य देश' विषयक प्रथम स्पष्ट उल्लेख है—"हिमालय और विंध्य के मध्य में और विनशन से पूर्व और प्रयाग से पश्चिम में जो है वह मध्य देश कहलाता है।" किसी भी भौगोलिक क्षेत्र का ऐसा स्पष्ट सीमा-निर्देश कठिनाई से ही मिलता है। यहाँ 'विनशन' से अभिप्राय पंजाब-हिमालय के उस स्थान विशेष से है जहाँ सरस्वती नदी का जल सूख गया, ऐसा डॉ० वर्मा का मानना है।

अपने उक्त निबंध में लेखक फिर दिखाता है कि कैसे राजनैतिक-धार्मिक शक्तियों के बौद्ध काल में पूर्व की ओर स्थानान्तरण के साथ-साथ मध्यदेश की सीमा फिर पूर्व दिशा में आगे बढ़ती है प्रयाग से पाटलिपुत्र की ओर। 'मध्यदेश' अपनी प्रकृति से भूगोल-सापेक्ष अवधारणा है। 'मध्यदेश' नामकरण प्राचीन आर्यावर्त्त के संदर्भ में है, और तब आयावर्त्त की सीमाओं के बढ़ने-घटने के साथ मध्यदेश के स्वरूप में भी परिवर्तन घटित होता है।

मुसलमानों तथा अंग्रेज़ों के शासन-काल में मध्यदेश को 'हिंदुस्तान' कह कर अभिहित किया गया, और नीचे दक्षिण के क्षेत्र को दकन/दक्कन। यों 'हिंदुस्तान' से आशय हिंदी भाषी क्षेत्र से भी हुआ, जिसके अंतर्गत वर्तमान काल में सात प्रशासनिक इकाइयाँ सम्मिलित की जा सकती हैं—उत्तर प्रदेश, मध्य प्रदेश, बिहार, राजस्थान, दिल्ली, हरियाणा, हिमाचल प्रदेश।

धीरेन्द्र वर्मा के मध्यदेश विषयक इस निबंध का संदर्भ देने के साथ यहाँ उचित होगा कि इस विषय से संबद्ध उनके चिंतन को समाकलित कर लिया जाए।

'विचारधारा' के 'वक्तव्य' में उसके अंतर्गत '१९२१ से १९४१ तक की रचनाएँ होने की बात कही गई है। जिनमें से मध्यदेश और हिंदी क्षेत्र विषयक उनके निबंध १९२२-२३ ई० में 'नागरी प्रचारिणी पत्रिका' में प्रकाशित हुए थे। स्पष्ट ही अपने विषय का यह उपोद्घात कहा जा सकता है। इस क्रम में लेखक का अगला महत्त्वपूर्ण प्रकाशन है 'हिंदी राष्ट्र या सूबा हिंदुस्तान' (लीडर प्रेस, प्रयाग : १९३० ई०)। फिर तीसरा ग्रंथ 'मध्यदेश' शीर्षक से ही है (बिहार राष्ट्रभाषा परिषद, पटना : १९५५ ई०), जिसमें इस परिषद के समक्ष प्रस्तुत व्याख्यानों का संशोधित रूप प्रकाश में आता है। इस गंभीर वैदुषिक लेखन-क्रम के अतिरिक्त इस दिशा में उनके कुछ अन्य स्फुट प्रयास भी हुए। अपने उत्तर काल में जब वे सक्रिय जीवन से अवकाश ग्रहण करके इलाहाबाद में रह रहे थे, उन्होंने स्थानीय नये लेखकों तथा चिंतकों की एक अनौपचारिक गोष्ठी मेरे संयोजकत्व में बनाई थी। इस गोष्ठी या कि क्लब की बैठकें उनके आवास पर उनके बड़े भावपूर्ण आतिथ्य में होती थीं। गोष्ठी का नाम उन्होंने अत्यन्त सुचिंतित ढंग से 'हिंदी समाज' रखा था और पहली बैठक में इस नामकरण के औचित्य की स्वयं व्याख्या की थी। मूल चिंता वही थी—हिंदी भाषा समाज की एकता। अपने लेखकीय जीवन के आरंभिक चरण में 'हिंदी राष्ट्र या सूबा हिंदुस्तान' (१९३०) के समापन के अनुच्छेद में उन्होंने लिखा था, ''मेरा दृढ़ विश्वास है कि हिंदी-भाषा-भाषियों के उद्धार का उपाय हिंदी राष्ट्र को दृढ़ तथा स्थायी बनाने में है।'' और अंतिम समय तक हिंदी समाज की चिंता उनके मन में बनी रही। 'हिंदी समाज' की एक बैठक में याद पड़ता है कि डॉ० वर्मा के आमंत्रण पर नरेश मेहता ने मालवा क्षेत्र में खड़ी बोली हिंदी के प्रयोग और उसकी प्रतिष्ठा पर एक बड़ा रोचक और ज्ञानवर्द्धक वक्तव्य दिया था। समाज की बैठकों के संक्षिप्त प्रतिवेदन कभी-कभी साप्ताहिक 'धर्मयुग' में छप जाते थे संपादक धर्मवीर भारती के आत्मीय सौजन्य के कारण। इस प्रसंग में यह स्मरणीय है कि डॉ० वर्मा के 'हिंदी राष्ट्र' प्रयोग में 'राष्ट्र' पाद का अर्थ वर्तमान संदर्भ के 'नेशन' का नहीं, 'नेशनैलिटी' या कि मूल अर्थ में जाति से है। अपनी संक्षिप्त पुस्तक 'हिंदी राष्ट्र या सूबा हिंदुस्तान' के समापन अंश में उन्होंने लिखा है, ''भारत के प्रत्येक राष्ट्र के उन्नत तथा दृढ़ होने पर ही राष्ट्रसंघ भारतवर्ष के स्थायी पुनरुत्थान की संभावना हो सकती है।'' यहाँ 'राष्ट्र' पद का अर्थ आधुनिक भारतीय संविधान के 'स्टेट' या कि प्रदेश में है, और 'राष्ट्रसंघ' से अभिप्राय 'इंडियन यूनियन' से है। यों धीरेन्द्र वर्मा का मंतव्य है कि 'हिंदी राष्ट्र' अर्थात समस्त हिंदी-भाषीजन एक राजनैतिक-सांस्कृतिक-प्रशासनिक इकाई बन कर समूचे भारत देश के चतुर्मुखी विकास में सहायक हो सकते हैं।

मध्यदेश संबंधी चिंतन में डॉ० धीरेन्द्र वर्मा का योगदान कई बिंदुओं पर रेखांकित किया जा सकता है। पहली बात तो यह कि भारतीय इतिहास की लंबी उलझी यात्रा में विस्मृत-अर्द्धविस्मृत इस पद—मध्यदेश—का उन्होंने वर्तमान संदर्भ में पुनरुद्धार किया। यह वर्तमान संदर्भ से संबंध स्पष्ट ही सबसे महत्त्वपूर्ण है। उन्होंने ध्यान

दिलाया कि प्राचीन काल के 'मध्यदेश' और वर्तमान 'हिंदीभाषी क्षेत्र' भौगोलिक तथा सांस्कृतिक दृष्टि से लगभग एक हैं। फिर उससे महीन बात यह कि इतिहास के मध्यदेश में जो 'जनपद' कह कर अभिहित किए गए वे वस्तुतः आधुनिक हिंदी प्रदेश के अठारह बोली-क्षेत्र हैं। अर्थात हिंदी क्षेत्र की बोलियों का इतिहास महाभारतकालीन जनपदों तक जाता है। यों इतिहास और वर्तमान को जोड़ कर उन्होंने आलोक का एक नया क्षेत्र तैयार किया, बहुत कुछ जैसे उनके कुछ पूर्ववर्त्ती रचनाकार जयशंकर प्रसाद ने अपनी प्रसिद्ध ऐतिहासिक नाट्य कृतियों में किया था। इस प्रयोग में इतिहास 'गड़े मुर्दे' नहीं, जीवंत रचना-शक्ति का रूप ले लेता है। यहाँ जोड़ना होगा कि मध्यदेश/हिंदी क्षेत्र संबंधी इस अवधारणा को कई अन्य प्रख्यात विद्वानी से समर्थन मिला, जिनमें उल्लेखनीय हैं राहुल सांकृत्यायन, वासुदेवशरण अग्रवाल, राजनेता और विचारक राममनोहर लोहिया तथा आलोचक और भाषातत्त्वज्ञ रामविलास शर्मा। हिंदी अस्मिता के इन प्रमुख वाहक विचारकों में से रामविलास शर्मा की कुछ चर्चा आगे होगी।

हिंदी क्षेत्र की वर्तमान बोलियों और प्राचीन मध्यदेश के जनपदों के बीच मध्यदेश के जनपदों के बीच विलक्षण साम्य की ओर धीरेन्द्र वर्मा ने पहले ध्यान आकृष्ट किया १९२० के दशक के आरंभ में लिखित अपने आरंभिक निबंध 'हिंदी की बोलियाँ तथा प्राचीन जनपद' में, जो 'नागरी प्रचारिणी पत्रिका' में कुछ भिन्न शीर्षक 'हिंदुस्तान की वर्तमान बोलियों के विभाग और उनका प्राचीन जनपदों से सादृश्य' के साथ प्रकाशित हुआ—जहाँ 'हिंदुस्तान' पद का अर्थ स्पष्ट ही हिंदी भाषी क्षेत्र है, उन्होंने निष्कर्षत: लिखा, "ये ही मुख्य कारण हैं जिनसे कि कुरु, पंचाल, शूरसेन, मत्स्य, कोसल, काशी, विदेह, मगध, वत्स, दक्षिण कोसल तथा चेदि, अवंति आदि के प्राचीन जनपद आज कम-से-कम तीन सहस्र वर्ष बाद भी प्राय: ज्यों-के-त्यों जीवित हैं। यदि किसी को संदेह हो तो बोलियों के वर्तमान मानचित्र को उठा कर देख ले जो इस बीसवीं शताब्दी के प्रमाणों के आधार पर बनाया गया है, किंतु जो उस प्राचीनकाल के भारत के मध्यदेश का मानचित्र मालूम होता है जब कुरुक्षेत्र पर भारत के भाग्य का निपटारा हुआ था।।" बोलियों और जनपदों के साम्य का उल्लेख कुछ इस प्रकार हो सकता है—खड़ी बोली : कुरु, बाँगरू : कुरु जांगल, कन्नौजी : पंचाल, ब्रजभाषा : शूरसेन, बुंदेली : चेदि, अवधी : कोसल, बघेली-छत्तीसगढ़ी : दक्षिण कोसल, भोजपुरी : काशी, मैथिली : विदेह, मगही : मगध, मालवी : अवंति, जयपुरी : मत्स्य, मेवाती : उत्तर मत्स्य, मारवाड़ी : मरु। कहना न होगा कि जनपदों और बोलियों के बीच यह साम्य हिंदी भाषी जाति की अविच्छिन्न एकता और प्रवहमानता का प्रमाण है।

समूचे देश के संदर्भ में मध्यदेश के वैशिष्ट्य और केन्द्रीय महत्त्व को 'मध्यदेश' शीर्ष अध्ययन के एक लंबे अनुच्छेद में व्याख्यायित किया गया है। लंबे वाक्यों की बनावट में इतिहास को यों नापा-समेटा गया है—"भारत तथा आर्यावर्त्त में भी प्राचीनतम काल से आर्य संस्कृति का प्रधान केन्द्र मध्यदेश ही रहा है। वैदिक

संहिताओं, ब्राह्मण ग्रंथों तथा उपनिषदों की रचना यहाँ ही हुई। रामायण और महाभारत का संबंध मध्यदेश से ही है। राम और कृष्ण की क्रीड़ा-स्थलियाँ—अयोध्या और ब्रज—मध्यदेश में ही हैं। आदि कवि वाल्मीकि का आश्रम उत्तर प्रदेश में बाँदा जिले में तमसा (टोंस) के तट पर था। गीता का उपदेश कुरुक्षेत्र में दिया गया था। महाभारत तथा पुराणों की कथा अनुश्रुति के अनुसार नैमिषारण्य (उत्तर प्रदेश—जिला सीतापुर) में कही गई थी। बौद्ध तथा जैन सुधारों के प्रवर्त्तक गौतम बुद्ध तथा महावीर स्वामी ने पूर्व मध्यदेश में जन्म लिया, प्रचार किया तथा निर्वाण को प्राप्त हुए। वर्तमान बिहार उनका प्रधान कार्यक्षेत्र रहा। मौर्य तथा गुप्त साम्राज्य मध्यदेश के ही साम्राज्य थे। विदेशी तुर्क, मुग़ल तथा अंग्रेज़ शासकों को भी अपने साम्राज्य का केन्द्र मध्यदेश में ही दिल्ली (प्राचीन इंद्रप्रस्थ) को बनाना पड़ा और आज भी भारतवर्ष की राजधानी यहाँ ही है। प्रधान साहित्यिक आर्य-भाषाओं, जैसे संस्कृति, पाली, अर्द्धमागधी, शौरसेनी, ब्रजभाषा, आदि का घर मध्यदेश में था। खड़ी बोली हिंदी का संबंध भी यहाँ ही से है। अत: किसी भी दृष्टि से देखा जाय तो भारतीय संस्कृति के इतिहास में मध्यदेश का असाधारण महत्त्व है।'' (विषय-प्रवेश) यहाँ स्पष्ट करना होगा कि यह उद्धरण महज़ गौरव-गान नहीं, अपनी विरासत की साज-सँभाल है। और उससे भी अधिक यह कि मध्यदेश ने समूचे देश की संस्कृति में अपने भौगोलिक तथा ऐतिहासिक दायित्व का जो केन्द्रीय रूप रहा उसका समुचित निर्वाह किया है। तो यहाँ बात बड़बोलेपन की नहीं, इस दायित्व--निर्वाह की विज्ञप्ति-जैसी है।

मध्यदेश/हिंदी प्रदेश की एकता और उसके महत्त्व का विवेचन प्रसिद्ध मार्क्सवादी चिंतक, आलोचक रामविलास शर्मा के लेखन के भी केन्द्र में रहा है। रामविलास का चिंतन आलोचना क्षेत्र से आरंभ हो कर भाषाविज्ञान में पहुँचता है, और वहाँ से वे प्राचीन इतिहास तथा संस्कृति की चिंता में संलग्न होते हैं। इस दृष्टि से उनकी यह विचार-यात्रा जितनी क्रमिक है, उतनी ही सुव्यवस्थित तथा फलप्रद भी। साहित्यिक आलोचना से भाषाविज्ञान में संक्रमण का पहला महत्त्वपूर्ण साक्ष्य रामविलास शर्मा का ग्रंथ 'भाषा और समाज' (१९६१) है। इसके ११वें अध्याय 'जातीय भाषा का गठन और प्रसार' में वे लिखते हैं,' कोई आश्चर्य नहीं कि १९३० में हिंदी भाषी जाति के एकीकरण का प्रश्न उठाते हुए डॉ० धीरेन्द्र वर्मा ने 'हिंदी राष्ट्र या सूबा हिंदुस्तान' नामक पुस्तक प्रकाशित करायी। (इस पुस्तक के चार लेख १९२२ में प्रकाशित हो चुके थे।) १९४६ में भारतीय कम्युनिस्ट पार्टी ने संविधान-सभा के लिए जो मसौदा तैयार किया था, उसमें भाषाधार पर बनने वाले राज्यों में एक राज्य का नाम दिया था 'हिंदुस्तान' यों मार्क्सवादी दृष्टिकोण के आधार तथा अपने विवेक के समन्वय में रामविलास शर्मा 'हिंदी भाषी जाति के एकीकरण' का जो पक्ष लेते हैं, वह १९६१ से ले कर अभी १९९७ तक उसी निष्ठा के साथ चला आता है, यद्यपि इस अवधि में हिंदी भाषी क्षेत्र को एक राज्य के रूप में संगठित करना किसी भी प्रशासन के लिए उत्तरोत्तर कठिन और अव्यवहारिक होता गया है। इस प्रसंग में ध्यान देने की बात यह भी है कि

रामविलास शर्मा का अनुमोदन किसी दृष्टिकोण को ज़रा कठिनाई से ही मिलता है और वह अनुमोदन डॉ० धीरेन्द्र वर्मा द्वारा प्रकाशित 'हिंदी राष्ट्र' को अनायास मिल जाता है, प्रस्तावना के लगभग चालीस बरस बाद जो फिर शताब्दी के अंतिम दशक तक ज्यों-का-त्यों चला आता है। 'वसुधा' पत्रिका के एक साक्षात्कार (१९९७) में डॉ० शर्मा कहते हैं, "जैसे एशिया की राजनीति में भारत की भूमिका है, वैसे ही भारतीय राजनीति में हिंदी जनता की। तब तक कारगर नहीं हो सकती, जब तक कि ये जनता एक राज्य के रूप में संगठित न हो।"

इस प्रसंग में धीरेन्द्र वर्मा की एक महत्त्वपूर्ण चेतावनी की ओर ध्यान देना बहुत ज़रूरी है। हिंदी साहित्य सम्मेलन के सत्ताईसवें अधिवेशन (शिमला) की साहित्य परिषद (१९३८) के सभापति पद से प्रस्तुत अपने लिखित अभिभाषण में वे कहते हैं, "किंतु हिंदी के संबंध में एक भ्रम के निवारण की नितांत आवश्यकता है। वह यह कि हिंदी हिंदुओं की भाषा न हो कर हिंदियों की भाषा है। मध्यदेश अथवा हिंदी प्रदेश में रहने वाले प्रत्येक हिंदी को--चाहे वह वैष्णव हो या शैव, मुसलमान हो या ईसाई, पारसी हो या बंगाली—हिंदी भाषा, साहित्य और लिपि को अपनी चीज़ समझ कर सबसे पहले और प्रधान रूप में सीखना चाहिए।" हिंदी जातीयता की इससे स्पष्ट और निर्मल व्याख्या संभव नहीं जहाँ हिंदी के मूलत: व्यापक, बहुरूपी और धर्मनिरपेक्ष चरित्र को ठीक-ठीक उजागर किया गया है। आज के विभाजन-वर्गीकरण-आरक्षण-प्रिय समाज में साहित्य के अंतर्गत दलित-विमर्श और स्त्री-विमर्श को सहसा ऊँचा दरजा दिया जाने लगा है। हिंदी साहित्य के संदर्भ में यह सब कितना अप्रासंगिक है, यह इससे समझा जा सकता है कि भक्ति-काल के पाँच प्रमुख कवियों—कबीर, जायसी, सूर, तुलसी, मीरा—के बीच हिंदू-मुसलमान, सवर्ण-दलित, पुरुष-स्त्री सभी कोटियाँ आप-से-आप सहज भाव से आ गई हैं। किसी को न विशेष पक्षपात की ज़रूरत है, और न कोई माँगता-देता है।

इसी क्रम में फिर दो-एक अपने उल्लेख और करने हैं, धीरेन्द्र वर्मा तथा रामविलास शर्मा के बाद। मध्यदेश हिंदी प्रदेश का एक संपूर्ण राज्य प्रशासनिक इकाई के तौर पर कितना व्यावहारिक है, वह एक अलग बात है। पर हिंदी-भाषी जाति का एहसास, भले एक हल्की भंगिमा में, स्वयं हिंदी भाषी जाति, और समूचे देश के राजनैतिक-सांस्कृतिक विन्यास में कितना ज़रूरी है, यह दो-एक उदाहरणों से आसानी के साथ समझा जा सकता है। राजनैतिक विन्यास की बात पहले। १९४७ में भारत-विभाजन पर पाकिस्तान बनना, और फिर पाकिस्तान से पूर्वी पाकिस्तान, अब बंगला देश, का टूट कर अलग हो जाना आधुनिक काल में हमारे देश का महत्त्वपूर्ण ऐतिहासिक-राजनीतिक घटना-क्रम है। इसके उत्तरांश का विवेचन यहाँ उपयोगी होगा। पाकिस्तान का निर्माण 'दो राष्ट्रों' के सिद्धांत पर हुआ, अर्थात हिंदू धर्म का राष्ट्र एक है, इस्लाम धर्म का दूसरा। पर कुछ ही वर्षों बाद संसार ने देखा कि इस्लाम धर्म पश्चिमी और पूर्वी पाकिस्तान को जोड़े नहीं रख सका। बीच में संस्कृति बाधक तत्त्व

हुई। पाकिस्तान के विघटन का मुख्य कारण यह था कि उसके पश्चिमी और पूर्वी प्रांतों को भावात्मक-सांस्कृतिक स्तर पर जोड़ने के लिए हिंदी प्रदेश नहीं था। भौगोलिक दृष्टि से कुछ अधिक ही महत्त्वपूर्ण तथ्य यह है कि समूचे भारत राष्ट्र को एक कुछ ढीले पर मज़बूत सांस्कृतिक सूत्र में बाँधे रखने का मुख्य दायित्व हिंदी भाषी क्षेत्र का रहा है। मध्यदेश हिंदी क्षेत्र को देश का हृदय-स्थल कहा जाता है तो यह महज़ एक लक्षणा नहीं, सुदृढ़ तथ्य भी है। हृदय का कार्य बीच में रहने के साथ-साथ मुख्यतः समूचे शरीर में रक्त-संचार बनाए रखना है। मध्यदेश इस रूप में समूचे देश के अंदर सांस्कृतिक संचार बनाए रखता है। पूर्व-पश्चिम, उत्तर-दक्षिण के विचारों-संस्कारों को छानते हुए उन्हें प्रवाहित करते रहना उसका काम है। इसके न रहने पर मूल पाकिस्तान की राष्ट्रीय अस्मिता बनी नहीं रह सकी।

हिन्दी क्षेत्र की सांस्कृतिक संचार-क्षमता का एक अन्य उदाहरण जैसा महत्त्वपूर्ण है वैसा ही रोचक भी। कई दशक हुए एक शोध विद्यार्थी ने मेरे साथ हिंदी में अनूदित उपन्यासकारों पर अपना शोध-कार्य प्रस्तुत किया था ('हिंदी में अनूदित उपन्यास और उनका साहित्यिक अभिरुचि के विकास पर प्रभाव'—सुरेन्द्रनाथ आनंद : इलाहाबाद-१९६९)। इस अध्ययन में उनका एक निष्कर्ष यह भी था कि विविध भारतीय भाषाओं में उपन्यासों का अनुवाद बहुत बार हिंदी माध्यम से हुआ है। बंकिम या शरत के उपन्यास गुजराती में पहुँचते हैं मूल बांग्ला से नहीं, हिंदी अनुवादों के माध्यम से। बहुत-कुछ जैसे आज बादल सरकार, विजय तेंदुलकर या गिरीश कर्नाड के नाटक हिंदी रूपांतरों में समूचे देश की यात्रा करते हैं। आनंद के उक्त निष्कर्ष का एक साक्ष्य इस बात में मिलता है कि अभी प्रायः एक दशक पूर्व शिवाजी सावंत के प्रसिद्ध मराठी उपन्यास 'मृत्युंजय' का अंग्रेज़ी अनुवाद, हिंदी अनुवाद के माध्यम से किया गया था। 'द स्टेट्समैन' के साप्ताहिक परिशिष्ट में उसकी परीक्षा करते समय यह खेद प्रकट किया गया था कि अंग्रेज़ी अनुवाद में हिंदी संस्करण के लिए लेखक द्वारा लिखी गई भूमिका छोड़ दी गई, जिसमें उपन्यास के कुछ प्रमुख रचना-स्रोतों का परिचय दिया गया था।

हिंदी की इस सांस्कृतिक संचार-क्षमता से स्पष्ट होता है कि हिंदी अस्मिता वस्तुतः राष्ट्रीय अस्मिता के लिए कैसी उपकारक है!

रसाल : रीतिकाल के आधुनिक संस्करण

❑

यह मेरा सौभाग्य रहा है कि मैं डॉ० रमाशंकर शुक्ल 'रसाल' की इलाहाबाद कक्षाओं में अँतिम वर्ष में विद्यार्थी रहा, जैसे कि पं० देवीशंकर शुक्ल 'भगवन' का भी। रसाल हमारी एम० ए० (प्री०) की कक्षा को पढ़ा कर सागर चले गए, और भगवन हमें अंतिम वर्ष में पढ़ा कर अवकाशप्राप्त हुए। यदि इन गुरुओं से पढ़ने का अवसर चूक गया होता तो अपने वैदुषिक-साहित्यिक जीवन के कुछ मूल्यवान अनुभवों से वंचित रहता।

ब्रजभाषा के प्रसिद्ध कवि जगन्नाथदास 'रत्नाकर' के बारे में कभी लिखा था कि वे रीतिकाव्य के अकेले कवि हैं, जो बी० ए० पास थे। इस क्रम में जोड़ा जा सकता है कि रसाल रीतिकाव्य के ऐसे आचार्य हैं, जो एम० ए०, डी० लिट्० थे। भाव यह कि इनके व्यक्तित्व में रीतिकाल का संपर्क पाश्चात्त्य शिक्षा-दीक्षा से होता है, जो बात पद्माकर या कि भिखारीदास के बारे में नहीं कही जा सकती। ये दोनों उस काल के कवि और आचार्य हैं जब एक काल निष्पन्न हो चुका है, दूसरा विकसित हो रहा है।

इस संदर्भ में हिंदी क्षेत्र के दो तत्कालीन साहित्यिक नगरों का चरित्र अलग-अलग उभरता दिखता है। काशी में रीतिकाल के अंतिम कवि लिखते होते हैं। भारतेंदु भी कविता के क्षेत्र में अधिकतर भक्तिकालीन और रीतिकालीन संस्कारों का पोषण करते रहे, आधुनिक विचारधारा गद्य के क्षेत्र में विकसित हुई। प्रयाग में श्रीधर पाठक, महावीरप्रसाद द्विवेदी क्रमशः ब्रजभाषा को छोड़ कर कविता में भी खड़ी बोली को चुनते हैं, जिसका अगला विकास सुमित्रानंदन पंत, निराला, महादेवी के माध्यम से छायावाद के रूप में होता है। 'सरस्वती' पत्रिका १९०० ई० में संस्थापित तो होती है काशी में, पर दो वर्ष बाद प्रयाग में स्थानान्तरित हो कर आ जाती है जहाँ वह अनेक दशकों तक प्रकाशित होती रहती है।

इस इलाहाबाद नगर में डॉ० रसाल का वैदुषिक और रचना-व्यक्तित्व फूटता है। एक ओर वे ब्रजभाषा काव्य के लिए समर्पित 'रसिक समाज' से जुड़ते हैं, और दूसरी ओर इलाहाबाद विश्वविद्यालय के अंग्रेज़ी वर्चस्व प्रधान वातावरण से। 'रसिक समाज' रत्नाकर के प्रसिद्ध काव्य 'उद्धव शतक' (१९३५) का प्रकाशन करता है, जिसकी बड़ी विस्तृत और विद्वत्तापूर्ण भूमिका ८३ पृष्ठों में डॉ० रसाल लिखते हैं। यहीं उनका प्रसिद्ध इतिहासज्ञ और शिक्षाविद डा० रामप्रसाद त्रिपाठी से संपर्क होता है, जो एक ओर अपनी अंग्रेज़ी वेशभूषा और वक्तृता के लिए ख्यात हैं तो दूसरी ओर ब्रजभाषा काव्य के गहरे प्रेमी और कवि-सम्मेलनों में अपने सवैया सुनाने के लिए प्रसिद्ध हैं। जब रसाल

इलाहाबाद विश्वविद्यालय में अध्यापक हैं तो उस समय डॉ० धीरेन्द्र वर्मा हिंदी विभाग के अध्यक्ष हैं जो कट्टर आर्यसमाजी हैं पर पेरिस विश्वद्यिालय के पढ़े हुए हैं। यानी कुल मिला कर पाश्चात्त्य संस्कृति यहाँ देशी संस्कारों पर भारी पड़ती है। कभी-कभी कुछ ऐतिहासिक संयोग बड़ा गहरा अर्थ लिये दिखते हैं। किसी समय रामचंद्र शुक्ल (बाद में आचार्य) प्रयाग के हिंदी विभाग में प्रवक्ता पद के लिए प्रत्याशी थे। वे लगभग चुन लिए गए थे, पर अंतिम स्थिति में यह नियुक्ति पं० देवीप्रसाद शुक्ल 'भगवन' को मिली जो उस समय हिंदू छात्रावास के वार्डन थे, और स्वयं धीरेन्द्र वर्मा, सुमित्रानंदन पंत, परशुराम चतुर्वेदी जैसे दिग्गज व्यक्तित्व उनके अंतेवासी। बाद में हिंदी विभाग में धीरेन्द्र वर्मा अध्यक्ष और 'भगवन' उनके सहयोगी चुने गए। बहरहाल, इस प्रसंग में लगता है कि नियति का निर्णय एकदम सही था। रामचंद्र शुक्ल का इलाहाबाद के विभाग में अंततः नहीं चुना जाना स्वयं रामचंद्र शुक्ल और डॉ० धीरेन्द्र वर्मा दोनों के हित में हुआ। दोनों आचार्य प्रयाग और काशी के पीठ पर अलग-अलग सुशोभित रहे, और एक-दूसरे के साथ नानाविधि सहयोग करते रहे। यदि दोनों एक विभाग में आ जाते तो शायद दोनों प्रखर व्यक्तियों का उन्मुक्त विकास कहीं कुछ बाधित ही हुआ होता।

इलाहाबाद के संपर्क में ब्रजभाषा काव्य और वैदुष्य में भी कुछ अंतर आया। रत्नाकर १८वीं शती के प्रसिद्ध अंग्रेज़ी कवि पोप से प्रभावित रहे, और उन्होंने उनके काव्यालोचन 'एॅसे ऑन मैन' का पद्यबद्ध अनुवाद किया, जहाँ व्यंग और सुघड़ता को काव्य का ऊँचा मूल्य माना गया है। पोप का रत्नाकर द्वारा अनुवाद इस प्रसंग में यों है—

साँची कलाकुसलता, अति मनरंजनहारी,
है साजिबौ सब साज प्रकृति सोभा उपकारी,
भयौ पूर्बहू जो चिंतित बहुधा मन माहीं,
या सुघराई सौं पायौ प्रकास पर नाहीं।

(समालोचनादर्श)

मूल है 'ट्रू विट इज़ नेचर टू एडवांटेज ड्रेस्ड। व्हॉट ऑफ़्ट वॉज़ थॉट, बट नेवर सो वेल एक्सप्रेस्ड'। वक्रोक्ति और सहजोक्ति जैसे एक-दूसरे में घुल-मिल गए हैं। उदाहरण स्वयं रत्नाकार के 'उद्धवशतक' से दिया जा सकता है गोपियों की उक्ति के रूप में—

और हूँ उपाय केते सहज सुढंग ऊधौ
साँस रोकिबे कौं कहा जोग ही कुढंग है।
कुटिल कटारी है अटारी उतंग अति,
जमुना तरंग है, तिहारौ सतसंग है॥

हिंदी कविता में कृष्ण-काव्य की लंबी और समृद्ध परंपरा में रत्नाकर की गोपियों की छवि यहाँ एकदम अलग दिखाई देती है। इन पंक्तियों के वाग्वैदग्ध्य में हास्य,

बौद्धिक प्रखरता, गंभीरता, तटस्थता और संतुलन का ऐसा बेजोड़ सामंजस्य है जो 'उद्धवशतक' की रचना-संवेदना को मध्यकालीन भावावेग के काव्य से बलपूर्वक अलग कर लेता है।

इसी के समानांतर रसाल का काव्यशास्त्र चलता है परंपरा का ज्ञान के नये आलोक में मूल्यांकन करता हुआ। रसाल के ही निर्देशन में डॉ० राकेश गुप्त अपना प्रख्यात डी० लिट्० प्रबंध प्रस्तुत करते हैं—'साइकॉलॉजिकल स्टडीज़ इन रस', जहाँ भारतीय काव्यशास्त्र का विवेचन आधुनिक पाश्चात्य मनोविज्ञान के प्रकाश में होता है। रीतिकालीन अध्ययन का यह रूप काशी की विद्वत् परंपरा—केशव प्रसाद मिश्र, लाला भगवानदीन, पं० विश्वनाथ प्रसाद मिश्र—से अलग द्रष्टव्य है।

इलाहाबाद परिसर की एक विशेषता यह रही कि शोध और अध्यापन दोनों पर यहाँ बल रहने के बावजूद महात्म्य अध्यापन का था। रसाल का व्यक्तित्व इसका एक अच्छा उदाहरण था। इसी प्रकार साहित्य के अध्यापन में पांडित्य और सहृदयता का योग बराबर काम्य रहा। मैंने एम० ए० के अध्ययन के दौर में (१९५०-५२) जो कक्षा-नोट्स तैयार किए थे उनमें रसाल के व्याख्यानों पर सबसे कम पृष्ठ हैं, पर उनका अध्यापन अब भी मन में सजीव है।

रीतिकाल और छायावाद के संस्कार एक दूसरे से प्राय: टकराते इलाहाबाद के हिंदी विभाग में दिखते थे। रसाल का मानना था कि 'कामायनी' दग्धाक्षर से आरंभ होने के कारण ('हिमगिरि के उत्तुंग पर...') अभिशप्त काव्य है, रामकुमार वर्मा कक्षा में कभी हल्की मुस्कराहट के साथ पढ़ते थे 'बौरे रसाल...'! इस सबके बीच साहित्य का अध्यापन एक उत्सव के रूप में चलता था।

डॉ० दुबे : प्रोफ़ेसर जीवन-चर्या के मानक

❑

डॉ० रामनाथ दुबे—जिन्हें हम 'डैडी' कह कर पुकारने के अभ्यस्त थे—और उनके बच्चों का घर, मेरे लिए बराबर दूसरे घर की तरह रहा है। यों इलाहाबाद में वे मेरे अभिभावक रहे व्यक्तिगत और शैक्षणिक दोनों संदर्भों में। यह उनके परिवार की माया है कि मेरे जैसे आलसी और यात्रा-भीरु को कभी यह नहीं लगा कि मैं घर छोड़ कर एक बड़े विश्वविद्यालय में पढ़ने के लिए आया हूँ। और सबसे बड़ी बात यह है कि इस विश्वविद्यालय के प्रोफ़ेसर का एक प्रतिनिधि चरित्र उन्होंने बराबर मेरे सामने रक्खा।

१९५० में एम० ए० कक्षा में जब मैंने प्रवेश लिया था तो कहा जा सकता है कि उस समय इलाहाबाद विश्वविद्यालय वैदुषिक क्षेत्र में अपने शिखर पर था। देश नया-नया आज़ाद हुआ था, उसका उल्लास एक ओर था, और दूसरी ओर अंग्रेज़ी ढंग के विश्वविद्यालय की पूरी गरिमा थी। यों दोनों दुनियाओं का श्रेष्ठतम जैसे यहाँ एकत्र हो गया हो। डॉ० दुबे, कई अन्य अध्यापकों की तरह, इस विश्वविद्यालयीय गरिमा के जीवंत रूप थे।

कभी-कभी सोचने पर प्रीतिकर आश्चर्य होता है कि इन प्राध्यापकों ने अपनी अपेक्षया संक्षिप्त जीवन-अवधि में कैसे इतना कुछ अर्जित कर लिया। ये सामान्यत: मध्यवित्त, कभी-कभी निम्न-मध्य वित्त, परिवारों से आए थे। शैक्षणिक स्तर पर इन्होंने अपने को अधिक-से-अधिक सम्पन्न किया। प्राय: सभी इंग्लैंड या फ्रांस के विश्वविद्यालयों में गए और वहाँ उच्चतर शिक्षा पाई—तब अमरीका की चर्चा प्राय: नगण्य थी। अपने-अपने साफ-सुथरे बँगले बनाए, बच्चों को स्वभावत: अपने से कुछ अधिक ही शिक्षा देने का यत्न किया, उनके अच्छे विवाह-संबंध किए। पर इन सारे ऐहिक क्रिया-कलापों के बीच उनका शिक्षण और शोध-कार्य कहीं बाधित नहीं हुआ, वरन् लगभग एक व्यसन की तरह बढ़ता ही गया। जिन प्रसिद्ध विदेशी परिसरों पर उन्होंने शिक्षा पाई स्वयं वहाँ के प्रतिनिधि इन भारतीय-इलाहाबादी-प्रोफ़ेसरों की उपलब्धियों पर मुग्ध रहते थे। व्यक्तिगत स्तर पर ये प्राध्यापक अत्यन्त विनम्र, पर अंदर उतने ही प्रखर स्वाभिमानी थे, विदेशी और स्वदेशी दोनों दौर में। समय और वचन के पक्के, एकदम व्यवस्था-प्रिय और विद्यार्थियों के प्रति बराबर सहानुभूतिशील। डॉ० दुबे इस प्रोफ़ेसर-मंडली के अन्यतम सदस्य थे। उनके अन्य सहयोगी जिन्हें निकट से जानने का मुझे अवसर मिला वे थे प्रो० धीरेन्द्र वर्मा, हिंदी विभाग में मेरे गुरु; संस्कृतज्ञ डॉ० बाबूराम सक्सेना; प्रो० सतीशचंद्र देब, अंग्रेज़ी विभाग

के अध्यक्ष; प्रो० जे० के मेहता, अर्थशास्त्री तथा अन्य कितने ही गुरुजन जो अपने जीवन-काल में वैदुषिक किंवदंतियों के केन्द्र बन गए थे।

वैदुषिक संदर्भ में डॉ० दुबे का बाज़ाब्ता विषय था पहले अर्थशास्त्र-बैंकिंग और फिर भूगोल, जहाँ इस क्षेत्र के आरंभिक अध्यापन का उन्होंने सूत्रपात किया। बहुत तरह की पत्रिकाएँ वे मँगाते थे—'नेशनल जियोग्राफ़िक' और 'भूगोल' जैसी अपने विषय से जुड़ी के अतिरिक्त अनेक सामान्य रुचि की होती थीं, जिन्हें हम लोग भी बड़ी रुचि से पढ़ते। पुस्तकों के चुनाव में एक का नाम अविस्मरणीय है। स्थानीय पुस्तक-विक्रेता को विशेष आदेश दे कर उन्होंने 'कोलंबिया डिक्शनरी ऑफ़ यूरोपियन लिट्रेचर' मँगाई थी जबकि साहित्य के अध्ययन से न तो उनका कोई सीधा संबंध था न किसी बच्चे का। यहाँ कहना होगा कि 'हिंदी साहित्य कोश' (२ भाग) की बृहत योजना बनाते समय कहीं मेरे मन में इस कोलंबिया कोश का भी नक्शा था। यों उनकी इस व्यापक पुस्तक-रुचि का कुछ लाभ मेरे हिस्से में आया।

डॉ० दुबे के व्यापक चरित्र के प्रसंग में एक ही संस्मरण उसे उजागर करने के लिए पर्याप्त है। उन दिनों विश्वविद्यालय के 'कोर्ट' से सीधे कुलपति का चुनाव होना था। १९५२ का चुनाव था। संयोग था कि दुर्योग यह कि जिस संध्या को मत-दान होना था उसी समय डॉ० दुबे की इकलौती बेटी की बारात चढ़ने को थी। कुलपति का चुनाव अपनी जगह, पर मतदाता का चुनाव भी यहाँ कम कठोर नहीं था। कान्यकुब्जों की बारात, जिनके लिए स्वयं जन्मत: कान्यकुब्ज कवि निराला ने अपनी बेटी के लिए शोक-कविता 'सरोज-स्मृति' में लिखा—"सोचा मन में हत बार-बार/ये कान्यकुब्ज-कुल कुलांगार। खा कर पत्तल में करें छेद/इनके वर कन्या, अर्थ खेद"। तब क्या किया जाए? बारात-स्वागत की तैयारी देखी जाए या कि मत-पेटी के निकट पहुँचा जाए, और जिस प्रत्याशी को आश्वासन दिया था मत दे कर उसे पूरा किया जाए! डॉ० दुबे को कर्त्तव्य का निर्णय करने में देरी नहीं लगी। पहले वे मतदान के लिए विश्वविद्यालय परिसर गए, फिर घर लौट कर बारातियों का उचित स्वागत-सम्मान किया। इसके लिए किसी क़दर उनकी आलोचना भी हुई, पर वे अपने निर्णय के प्रति पूरे आश्वस्त रहे। यह भी विलक्षण प्रयोग था कि उनका प्रत्याशी कुल एक मत से विजयी हुआ।

इस संक्षिप्त संस्मरणात्मक आलेख का समापन एक असंस्मरण से करना चाहूँगा। कई बार गर्मी की छुट्टियों में डॉ० दुबे के आवास पर रहने का अवसर हुआ। अनेक वर्षों तक ग्रीष्मावकाश में वे सपरिवार मसूरी या किसी अन्य पर्वतीय स्थल पर चले जाया करते थे। मैं जब उनके परिचय क्षेत्र में आया तब वे इस यात्रा-क्रम का स्वास्थ्य तथा अन्य कारणों से परित्याग कर चुके थे। उस समय उनकी गर्मियाँ परिवार सहित इलाहाबाद में बीतती, जिसे अकबर इलाहाबादी और निराला अपने-अपने ढंग से ग्रीष्म प्रसिद्धि दे चुके हैं। इस अवकाश का उपयोग वे सामान्यत: दो कामों में लिए करते—एक तो उत्तर-पुस्तिकाओं के परीक्षण में, दूसरे अपनी पुस्तकों के नये संस्करण

व्यवस्थित करने में। यह सारा काम उनकी निजी व्यवस्था के अंतर्गत होता। उस समय तक कूलर-ए०सी० का ज़माना नहीं आया था। ड्राइंग रूम के मुख्य द्वार पर ख़स की एक छोटी-सी कोठरी बनती, जिसमें टब भरा पानी और एक मग होता। डॉ० दुबे यहीं, निमृत एकांत में बैठ कर, उत्तर-पुस्तिकाएँ देखते या तो प्रूफ़। बीच-बीच में उठ कर ख़स की कोठरी तर कर लेते। परीक्षण-कार्य के प्रसंग में विश्वविद्यालय के अनेक सदस्यों को ले कर कई तरह के रोचक किस्से पहले से प्रचलित रहे हैं। पर असंस्मरण यह है कि मैने डॉ० दुबे को उपर्युक्त कार्यक्रम के लिए किसी शिष्य या सहकर्मी का सहयोग लेते कभी नहीं देखा। परीक्षण-कार्य वे शत-प्रतिशत स्वयं करते। ऐसा आत्म-निर्भर उनका चरित्र था।

डॉ० दुबे इलाहाबाद में अपनी प्राध्यापक-पीढ़ी के एक अच्छे प्रतिनिधि उदाहरण कहे जा सकते हैं। ये अध्यापक अधिकतर सामान्य मध्यवर्गीय कभी-कभी निम्न मध्यवर्गीय परिवारों से इलाहाबाद में उच्च शिक्षा के लिए आए। यहाँ अध्ययन-अध्यापन और शोध-कार्य किया, उच्चतर शिक्षा और शोध के लिए विदेश गए, वहाँ के प्रतिष्ठित विश्वविद्यालयों से उपाधि भी ली। व्यावहारिक स्तर पर, साफ़-सुथरे घर-बँगले बनवाए, बच्चों को अच्छी शिक्षा दी और वैसे ही परिवारों में उनका विवाह किया। कार-टेलीफ़ोन, का वह ज़माना नहीं था; जिंदगी की गति धीमी थी, पैदल। पर इन सारे वैदुषिक और व्यावहारिक दायित्वों के बीच वे अपने विद्यार्थियों की भी चिंता बराबर करते रहे, व्यक्तिगत स्तर पर अपना समय तथा पाठ्य-सामग्री दे कर, और यथावश्यक आर्थिक सहायता दे कर भी। इस तरह एक सुव्यवस्थित विश्वविद्यालय समाज की रचना में, परस्पर के छोटे-बड़े राग-द्वेषों के बावजूद, इन अध्यापकों का विशिष्ट योगदान रहा है। उनके विद्यार्थी इलाहाबाद में बिताए गए दिनों का आदर, आत्मीयता और कृतज्ञता से स्मरण करते हैं।

डॉ० ब्रजेश्वर वर्मा : मध्यकालीन वैदुष्य-आधुनिक साहित्य-संस्कार

❏

डॉ० ब्रजेश्वर वर्मा को हम सूरदास/सूरसागर के शीर्ष विशेषज्ञ के रूप में जानते हैं, या फिर एक कुशल शोध-निर्देशक और भारतीय हिंदी परिषद के व्यवस्थापक रूप में स्मरण करते हैं। पर इस वैदुष्य के पीछे उनका आधुनिक साहित्य से जीवंत लगाव छिप जाता है, इस ओर हमारा ध्यान कम जाता है। यों, समझना यह होगा कि मध्यकाल से ले कर नयी कविता तक उनका रुचि-विस्तार कैसे इलाहाबाद के अपने साहित्यिक परिवेश की निजी विशेषता है।

युवावस्था के आरंभिक दौर में आकर्षण रचना की ओर हो तो यह समझ में आता है। फिर क्रमश: शोध और वैदुष्य का दबाव बढ़ता गया है। आरंभिक दौर में ब्रजेश्वर वर्मा कवि, उपन्यासकार तथा साहित्य-समीक्षक हैं। इसी दौर में उनके साहित्यिक संस्कार बनते हैं, जो फिर आगे चल कर उनकी शोध-प्रक्रिया को भी कहीं अनुशासित करते हैं। १९३० का दशक, जो आधुनिक हिंदी साहित्य की सर्वोत्कृष्ट उपलब्धियों का काल है ('कामायनी', 'राम की शक्ति-पूजा', 'गोदान', 'हिंदी साहित्य का इतिहास'), ब्रजेश्वरजी के साहित्यिक उन्मेष का समय है। इस अवधि में वे तब परिपक्व होते छायावादी कृतित्व की समीक्षा करते हैं, जिसके लिए 'सरस्वती' पत्रिका के पृष्ठ खुले हुए थे। यह दुर्योग ही कहा जाएगा कि इस अवधि में 'सरस्वती' में प्रकाशित उनकी एक समीक्षा हिंदी साहित्य में अंतत: कटु आलोचना का विषय बन गई। निराला की सर्वोत्कृष्ट रचना 'राम की शक्ति-पूजा' उन्हीं दिनों छपी थी। उसकी समीक्षा करते हुए ब्रजेश्वर ने लिखा कि कविता की आरंभिक तत्सम प्रधान पंक्तियाँ भूत झाड़ने का अच्छा मंत्र बन सकती हैं, बशर्ते उनके अंत में एक 'छू:' शब्द और जोड़ दिया जाए!

कहना न होगा 'सरस्वती' में प्रकाशित इस समीक्षा की हिंदी साहित्य जगत, विशेषत: प्रयाग, में तीखी प्रतिक्रिया हुई। निराला का कद्दावर व्यक्तित्व, 'राम की शक्ति-पूजा' जैसी यशाकांक्षी रचना, और उस पर ऐसी विहंगम समीक्षा! सारा हिंदी समाज एकबारगी आंदोलित हो उठा। रामनरेश त्रिपाठी ने 'कविता कौमुदी' भाग-२ के संवर्द्धित संस्करण की लंबी भूमिका में ब्रजेश्वरजी को आड़े हाथों लिया, जो विवेचन अब हिंदी काव्यालोचन का अभिन्न अंग हो गया है। इस प्रसंग को मैंने कभी इलाहाबाद हिंदी विभाग के अध्यापक-कक्ष में उठाया, और ब्रजेश्वरजी से जानना चाहा कि ऐसा हुआ क्यों-कैसे! ब्रजेश्वरजी ने स्पष्टीकरण किया कि तत्कालीन 'सरस्वती' संपादक श्री उमेशचंद्र देव उनके बड़े आत्मीय मित्र तथा हितरक्षक थे। और अपने स्नेहाधिकार

का उपयोग करते हुए वे बहुत बार अपना लेखन ब्रजेश्वरजी के नाम से छपवा देते थे। निराला संबंधी समीक्षा में भी उन्होंने अपने इसी आत्मीय-संपादकीय अधिकार का उपयोग किया था। बहरहाल, इस पूरे कांड को झेलना पड़ा स्वयं ब्रजेश्वरजी को।

समकालीन साहित्य में गहरी और सक्रिय रुचि का एक दूसरा प्रसंग लें, जो नयी कविता के आरंभिक उन्मेष से जुड़ा हुआ है। कहना न होगा, ये दोनों प्रकरण नये साहित्यिक आंदोलनों के प्रति उन्मुखता के जीवंत प्रमाण हैं। 'नयी कविता' पत्रिका का प्रकाशन १९५४ ई० में इलाहाबाद से आरंभ हुआ। पर उसके कई बरस पहले से इलाहाबाद के साहित्यिक वातावरण में विशेषत:, और अन्यत्र भी, नयी कविता विषयक चर्चा उभार पर थी। १९५३ की फ़रवरी में नये लेखकों की विशिष्ट संस्था 'परिमल' की ओर से नयी कविता विषयक एक गोष्ठी का इलाहाबाद विश्वविद्यालय के 'ओरिएंटल हॉल' में आयोजन हुआ। भारतभूषण अग्रवाल, जगदीश गुप्त और रामस्वरूप चतुर्वेदी ने नयी कविता के विविध पक्षों पर उसमें पर्चे पढ़े, और फिर शाम की बैठक में काव्य-पाठ था शंभुनाथ सिंह की अध्यक्षता में। शमशेर की लंबी कविता 'अमन का राग' पढ़ते समय प्रबुद्ध श्रोताओं में भी कुछ अधीरज का संचार हुआ था। मार्च १९५३ के 'नये पत्ते' में उक्त गोष्ठी की एक संक्षिप्त सूचना प्रकाशित हुई, और काव्य-पाठ प्रकरण को ले कर एक पत्र ब्रजेश्वर वर्मा का छपा—'नयी कविता—श्रोता के दृष्टिकोण से'। इस अपेक्षया लंबे पत्र में ब्रजेश्वरजी ने लिखा,

''क्या नएपन का इंजेक्शन दिया जा सकता है? यह प्रश्न कविता सुनते-सुनते बार-बार मन में उठा। मैं इंजेक्शन का विरोधी नहीं, पर कविता में इंजेक्शन लगाना मुझे उचित नहीं जँचता। फिर भी मदारी, नाग और पिटारी (भारतभूषण अग्रवाल?) वाली कविता मुझे बहुत अच्छी लगी। उसमें भाव, भावना, चित्रयोजना और गंभीर व्यंग्य सभी काव्य-गुण हैं। इस कविता की तुलना यदि हम उस लंबे गद्य-गीत से करें (शमशेर बहादुर सिंह) जिसमें कवि ने दमित आवेश से लरजते हुए तरल कंठ-स्वर में भूमंडल के कलाकारों और उनकी कलाकृतियों के सांस्कृतिक विनिमय तथा सद्भावना-संदेश की ऐतिहासिक उत्प्रेक्षाएँ की हैं तो नई कविता की अच्छी और बुरी दोनों प्रकार की विशेषताएँ सामने आ जाएँगी।

× × ×

''मैं नए कवि से कहना चाहता हूँ कि तुम्हारी गति में ही लय है, श्रम में ही विश्राम है, शर्त यही कि तुम्हारे पास गति हो और श्रम में तुम्हारा विश्वास हो। कविता का भविष्य रुँधा नहीं है, नई कविता विश्वास को खोज कर आगे बढ़े, अभिव्यक्ति-मात्र का प्रयोग न करे तथा खुली हवा में साँस ले कर स्वस्थ बने तो उसका भविष्य उज्ज्वल है, वह काव्य आत्मा को संकीर्णता के पंक से निकाल सका है।

अभी इतना ही''

डॉ० ब्रजेश्वर वर्मा

'नयी कविता' पत्रिका के सांगोपांग प्रकाशन के एक वर्ष पूर्व नयी कविता के सहृदय और विवेकशील श्रोता/पाठक का यह खुला स्वागत-भाव निश्चय ही स्पृहणीय है, दोनों पक्षों की ओर। तब यह आकस्मिक नहीं है कि 'हिंदी अनुशीलन' जैसे शोध-त्रैमासिक का संपादन ब्रजेश्वर जी एक ओर करते हैं, और पचास के दशक के आरंभ में 'आलोचना' त्रैमासिक के संपादक-मंडल में भी सम्मिलित होते हैं। मध्यकालीन शोध और आधुनिक आलोचना का यह सामंजस्य जैसे उनके रचनाशील व्यक्तित्व की केन्द्रीय विशेषता हो।

अक़ील रिज़वी : उर्दू गद्य और 'गौधूल'

❏

गद्य का बोलचाल से सहज संबंध है। मोलियर के एक हास्य नाटक में एक पात्र को यह जान कर अचरज होता है कि अपने सारे जीवन-भर वह गहन गद्य बोलता रहा है। वस्तुत: बोलचाल ही वह सोता है जहाँ से गद्य अपना प्रवाह लेता है। उर्दू परंपरा में तो अपने नाम के अनुकूल ही, बाज़ारू और गली-मुहल्ले की बोलचाल को रचना के आधार-रूप में रखने पर बल रहा है। कविता में भी, तब गद्य में तो और अधिक। उर्दू बाज़ार को हर नगर से जोड़ने वाली भाषा रही है।

पर विलक्षण बात यह है कि उर्दू में अकाल्पनिक संस्मरणात्मक गद्य की ओर पढ़े-लिखे समाज का ध्यान अपेक्षाकृत कम रहा है। 'गुज़िश्ता लखनऊ' (अब्दुल हलीम शरर) 'मिरातुल-अुरुस' (नज़ीर अहमद) या कि ग़ालिब के पत्र संस्मरणात्मक गद्य के उत्कृष्ट नमूने हैं, पर शायरी की चकाचौंध में १९वीं सदी के इस लेखन की ओर हमारा रुझान कम ही रहा है।

अक़ील रिज़वी की आत्मकथा 'गौधूल' इसी समृद्ध गद्य-परंपरा में आती है, जहाँ सूचना, जनवाणी, इतिवृत्त तो महज़ उप-फल है—'बाई प्रोडक्ट', असल बात तो उस गद्य को पढ़ने का आनंद है। हिंदी के प्रसिद्ध कवि अज्ञेय ने कहा है, "अच्छा गद्य पढ़ने में मुझे अनिर्वचनीय आनंद मिलता है...।" अनिर्वचनीय शब्द ध्यान देने योग्य है—'जो बताया न जा सके।' और यह बात एक कवि कह रहा है गद्य की संस्तुति में। संस्कृत में तो उक्ति प्रसिद्ध ही है कि गद्य कवियों की कसौटी है। और ग़ालिब अपने अनुभव से इसे संपुष्ट करते हैं। मुंशी नबी बख़्श 'हकीर' के नाम लिखे पत्र में वे कहते हैं, "नस्र की फ़िक्र नज़्म से कम नहीं।" तो नस्र की मुख्य फ़िक्र यही है कि महज बोलचाल को गद्य में रचा कैसे जाए!

कल्पना-प्रधान माध्यमों जैसे उपन्यास-कहानी में—कि नाटक में बोलचाल की भूमिका अलग है—कितनेहू यत्न के बावजूद भाषा कुछ कृत्रिम, कुछ पँडिताऊ हो ही जाती है। यह बोलचाल रच कर निखरती है अकाल्पनिक के माध्यमों में जैसे जीवनी-आत्मकथा, रेखाचित्र-संस्मरण या कि पत्रों में। यहाँ भाषा का बेलौस रूप दिखता है जो कृत्रिम नहीं, यद्यपि कि सहज रूप में कृत्रिम है। 'गौधूल' के लेखक को बराबर इसी चुनौती से जूझना पड़ा है।

हिंदी-उर्दू में आत्मकथा-लेखन यों भी कम है सामाजिक दबावों और लेखकीय संकोच दोनों के कारण। एक तरह की साहित्यिक पर्दा-प्रथा इस आत्म-प्रकाशन को रोके हुए है। हिंदी-क्षेत्र की तुलना में बँगला-मराठी साहित्यकार अधिक मुखर हैं। यह अलग बात है कि बड़े सर्जनात्मक लेखक बहुत बार अपने में मौन साधे रहते हैं।

अंग्रेज़ी कवि टी० एस० एलियट ने तो अपनी उत्तराधिकारी संस्था को लिखित आदेश दे रक्खा था कि उनकी कोई जीवनी न लिखवाई जाए, और यदि कोई जीवनी लिखने का यत्न करता है तो उसे उनकी 'एस्टेट' की तरफ़ से कोई सुविधा-सहायता न दी जाए। हिंदी में जशयंकर प्रसाद से जब आत्मकथा लिखने का आग्रह किया गया तो उन्होंने आत्मकथा-लेखन की व्यर्थता पर एक कविता लिख दी, और शीर्षक दिया 'आत्मकथा'। 'हंस' पत्रिका की यह आत्मकथा-विशेषांक आयोजित करने वाले मुंशी प्रेमचंद ने लिखा है, ''मेरा जीवन सपाट-समतल मैदान है जिसमें कहीं-कहीं गड्ढे तो हैं पर टीलों, पर्वतों, अपने जंगलों, गली-घाटियों और खंडहरों का स्थान नहीं है। जो सज्जन पहाड़ों की सैर के शौकीन है उन्हें तो यहाँ निराशा ही होगी।'' लगता है कि बड़े लेखक अपने भाव और अनुभव-कोश का जान-बूझ कर उद्‌घाटन नहीं करना चाहते, जिससे उनके सहकर्मियों को उसका ठीक-ठीक पता न चल सके। फिर इसी बीच साहित्य में एक बहस यह भी छिड़ी कि आत्मकथा लिखने की पात्रता किसकी है—सिर्फ़ प्रसिद्ध व्यक्तियों की, या कि किसी भी सामान्य अनाम व्यक्ति की?

इन कई तरह के विवादों के बीच 'गौधूल' अवतरित होता है। पहला ध्यान सहज ही शीर्षक की ओर जाता है। 'गोधूलि' यानी गायों के जंगल से लौटने का समय। भारतीय परम्परा में यह बड़ा पवित्र समय माना गया है शुभ कार्यों के लिए। 'गौधूल' का वक़्त ज़ाहिर है, कुछ तो प्रकाश-अंधकार के मिलन के कारण और कुछ गायों के खुरों से उड़ी धूल की वजह से, धुँधलके का होता है, सब कुछ साफ़-साफ़ नहीं दिखता और जब बाहर बहुत रोशन न हो तो हो सकता है उस समय अंदर एक प्रकाश उग आया हो, जिसमें व्यक्ति अपने समूचे जीवन और संसार को बहुत साफ़-साफ़ देख सकता हो। मनुष्य के जीवन में सत्तर के आस-पास का समय लक्षण से गौधूल का वक़्त है; बाहर की गहमा-गहमी से निगाह फेर कर अंदर झाँकने का। अक़ील रिज़वी सामान्यत: सर्जनात्मक रचनाकार नहीं, आलोचक हैं; पर जो 'गौधूल' का बिंब उन्होंने चुना है वह इस तरह अर्थ की अनेक परतें लपेटे हुए है। यों आलोचक होने से उनके अंदर सच बोलने की निर्भीकता है, सर्जनात्मक रचनाकार न होने से उन्हें अपने कई तरह के प्रेरणा-स्रोतों को छिपाने की दरकार नहीं पर उनका गद्य गौधूल जैसा ही सहज और रचना दोनों एक साथ है। यही उनके इस लेखन की सबसे बड़ी विशेषता है।

आत्मकथा में जैसा कहा गया वृत्त उतना महत्त्वपूर्ण नहीं जितना कि उसका रचाव है। लेखक के जीवनवृत्त में स्पष्ट ही कई राष्ट्रीय महत्त्व के घटना-क्रम हैं - स्वतंत्रता संग्राम का जारी रहना - स्वतंत्रता की प्राप्ति - देश-विभाजन - दंगे-राष्ट्रीय पुनर्निर्माण के प्रयत्न-औपनिवेशिक संस्कृति के दबाव - गांधी-साम्यवादी आंदोलन का उभार आदि। पर पाठक इस ऐतिहासिक जानकारी के लिए यह आत्मकथा नहीं पढ़ेगा, उसकी रुचि मूलत: चरितनायक के साथ इस ऐतिहासिक घटनाक्रम की अंतरक्रिया में है जहाँ कि इतिहास को मानवीय स्पर्श मिलता है, और जहाँ ही रचना की संभावना बनती है। इस संदर्भ में 'गौधूल' के एक दृश्य का परीक्षण रुचिकर और उपयोगी होगा।

'गौधूल' के कुछ चुने हुए हिस्सों को लेखक के मुख से मूल में सुनने का सौभाग्य मुझे मिला है। ज़ाहिर है इस पाठ में भाषा का बोलचाल रूप समझने-सराहने का अधिक अवसर था। यहाँ रूपांतर से काम चलाना होगा। एक रोचक दृश्य लंदन स्थित बहुचर्चित इंडिया ऑफ़िस लाइब्रेरी का है। कई उर्दू लेखक वहाँ पहुँचे हुए हैं अपने साहित्य की स्थिति का अंदाज करने। वर्णन यों चलता है—"यह किताबें कुछ ज़मीन पर और कुछ रैक पर ढेर थीं, यह हालत बिलकुल हिंदुस्तान की लाइब्रेरियों जैसी थी। मुझे पाकिस्तान की लाइब्रेरियों का हाल नहीं मालूम। इनमें तीन-चार साल पहले की भी छपी हुई किताबें थीं जो अभी तक कैटलाग नहीं हुई थीं। कुरैशी साहब ने मेरे इसतेजाब को भाँप लिया और एतिजार के अंदाज़ में बोले कि अभी यह किताबें कैटलाग नहीं हो सकीं। मैं अकेला आदमी हूँ और काम बहुत है। (मैं भी अपनी यह किताब इंडिया ऑफ़िस लाइब्रेरी ज़रूर भेजूँगा।) हम उनकी इस बात के मुत्तफ़िक थे। वाकई वहाँ काम बहुत है। फिर कुरैशी साहब को गाहे-गाहे मुहक्किकीन की मदद भी करनी पड़ती है। जो प्रेमचंद की किश्ना और अमीर ख़ुसरो साहब की ख़ालिकबारी या दीवाने सौदा और अवध ब्लू बुक के इब्तिदाई नुस्ख़े तलाश करते हुए यहाँ आते हैं और कुरैशी साहब का वक़्त और पैसे दोनों बर्बाद करते हैं कि अक्सर उन मुहक्किकीन को कुरैशी साहब बड़े ख़ुलूस से सिर्फ़ चाय ही नहीं पेश करते बल्कि 'वाय' का भी इन्तज़ाम करते हैं। कुरैशी साहब ने हमें भी बाहर ले जा कर बहुत अच्छा नाश्ता भी चाय के साथ कराया। मेरी हिमाकत देखिए कि मैंने नाश्ता करते-करते अचानक कुरैशी साहब से पूछा कि किंग विलियम्स स्ट्रीट वहाँ कहाँ है? कुरैशी साहब ने बताया कि उसी पुल की बायीं जानिब है जहाँ से गुज़र कर हम उस लाइब्रेरी में आये हैं। फिर मुतहय्यिर होकर पूछा कि यह सड़क आपको क्यों याद आई ? मैंने कहा कि टी०एस० इलियट ने अपनी किताब 'वेस्टलैंड' में दफ़्तर जाते हुए बाबू लोगों का बड़ा अच्छा नक्शा उस सड़क पर खींचा है जो उसकी इशारी और अलामती शायरी का बहुत अच्छा टुकड़ा मुझे मालूम हुआ।" करुणा और विनोद का बड़ा प्रीतिकर संतुलन यहाँ बन पड़ा है, जो हर तरह के अकाल्पनिक लेखन की एक मुख्य विशेषता कही जा सकती है। 'चाय' और 'वाय' का आमना-सामना इसी अंदाज़ में है।

आत्मकथा तथा अन्य संस्करणात्मक लेखन की लोकप्रियता इधर इसलिए बढ़ी है कि कई तरह की मारा-मारी के इस ज़माने में बहुत-से पाठक कुछ ऐसा पढ़ना चाहते हैं जो न तो उपन्यास-कहानी-नाटक की तरह सघन सर्जनात्मक, हो, और न दैनिक अख़बार की तरह सिर्फ़ सूचनात्मक। यह बीच का साहित्य अधिक आत्मीय होने के कारण अपने पाठक-वर्ग का विश्वास आसानी से अर्जित कर लेता है। गौधूल का वक्त शांति का होता है और चिंतन-मनन का भी। इस आत्मकथा का पाठक यह अनुभव स्वयं करेगा।

देवीशंकर अवस्थी : प्रसन्न आलोचक का जीवन, नियति ट्रैजडी की

❑

देवीशंकर अवस्थी ने अपना लेखकीय जीवन कुछ ऊनी स्थिति में आरम्भ किया। वे काशी-प्रयाग परिसर के अंग न हो कर कानपुर से प्रशिक्षित थे; विश्वविद्यालय के मुख्य विभाग में नहीं सांध्यकालीन कक्षाओं में पढ़ाते थे, नयी कविता के केन्द्र में न हो कर नयी कहानी के 'हाशिये पर' थे। पर महत्त्वपूर्ण बात यह है कि अपनी निष्ठा और अध्ययनशीलता के बल पर इस ऊने आरंभ पर उन्होंने बहुत शीघ्र विजय पा ली। वे हर तरह से आलोचना की मुख्य धारा में आ गए। स्वयं प्रवाहित होने के साथ-साथ प्रवाह को गति भी देने लगे।

हिंदी के अनेक बड़े लेखक ऐसे हुए हैं जिन्हें आयु देने में काल ने कृपणता बरती। भारतेन्दु, प्रतापनारायण मिश्र, बालमुकुंद गुप्त, जयशंकर प्रसाद जैसे नाम अनायास स्मरण हो जाते हैं। पर वह शायद ऐसा समय था कि व्यतिक्रम कम थे और अपेक्षाकृत अल्प काल में भी वे अपना काम पूरा कर सके। उपर्युक्त लेखकों की अल्पायु पर यदि ध्यान न रहे तो उनके कार्य को देख कर उनकी आयु का बहुत अंदाज़ नहीं लगता और उनके लेखन में अधूरेपन का भान नहीं होता। पर आधुनिक युग की आपा-धापी में देवीशंकर की आयु भी कम मिली और बहुत कार्य भी वे नहीं कर पाए। उनकी उपलब्धि से उनकी संभावनाएँ कहीं अधिक थीं और यहीं उनके व्यक्तित्व में ट्रैजडी का गहरा बोध होता है। आलोचक का जीवन जैसे स्वयं में एक त्रासद रचना बन जाए।

विडम्बना यह है कि अपने जीवन-क्रम में देवीशंकर अवस्थी ट्रैजडी का कहीं कोई एहसास नहीं देते थे। अपने हिस्से के संघर्ष उन्हें मिले थे, व्यक्तिगत और रचनात्मक दोनों स्तरों पर। पर अपनी कर्मठता और ख़ुशमिज़ाजी में वे बड़े प्रीतिकर व्यक्तित्व के धनी थे। शिकवा-शिकायत का स्वभाव उनका नहीं था। ऐसे संपन्न व्यक्तित्व के बावजूद वे अधूरेपन में चले गए। बंधुवर नामवरसिंह की टिप्पणी विषण्ण भाव से याद आती है – बहस बीच में छोड़ कर, उठ दिए देवीशंकर।

देवीशंकरजी से मेरे कई नाते थे। एक तो हम दोनों का बहुत-सा आरंभिक समय कानपुर में बीता। नगर की अच्छी-बुरी चर्चा करते। फिर मेरे इलाहाबाद के अत्यन्त प्रिय सहपाठी अजित कुमार कानपुर में पहुँच कर उनके सहकर्मी हुए। हम तीनों की गोष्ठियाँ कानपुर में कई बार जमती थीं जहाँ आलोचना के कई मुद्दे स्पष्ट होते। पुस्तक

चर्चा हम सबका समान व्यसन था जिसमें एक तरह की अघोषित स्पर्धा चलती। नयी कृतियों से परिचय की। कहना न होगा यहाँ देवीशंकर का कानपुर मेरे और अजित के इलाहाबाद के आगे कुछ ऊना न पड़ता। हम लोगों की दृष्टि में यह अपने से एक महत्त्व की बात थी। देवीशंकरजी की यह अध्ययनशीलता दिल्ली पहुँच कर समृद्धतर हुई, सांध्यकालीन कक्षाओं का संयोग जहाँ उनके लिए समय की दृष्टि से अतिरिक्त लाभकर सिद्ध हुआ। 'हिंदी अनुशीलन' के शोध-विशेषांक में आयोजित परिसंवाद के लिए मेरे निमंत्रण पर उन्होंने जो निबंध दिया था वह सहसा उनके अध्ययन और चिंतन-स्तर की उँचाई का परिचय देता है। यही बात 'हिंदी साहित्य कोष' के लिए लिखित उनकी टिप्पणियों के बारे में कही जा सकती है जहाँ आचार्य रामचंद्र शुक्ल पर उनकी प्रविष्टि सर्वोपरि है।

देवीशंकर अवस्थी का आलोचना-कर्म कई दिशाओं में सक्रिय था पर उनका विशिष्ट योगदान नई कहानी विमर्श को ले कर है। डॉ० नामवरसिंह के साथ उन्होंने नई कहानी की पहिचान करने-बनाने में महत्त्वपूर्ण भूमिका अदा की। इस प्रसंग में देवीशंकर की स्वयं की भी पहिचान इस रूप में बनी कि उनका अधिकतर विवेचन इस विवादी विषय में भी अनुत्तेजित रहा।

देवीशंकर की याद करते हुए कहा जा सकता है कि आलोचना में आवाज़ को ऊँचा करने की बजाय तर्क और अनुभूति को गहरा करना रचना और आलोचना दोनों के हित में होगा। एक प्रसन्न आलोचक की स्मृति को बनाए रखने का यही सबसे कारगर उपाय है।

विष्णुकान्त शास्त्री : सांस्कृतिक राष्ट्रीयता के प्रतीक

❑

प्रो० विष्णुकान्त शास्त्री से आरम्भिक परिचय कुछ संस्थाओं की बैठकों में हुआ। ये संस्थाएँ थीं भारतीय हिन्दी परिषद जो विश्वविद्यालयी प्राध्यापकों क़ी संस्था थी और दूसरे 'अज्ञेय' द्वारा प्रवर्त्तित 'वत्सल निधि'। संयोग से ये दोनों संस्थाएँ एक-दूसरे की पूरक भी थीं। भारतीय हिन्दी परिषद की प्रकृति जहाँ वैदुषिक थी वहीं 'वत्सल निधि' अधिकतर सर्जनात्मक साहित्य और रचना के लिए समर्पित थी। यदि कहूँ तो शास्त्री जी के व्यक्तित्व में भी ये दोनों पक्ष एक-दूसरे में घुले-मिले देखे जा सकते हैं। राजनीति का पक्ष अभी अलग छोड़ दें तो परिषद के कुरुक्षेत्र और उज्जैन अधिवेशनों में और 'वत्सल-निधि' के जबलपुर शिविर में हम लोग प्राय: मुख्य बैठकों को काट कर या उनके कुछ आगे-पीछे अपनी अलग गोष्ठियाँ जमाते थे। इन गोष्ठियों में साहित्यिक वार्तालाप के अतिरिक्त काव्य-पाठ अनिवार्य रूप से होता था। शास्त्रीजी की स्मरण शक्ति विलक्षण है और कविता मात्र उनके व्यक्तित्व का केन्द्रीय तत्त्व है। वे बहुत-से मित्रों की कविताएँ उपर्युक्त स्वराघात के साथ सुनाते थे और यों, गोष्ठियाँ केवल साहित्यिक वितण्डा के लिए नहीं थीं उनमें साहित्यिक सरसता पूरे तौर पर सुलभ थी। यहाँ कहना होगा कि शास्त्री जी की काव्य-रुचि बड़ी व्यापक और कुछ अधिक ही उदार थी। मेरी दृष्टि में उनके काव्य-पाठ से बहुत-सी पंक्तियाँ स्मरणीय कही जा सकती हैं। पर कभी-कभी उनके रुचि विस्तार को देख-सुन कर तुलसी का पद अनायास स्मरण हो आता था—"बावरो रावरो नाह भवानी।"

विष्णुकान्त जी का गद्य लेखन भी उनकी मूल काव्य रुचि के अनुरूप ही है। पर एक अन्तर है। संवेदनशीलता के साथ-साथ यहाँ तटस्थता और विवेचन बुद्धि अधिक है जिसके कारण उनका आलोचनात्मक लेखन विशेष रूप से प्रीतिकर और आस्वाद्य हो जाता है। वे चाहे ईशावास्य पर लिख रहे हों या गीता पर, निराला पर लिखते हों या रवीन्द्रनाथ पर, उनकी आलोचना जितनी भाव-प्रवण है, उतनी तर्क समर्थित भी। और उद्धरण तो सदैव उनके पक्ष को पुष्ट करते चलते हैं। यों इस प्रकार का गद्य लेखन अत्यन्त व्यवस्थित बन पड़ा है। इसके अतिरिक्त उनका कुछ गद्य लेखन ललित निबन्ध की कोटि में भी आयेगा जहाँ वे व्यक्ति चित्रों और परिदृश्यों के माध्यम से अपने स्मृति बिम्बों को संजोते हैं। इस निबंध लेखन में भी भावुकता और तटस्थता का संतुलन देखा जा सकता है। फिर आगे विष्णुकान्त शास्त्री एक सधे हुए गद्य लेखक तो हैं ही उसी के समानान्तर एक कुशल वक्ता भी हैं। सच पूछिए तो गद्य के ये दोनों प्रयोग एक-दूसरे से जुड़े हुए हैं। कुशल वक्ता होना यदि कक्षाओं में, साहित्यिक गोष्ठियों में और राजनैतिक सभाओं में अपने आप गद्य लेखन को सँवारता चलता है और

अच्छा गद्य लेखन कुशल वक्ता होने के लिए उपकारक बनता है। यहाँ स्मरणीय है कि शास्त्री जी दो कार्यकाल की अवधि में बंगाल विधानसभा के सदस्य थे। विरोधी दल की ओर से वहाँ वे प्राय: बांग्ला में बोलते और बांग्ला कवियों को बड़ी रुचि के साथ उद्धृत करते। उनका यह भाषिक आत्मविश्वास हिन्दी-बांग्ला में समान रूप से सुना जा सकता है। उनकी बांग्ला वक्तृता सुनने का तो हम लोगों को अवसर नहीं मिला इसलिए कहना कठिन है कि हिन्दी मुहावरे को वे कितनी दूर तक बांग्ला में ले गये पर उनकी हिन्दी वक्तृता में बांग्ला की झलक, अनायास मिल जाती है। इसमें सन्देह नहीं कि आज हिन्दी में वे वक्तृता की अपेक्षया उपेक्षित कला में सबसे आगे की पंक्ति के दो-चार वक्ताओं में हैं। उनको सुनना वैसा ही प्रीतिकर है जैसा किसी अच्छे शास्त्रीय संगीतकार को।

फिर आगे—शास्त्री जी के व्यक्तित्व से कई बातें सीखने को मिलती हैं। पहली और सबसे बड़ी बात यह है कि उन्होंने कभी कुछ किसी से चाहा नहीं, माँगा नहीं। राजनीति, साहित्य या कि अध्यापन के क्षेत्र में जिन ऊँची स्थितियों तक वे पहुँचे हैं वह सब उन्हें अपने से प्राप्त हुआ है। आज की उठा-पटक की दुनिया में यह एक विलक्षण अपवाद है। जिसके पीछे चाहे उनकी ईश्वर निष्ठा हो या कर्मनिष्ठा। दूसरी बात—उनका हिन्दी के प्रति असीम समर्पण है। हिन्दी भाषा, हिन्दी स्मरण और हिन्दी संस्कृति में उनकी अटूट निष्ठा है। ऐसा नहीं कि वे इसकी कमियों से परिचित न हों पर कमियों को दूर करने का उनका आत्मविश्वास श्लाघनीय है और इस प्रसंग में वे कहीं किसी से समझौता नहीं करते। यह ठीक है कि उनका भाषा-प्रेम कोई उन्मादी स्वरूप नहीं लेता। वे अन्य भाषा साहित्यों के प्रति भी वैसी ही क्षमता रखते हैं, जैसे हिन्दी की। संस्कृत, हिन्दी, उर्दू, बांग्ला में उनकी समान गति में पर माता और मातृभाषा का स्थान कोई दूसरा नहीं ले सकता।

तीसरी और अन्तिम बात—भारतीय व्यक्तित्व में उनकी निष्ठा को ले कर है। पश्चिमीकरण के बढ़ते दबाव को वे आरम्भ से कोलकाता नगरी में देखते और झेलते आये हैं जो कोलकाता पश्चिमीकरण का आदि स्रोत कहा जा सकता है। पर यहाँ भी अपनी भाषा और संस्कृति में निष्ठा उन्हें प्रबल आत्मविश्वास से भर देती है। उनकी राष्ट्रभक्ति व्यापक मानवीय चेतना से भरपूर है। और इसीलिए उनकी राष्ट्रीयता-अन्तर्राष्ट्रीयता के लिए विरोधी रूप नहीं लेती बल्कि अन्तर्राष्ट्रीयता का अपने को एक घटक बनाना चाहती है। सांस्कृतिक राष्ट्रीयता की आधुनिक अवधारणा के वे जीवन्त प्रतीक कहे जा सकते हैं और उसके एक मानक चरित्र भी।

डॉ० रघुवंश : सीमा में सामर्थ्य

१९५० में जब इलाहाबाद आया तो हिंदी विभाग के संदर्भ में डा० रघुवंश मेरे लिए प्रथम परिवार के रूप में रहे। विश्वविद्यालय में प्राय: तभी उनकी नियुक्ति हुई थी—टैगोर टाउन के एक प्रशस्त बँगले में अपने सघन मित्र आत्मन् जी के साथ वे रहते थे। सावित्री भाभी आईं, फिर एक बेटी—सुजाता। बड़ा सरल और आत्मीय स्वभाव दंपति का था। मैं स्वयं अपने लगभग संयुक्त परिवार से विलग होकर इलाहाबाद पढ़ने के लिए आया था। तो अनायास उनके संक्षिप्त-से परिवार का जैसे एक सदस्य हो गया, जो स्थिति कमोबेश अब तक चली आती है। एकाएक यह अनुभव नहीं होता कि इस बीच एक अर्द्ध-शताब्दी बीत चुकी है। खाना-पीना, गपशप, परामर्श—सब कुछ जैसे सहज भाव से चलता रहा है, यद्यपि रघुवंश जी जैसा उदार, सर्वसमावेशी, उन्मुक्त स्वभाव मेरा कभी नहीं रहा। संभवत: यह स्वभावगत वैविध्य हम लोगों की दीर्घकालीन मैत्री का एक कारण रहा हो।

अंतर एक और बिंदु पर भी रहा। मेरे जीवन का एक मुख्य निर्देशक सिद्धांत रहा है कि जो काम किए बिना चल जाए उसे नहीं करना चाहिए : पार्किन्सन और मर्फ़ी के सूत्र सदृश, इसे किसी क़दर जातीय विशेपता का प्रतिफलन मानते हुए मैंने नाम दिया—चतुर्वेदी-सूत्र। दूसरी ओर रघुवंश जी कर्मठता की प्रतिमूर्त्ति, अपनी सभी शारीरिक सीमाओं का पूरी तरह अतिक्रमण करते हुए। शायद ये चारित्रिक विशेषताएँ भी एक-दूसरे की विरोधी न होकर एक-दूसरे की पूरक ही सिद्ध हुईं, हमारे संदर्भ में।

हम लोगों की निकट मैत्री परिवार, साहित्य और अध्यापन सभी स्तरों पर उपकारक थी। इसलिए घर-बाहर सर्वत्र हमारा साथ रहता। अपनी नयी गृहस्थी मैंने उन्हीं के सान्निध्य में बसाई। चैथम लाइन्स, एलनगंज के घरों में हम साथ-साथ किराएदार थे, यद्यपि कि डॉ० विश्वेश्वरप्रसाद या कि पं० उमाशंकर शुक्ल हमारे मकान-मालिक से कहीं अधिक शुभचिंतक-अभिभावक जैसे थे। फिर बैंक रोड पर हम लोगों ने एकदम बगल-बगल घर बनवाए। यों घर से साथ चलना होता—'परिमल' की गोष्ठियों, कॉफ़ी हाउस, हिंदी विभाग, सामाजिक उत्सवों या कि बाहर की वैदुषिक-साहित्यिक यात्राओं में हम साथ-साथ रहते-पहुँचते। हमारे वरिष्ठ मित्र बालकृष्ण राव हम लोगों को 'डबल आर' की संज्ञा देते। कई मित्र कटाक्ष करते कि तुम लोग क्या कभी एक-दूसरे से ऊबते नहीं?

पर हम अपने सान्निध्य में ऊबते नहीं, अब भी नहीं ऊबे। हमारा स्वभावगत अंतर हमें एक-दूसरे के लिए आकर्षक बनाए रखता। इसी रूप में एक-दूसरे का लेखन सुनने

का क्रम चलता। हम लोग बहुत बार एक-दूसरे की सद्य:लिखित रचनाओं के प्रथम श्रोता रहे हैं। मेरा लेखन तो एक ही क्षेत्र में रहा—आलोचना। रघुवंश जी के यहाँ गद्य का पूरा वैभिन्त्रय है—कहानी-उपन्यास-निबंध-पत्र-पत्रकारिता-यात्रा-संस्मरण और शोध तथा आलोचना। कथा-साहित्य और आलोचना उनके विशिष्ट कार्यक्षेत्र रहे हैं। प्रयोग की दृष्टि से यात्रा-संस्मरण को उन्होंने एक नये रूप में प्रस्तुत किया। उनका यात्रा-वृत्त 'हरी घाटी' जब 'कल्पना' में धारावाहिक रूप में प्रकाशित हो रहा था, तो मुझे स्मरण है कि अनेक पाठकों ने उसे सराहा था, विशेषत: उसके हल्के सर्जनात्मक गद्य के लिए। रघुवीर सहाय उन दिनों पत्रिका के प्रभारी संपादक थे, स्वयं में ख्यात कवि और संवेदनशील गद्यकार। वे किसी निमित्त से इलाहाबाद आए हुए थे। रघुवंशजी ने उन्हें अपना गद्य-वृत्त सुनाया और तभी संपादक ने अपना लेखक पकड़ लिया। 'हरी घाटी', 'कल्पना' में क्रमश: छपने लगी, संपादक की रुचि को संपुष्ट करती हुई। इधर उनके उत्तरकालीन लेखन में स्मृति और इतिहास की टकराहट का विलक्षण प्रयोग है।

रघुवंशजी ने अपनी शारीरिक कठिनाई की, अपने हाथों की अशक्यता की, कभी भूले से भी शिकायत नहीं की। कर्त्तव्य-निष्ठा उनके व्यक्तित्व का केन्द्र बिंदु रही। काम करने में जितनी कठिनाई कर्त्तव्य-निष्ठा उतनी प्रबल। 'परिमल' और हिंदी विभाग सहकार के वे आदर्श प्रतीक रहे हैं। इन दोनों के बीच जितने सहयोगी कार्यक्रम बने उनमें रघुवंशजी की भूमिका अविस्मरणीय है। भारतीय हिंदी परिषद का शोध-त्रैमासिक 'हिंदी अनुशीलन'—उसका प्रख्यात धीरेन्द्र वर्मा विशेषांक—'आलोचना' पत्रिका का संपादन—'हिंदी साहित्य कोष' का संयोजकत्त्व, नये ढंग के विचार-त्रैमासिक क ख ग का संचालन—कुछ ऐसे ही आयोजन हैं, जो एक बड़ी सीमा तक रघुवंशजी की कर्त्तव्य-निष्ठा के सहारे फलीभूत हुए।

यहाँ जोड़ना होगा कि रघुवंशजी का कुछ परिचय मुझे इलाहाबाद आने के पूर्व ही मिल चुका था। स्रोत था अंग्रेज़ी दैनिक' नेशनल हेराल्ड' तथा हिंदी साप्ताहिक 'संगम' जो दोनों ही पत्र हमारे कानपुर के घर में आते थे। 'हेराल्ड' में प्रख्यात पत्रकार और इलाहाबाद प्रतिनिधि पी०डी० टण्डन ने रघुवंश के बारे में एक संक्षिप्त वृत्त प्रकाशित किया था एक चित्र के साथ, जिसमें दिखाया गया था कि कैसे डॉ० रघुवंश पैर के सहारे लिखते हैं। कुछ ऐसा ही वृत्त नाटककार-कथाकार उपेन्द्रनाथ 'अश्क' ने भारती भण्डार से प्रकाशित उस समय के प्रसिद्ध साप्ताहिक 'संगम' में लिखा था। तब तक रघुवंशजी संभवत: विभाग में अध्यापक न हुए थे। दोनों वृत्त, कहना न होगा, साहस-कथा के रूप में प्रेरक और आशंसापरक थे। पर कथा-नायक ने अपनी अशक्यता के लिए समाज से कभी क्षतिपूर्ति नहीं चाही।

यह सब मैं १९५० में इलाहाबाद आने के पूर्व पढ़ चुका था। यों डॉ० रघुवंश की एक छवि मेरे मन में पहले से थी। तब नहीं सोचा था कि उस व्यक्ति और लेखक के इतने निकट रहना होगा पर वह हुआ; छवि वास्तविकता में बदली और दोनों का

आकर्षण बना रहा अपनी-अपनी जगह। 'संगम' के माध्यम से रघुवंशजी के रचनात्मक स्तर पर भी परिचित हुआ, वहीं प्रकाशित एक कहानी पढ़ कर। कहानी भाई-बहिनों के स्नेह और सख्य पर आधारित थी किशोरावस्था और युवावस्था को जोड़ती हुई। कुछ ऐसे ही पारिवारिक प्रसंगों पर आधारित होमवती की कहानियाँ भी 'संगम' में पढ़ी थीं। इण्टरमीडिएट में पढ़ने वाले छात्र के लिए यह बड़ी लुभावनी पाठ-सामग्री थी। परिवार को लेकर यह संवेदनशीलता रघुवंशीजी के व्यक्तित्व और कृतित्व की एक विशिष्ट पहिचान कही जा सकती है तो उनकी शक्ति का अजस्र स्रोत भी है।

यों समग्रतः सीमाओं से घिरी, संभावना और सामर्थ्य की पहिचान है डॉ० रघुवंश का व्यक्तित्व।

समकालीन साहित्य : अध्ययन और शोध

❑

आधुनिक साहित्यिक इतिहास की रोचक विडम्बनाओं में से एक यह है कि नए रचना-उन्मेष का केन्द्र इलाहाबाद रहा पर वहाँ के विश्वविद्यालय में नए साहित्य के अध्ययन-अध्यापन-शोध के लिए कोई प्रोत्साहन नहीं था। 'नए पत्ते', 'नई कविता', 'निकष', 'आलोचना', 'क ख ग' जैसी पत्रिकाएँ वहाँ से संपादित, प्रकाशित हुईं, नए लेखकों की गोष्ठी 'परिमल' वहाँ अपनी सक्रियता कई रूपों में कई दशकों तक बनाए रही, इनके नए रचनाकारों की लेखन-भूमि यहाँ रही, और इनमें से अनेक रचनाकार ऐसे थे जो इलाहाबाद विश्वविद्यालय में अध्यापक थे। पर विश्वविद्यालय के अपने पाठ्यक्रम में छायावाद के बाद के लेखन को बहुत कम स्थान था, प्राय: नहीं के बराबर, और वैसे ही स्थिति शोध की थी।

रोचक यह था कि छठे दशक के इलाहाबाद में धर्मवीर भारती, जगदीश गुप्त, रघुवंश, विजयदेवनारायण साही, रामस्वरूप चतुर्वेदी के लिए दिन में विश्वविद्यालय परिसर पर साहित्य-चर्चा के विषय और होते थे, कॉफ़ी हाउस की संध्याकालीन गोष्ठियों में विषय और होते थे। इन संध्याकालीन बैठकों में बाहर के मित्र भी बराबर आते रहते थे, विशेषत: बनारस, गोरखपुर, लखनऊ या कि पटना के। आज डॉ० आनंदप्रकाश दीक्षित अमृत महोत्सव समिति के कई 'संरक्षक' तब के नए लेखक थे। कुछ इस सूची के, तथा कुछ इससे बाहर के मित्रों में नामवर सिंह, शंभुनाथसिंह, बच्चनसिंह, शिवप्रसाद सिंह, विजयशंकर मल्ल, विद्यानिवास मिश्र, स्वयं आनंद प्रकाश दीक्षित, परमानंद श्रीवास्तव, अज्ञेय, देवराज, कुँवरनारायण, रघुवीर सहाय, प्रेमशंकर, नलिन विलोचन शर्मा, शिवचंद्र शर्मा के नाम आसानी से याद आ जाते हैं। स्पष्ट ही इनमें से अधिकतर बाहर के परिसरों पर अध्यापक थे, और लेखक-आलोचक तो थे ही। यों साहित्य-संस्कार बनने में नए-पुराने, लेखक-अध्यापक का संगम होता था - परम्परा और प्रयोग की टकराहट चलती रहती थी। पर हम सबके बीच इलाहाबाद विश्वविद्यालय का हिंदी विभाग, प्रो० धीरेन्द्र वर्मा के नेतृत्व में, अपनी जगह था, जहाँ छायावाद के बाद का साहित्य अपनी अनुपस्थिति में चर्चित था।

कई दशक बाद जब इन पंक्तियों के लेखकों को कई बरस तक इस विभाग की देख-रेख करनी हुई तो मित्रों-सहयोगियों के परामर्श से एम० ए० (द्वितीय वर्ष) में एक विशेष प्रश्नपत्र, वैकल्पिक रूप में समकालीन साहित्य के लिए लिखा गया, जो

अब भी उस रूप में चल रहा है, और बहुत अच्छा चल रहा है। प्रश्न यह है कि हिंदी विभाग, इलाहाबाद विश्वविद्यालय का समकालीन साहित्य के प्रति यह दृष्टिकोण कहाँ तक उपयुक्त रहा है।

समकालीन साहित्य को ले कर अध्यापन और शोध में ही नहीं इतिहास-लेखन में भी संकोच रहा है। आचार्य रामचंद्र शुक्ल का 'हिंदी साहित्य का इतिहास' काशी हिंदू विश्वविद्यालय में अध्यापन के लिए नोट्स के रूप में ही मूलतः बहुत हुआ था। यह तथ्य लेखक ने अपनी भूमिका में स्वयं स्पष्ट कर दिया है। उसी भूमिका में इतिहासकार लिखता है—''पहले मेरा विचार आधुनिक कला को द्वितीय उत्थान' के आरम्भ तक ला कर उसके आगे की प्रवृत्तियों का सामान्य और संक्षिप्त उल्लेख करके ही छोड़ देने का था क्योंकि वर्तमान लेखकों और कवियों के संबंध में कुछ लिखना अपने सिर एक बला मोल लेना ही समझ पड़ता था। पर जी न माना। वर्तमान सहयोगियों तथा उनकी अमूल्य कृतियों का उल्लेख भी थोड़े बहुत विवेचन के साथ डरते-डरते किया गया।'' डरते-डरते लिखना निश्चय ही कठिन काम है, पर डरते-डरते पढ़ाना तो और भी कठिन है। लिखना एक बार है, पढ़ाना रोज़-रोज़ है। समकालीन के प्रति यह संकोच दोनों तरफ़ के कारणों में है। दूसरे के प्रति अन्याय न हो यह एक डर है, और अपने प्रति भी फिर अन्याय न हो यह दूसरा डर है। उदाहरण दोनों तरह के ही मिल सकते हैं।

बुनियादी समस्या यह है कि समकालीन साहित्य हमारे सामने बनने की प्रक्रिया में होता है। उसके बारे में अध्यापक द्वारा स्पष्ट समझदारी अपने लिए बनाना ही मुश्किल काम होता है, उसे युवतर मानस में संक्रमित करना उससे भी जोखिम भरा काम है। अन्याय अपनी समझदारी के प्रति हो सकता है और पढ़ाई जाने वाली रचना के प्रति भी। अध्यापन यों कई बार लेखन-कार्यक्रम की स्वायत्तता में बाधक होता दिखता है। अपनी रचना की ग़लत या कि अनुचित समीक्षा-आलोचना का प्रतिवाद लेखक स्वयं लिख कर कर सकता है। पर अपनी रचना को ग़लत ढंग से पढ़ाए जाने के समक्ष वह बहुत कुछ बेबस है। उसकी रचना अमुक विश्वविद्यालय के पाठ्यक्रम में है, इससे उसका अहंकार कहीं स्फीत होता है तो दूसरी ओर उसे यह पीड़ा भी होती है कि कक्षा में उसी की व्याख्या नहीं, हत्या हो रही है। आदर और अन्याय दोनों को एक साँस में स्वीकार करना होता है। समकालीन साहित्य को आधार बना कर किया गया शोध तो रचना को उन्मुख बनाने के बजाय उसे जड़ता की ओर ही ले जाता है। ऐसा शोध-रचना के लिए बहुत बार एक भीमकाय समाधि-लेख बन जाता है। अधिकतर देखने में तब यही आता है कि घटिया साहित्य और घटिया शोध के बीच एक तरह का अपवित्र मैत्री-संबंध बन गया है। दोनों एक दूसरे के पनपने में उपकारक होते हैं। ज़ाहिर है कि यह सभी प्रक्रिया समग्र साहित्यिक और वैदुषिक परिदृश्य के लिए हितकर नहीं है। तब इलाहाबाद विश्वविद्यालय की यह सामान्य धारणा ठीक थी कि जीवित सक्रिय लेखक पर शोध-कार्य उचित नहीं।

यह सामान्य संयोग से कुछ अधिक है कि हिंदी नवलेखन के प्रमुख रचनाकार और आलोचक ने सबसे प्राचीन साहित्य को अपने लिए शोध-विषय बनाया। धर्मवीर भारती का शोध-प्रबंध 'सिद्ध-साहित्य' पर है, नामवरसिंह का 'पृथ्वीराज रासो की भाषा' पर।

लेखकीय जर्नल

आलोचक का आत्म-संवाद

['जर्नल' में स्वभावतः विषयवार व्यवस्था नहीं है, न ही कोई तिथि-अनुक्रम। बीच-बीच में मुख्य बिंदुओं का संकेत भर कर दिया गया है। कुल मिला कर समूचा क्रम यादृच्छिक है।]

आलोचना-कर्म

❑

सर्जनात्मक आलोचना—अपने लेखन में, पहले व्यावहारिक स्तर पर और फिर सैद्धांतिक धरातल पर, कोशिश यही की कि आलोचना को एक ऐसा रूप माना जाय जहाँ वह सर्जनात्मक कोटि में हो। आलोचना रचना के अर्थ को केवल व्याख्यायित न करे, केवल विवेचित न करे, बल्कि रचना के अर्थ को कुछ आगे बढ़ाये, विस्तार दे तो वह आलोचना है। इसी रूप में मैं जानता हूँ कि नकारात्मक-विध्वंसात्मक आलोचना लिखने का कोई अर्थ नहीं है, निर्देशात्मक का तो और भी नहीं। आलोचना यदि लिखनी है तो वही अर्थ-विस्तार की लिखे, अर्थ को प्रशस्त करते हुए। और मेरे लिए एक प्रकार से यदि कुछ करणीय है तो यही। याद करें रघुवीर सहाय को—

> **'यानी कि आप ही देखें कि जो कवि नहीं हैं**
> **अपनी एक मूर्त्ति बनाता हूँ और ढहाता हूँ**
> **और आप कहते हैं कि कविता की है**
> **क्या मुझे दूसरों की तोड़ने की फ़ुरसत है?'**
>
> (नेता क्षमा करें)

लेखन-कर्म और भाषा

लेखन या कि रचना और भाषा का निकट संबंध है, यह कोई कहने-बताने की बात नहीं। पर इस प्रसंग में अनेक तरह के ऊहापोह करता रहा हूँ। एक तरह की प्रस्तावना यों है—भाषा-केन्द्र बनाम प्रत्यन्त लेखकों के भाषा-प्रयोग को ले कर। यहाँ अंग्रेज़ी तथा हिंदी दोनों भाषा-साहित्यों का संदर्भ लिया जा सकता है। एक विचित्र और अटपटी बात यह लगती है कि आधुनिक अंग्रेज़ी साहित्य के जो श्रेष्ठ प्रणेता हैं अधिकतर केन्द्रीय और मानक अंग्रेज़ी क्षेत्र के बाहर के हैं। इंग्लैंड में अंग्रेज़ी की चर्चित पाँच बोलियों के बीच से, स्पष्ट ही, मानक रूप लंदन और आस-पास की बोली पर आधारित है! पर विलक्षण बात यह कि इस क्षेत्र के विरले लेखक हैं जो आधुनिक साहित्य के शीर्ष पर पहुँचे हों रोचक बात यह कि बड़े लेखक अधिकतर आयरिश हैं, जिनका अलगाववादी द्वन्द्व आई०आर०ए० द्वारा परिचालित अभी तक चला आता है। यानी अंग्रेज़ी के बड़े प्रतिभाशाली लेखक वे हैं जिनका अपना मूल भौगोलिक क्षेत्र इंग्लैंड के शासन से अपने को मुक्त कर लेना चाहता है। बड़े कवि-कथाकार-नाटककार-सौंदर्यशास्त्री आलोचक इस क्षेत्र से आते हैं। नाम लें—डब्ल्यू० बी० येट्स, जेम्स जॉयस, जॉर्ज बर्नार्ड शॉ, ऑस्कर वाइल्ड, किसी क़दर उनके गुरु वाल्टर पेटर तथा कुछ पहले के एडमंड बर्क। दो अन्य मूर्द्धन्य अंग्रेज़ी कवि अमरीकी मूल के

हैं—एज़रा पाउंड तथा टी० एस० एलियट, जिस अपनी विरासत को वे बराबर रेखांकित करते रहे। इस नामावली में कई नोबुल विजेता हैं। सच तो यह है कि अंग्रेज़ी साहित्य के नोबुल विजेताओं में ठेठ अंग्रेज़ी क्षेत्र के नाम कम ही है।

अब हिंदी साहित्य को लें। आधुनिक परिनिष्ठित खड़ी बोली हिंदी में विविध बोली-क्षेत्रों के रचनाकार लिखते रहे हैं। बड़े लेखकों में सबसे अधिक भोजपुरी क्षेत्र के हैं—जयशंकर प्रसाद, प्रेमचंद, रामचन्द्र शुक्ल, हज़ारीप्रसाद द्विवेदी, अर्थात शीर्षस्थ कवि-नाटककार-कथाकार-आलोचक, जिनसे उर्दू के बड़े शायर मीर साहब तो बात करना भी पसंद न करते कि इन 'पूरब के साकिनों' से बात करने में उनकी ज़बान ख़राब हो जायगी। अन्य बड़े लेखकों में निराला अवधी-बैसवाड़ी इलाके के हैं, महादेवी ब्रज की, और सुमित्रानंदन पंत कुमायूँनी क्षेत्र के। ठेठ खड़ी बोली का कौन है? जैनेन्द्रकुमार फिर कुछ आगे शमशेर बहादुर सिंह ('तुम सम सेर कहै को जट्टा!'— प्रभाकर माचवे)

आधुनिक हिंदी साहित्य का एक वैशिष्ट्य और विस्तार इस बात में भी है कि यहाँ कई बड़े और ऐतिहासिक संदर्भ में महत्त्वपूर्ण लेखकों की प्रथम भाषा हिंदी क्षेत्र के बाहर की है। यह वस्तुतः हिंदी की अपनी समावेशी प्रकृति है। अज्ञेय के लिए पंजाबी, गजानन माधव मुक्तिबोध के लिए मराठी (उनके भाई मराठी के महत्त्वपूर्ण कवि हैं), रांगेय राघव बालकृष्ण राव के तमिल-तेलुगू, प्रभाकर माचवे के लिए मराठी और नरेश मेहता के लिए गुजराती मातृभाषा/प्रथम भाषा के रूप में रही है, यद्यपि आज यह सोचने में भी कुछ अटपटापन या कि अकृतज्ञता जैसी बात लगती है। इन लेखकों से अधिक हिंदी लेखक कौन है? ऐसी ही स्थिति पिछले खेमे के लेख़कों में अमृतलाल चक्रवर्ती, बंगमहिला या कि उषादेवी मित्रा और निशीथ कुमार रॉय की थी, जो बँगला भाषा-भाषी थे। पंजाबी जिनकी प्रथम भाषा रही, ऐसे लेखकों की सूची अपेक्षाकृत लंबी होगी—चंद्रधर शर्मा गुलेरी, पूर्णसिंह, यशपाल, कृष्णा सोबती, भीष्म साहनी, उपेन्द्रनाथ अश्क, बलवंत सिंह, मोहन राकेश, निर्मल वर्मा, महीप सिंह, गगन गिल और नाम अभी जुड़ सकते हैं। फिर यह भी स्मरणीय है कि प्रायः इन सबका लेखन-काल संविधान में हिंदी के राजभाषा घोषित होने से पहले चला आता है। इन सभी भारतीय भाषाओं का संस्कार यों छनता-छनता हिंदी में मिलता है।

तो आधुनिक हिंदी साहित्य की बनावट में योग-दान आधार-बोली दिल्ली-मेरठ की खड़ी बोली से कहीं अधिक अन्य बोली-क्षेत्रों और भाषा-क्षेत्रों का है। केन्द्र से अधिक महत्त्व प्रत्यन्त का है। साझे सांस्कृतिक परिवेश के भीतर प्रत्यन्त के लेखकों ने हिंदी क्षेत्र में रहते हुए रचना-भाषा अपने लिए स्वायत्त की है। यों वह सहज भी है और अर्जित भी। समान सांस्कृतिक परिवेश में रचनाकार के लिए भाषिक स्थानान्तरण सुगम है।

इसी क्रम में प्रश्न आता है, विभाषा साहित्य-सृजन-आस्वादन का। भारतीय काव्यशास्त्र की लंबी समृद्ध परंपरा में रचना के आस्वाद, और वहाँ सामाजिक की

भूमिका का विस्तृत विवेचन हुआ है। आधुनिक आलोचना इसे आगे बढ़ाना चाहती है। मैंने इस प्रसंग को 'अज्ञेय और आधुनिक रचना की समस्या' (१९६८) की भूमिका से छेड़ रखा है, और क्रमशः विचार सघन हुआ है। कोई भी भाषिक रचना, स्वयं भाषा की संदिग्ध पर आकर्षक अर्थ-क्षमता के कारण कोई एक और अंतिम अर्थ व्युत्पन्न नहीं करती। रचना का अर्थ मूल रचना, रचनाकार के देश-काल, और भावक-आलोचक के देश-काल की परस्पर अंतर-क्रिया में व्युत्पन्न होता, खुलता है, और अपनी प्रकृति में यों विकसनशील बना रहता है। 'क्लासिक' के काल-जयी होने का यही रहस्य है कि उसका अर्थ किसी एक बिन्दु पर रुक नहीं जाता, नयी पीढ़ियों के लिए नये ढंग से उन्मीलित होता है। व्याख्या—विवेचना—अर्थ संवर्द्धन : स्पष्ट ही यह पूरी प्रक्रिया एक ओर अंतर्ग्रथित है। अर्थ संवर्द्धन की सीमा वहीं तक है जहाँ तक व्याख्या अतिव्याख्या न हो जाय। व्याख्या वह है जिसे मूल रचना वापस अपने में धारण करती है, आत्मसात करके जैसे स्वयं भी कहीं विस्तृत, प्रशस्त, समृद्ध होती है, भले अप्रत्यक्ष रूप में विलंबित ढंग से। जहाँ से आगे अर्थ-प्रक्रिया इस रूप में नहीं चल पाती, कौतूहल का क्षेत्र बन जाती है, वहीं से अतिव्याख्या का वर्जित प्रदेश आरंभ हो जाता है। रचना-आस्वादन-रचना का यह अर्थ-चक्र अनवरत घूमता चलता है, जिसके लिए ज़रूरी है कि रचनाकार और उसका भावक-आलोचक वर्ग एक भाषा में साँझे हों, क्योंकि अर्थ की मीड़ों का खुलना तभी संभव होगा। यों रामचन्द्र शुक्ल की तुलसी विषयक आलोचना, प्रायः अलक्षित रूप में, रामचरितमानस की हमारी समझ का हिस्सा बन गई है, जैसे ब्रैडले की आलोचना 'हैमलेट' का। कहना न होगा रामचन्द्र शुक्ल और ब्रैडले के नाम यहाँ व्यापक भावक-आलोचकीय प्रक्रिया के प्रतीक-स्वरूप लिये गये हैं।

विभाषा साहित्य-सृजन-आस्वादन में पाठक द्वारा अर्थावेश की प्रक्रिया बाधित होती है। पाठक-भावक रचना में अर्थ का आवेश कुछ वैसे करता है जैसे बैटरी की चार्जिंग होती है, जहाँ प्रयोग में उसका व्यय होता है पर प्रयोग से ही वह सम्पन्न भी होती है। रचना का यह व्ययाव्यय रूप है—व्यय में अव्यय। बैटरी रचनाकार द्वारा रचना में प्रस्तुत है, पर उसे शक्ति-सम्पन्न बनाये रखने के लिए उसमें अर्थ का आवेश या 'चार्जिंग' करना पाठक-भावक के प्रयोग द्वारा होता है। और, जैसा कहा गया, यह दोनों पक्षों की साँझी भाषा में ही संभव है। विभाषा में यह प्रक्रिया कैसे चल पाती, इसे समझने के लिए दो उदाहरण प्रस्तुत हैं। पहला ग़ालिब का—उनके फ़ारसी दीवान का। ग़ालिब भारत के श्रेष्ठ कवियों की पंक्ति में हैं। उनकी उर्दू शायरी अधिसंख्य पाठकों-श्रोताओं के लिए मित्र-संवाद की तरह काम करती है। पर ग़ालिब का फ़ारसी दीवान भी है, यह बात कुछ यत्न से ही याद आती है, यद्यपि कहा जाता है कि शायर के मन में इस दीवान को ले कर कुछ अधिक ही महत्त्वाकांक्षा थी। वस्तुस्थिति यह है कि ग़ालिब का फ़ारसी दीवान जैसे यहाँ विस्मृतप्राय है, वैसे ही फ़ारस में भी। भारत में फ़ारसी जानने-समझने वालों की संख्या नगण्य है; फ़ारस में, जहाँ की वह भाषा है,

ग़ालिब की फ़ारसी कविता को एक परदेसी का अनुकरण भर माना जाता है, यों, ग़ालिब का फ़ारसी दीवान न यहाँ पढ़ा जाता है, न वहाँ। पुस्तकालय में बंद-बंद उसका एक ही उपयोग संभव है कि कोई शोध-कर्त्ता उस पर अपना प्रबंध लिख कर डॉक्टरेट हासिल कर ले।

दूसरा उदाहरण भारतीय अंग्रेज़ी साहित्य का है। अंग्रेज़ी में भारतीयों द्वारा साहित्य-रचना अंग्रेज़ों के राज में भी होती थी—पर तब वह हाशिये पर थी, केन्द्र में भारतीय भाषाओं का साहित्य था। अब स्थिति को एकदम उलटने का यत्न है। भारत का राष्ट्रीय साहित्य अब अंग्रेज़ी में बताया जाता है, भारतीय भाषाओं में प्रादेशिक साहित्य ही है, यह बार-बार कहा जाता है। अंग्रेज़ी राज के बाद इधर अंग्रेज़ी का राज उत्तरोत्तर गहरा हुआ है। फ़रवरी २००२ में दिल्ली में भारतीय अंग्रेज़ी साहित्यकारों का एक विशाल समागम आहूत था, उद्घाटन प्रधानमंत्री अटल बिहारी वाजपेयी ने किया। उस आयोजन में बार-बार उपर्युक्त मान्यताओं को दुहराया गया। स्वयं वाजपेयी भारतीय भाषाओं का पक्ष लिये कुछ आहत-से लगे। उन्होंने खेद प्रकट किया कि भारतीय अंग्रेज़ी साहित्य को जैसा महत्त्व मिल रहा है, वैसा भारतीय भाषाओं के साहित्य को नहीं, जो कि उनका प्राप्य होना चाहिए।

पर इतने 'महत्त्व' और आधुनिक प्रचार-प्रसार के साधनों के बावजूद यह भारतीय अंग्रेज़ी साहित्य भारतीय जन-जीवन की सतह पर उतराता रहा है। अधिसंख्या जनता तो उसे पढ़-समझ ही नहीं सकती। रोचक तथ्य यह है कि इस साहित्य में अंकित जीवन पूरी तरह भारतीय परिवेश का है। इसीलिए जहाँ, अंग्रेज़ी बोली-समझी जाती है, वहाँ का पाठक उसे कौतूहल शमन की दृष्टि से पढ़ता है; यह अनुभूतिहीन पाठन उनके सामूहिक-जातीय व्यक्तित्व का अंग नहीं बनता। इस साहित्य की विडम्बना यही है कि इसमें जिनका जीवन है, उनकी भाषा नहीं; जिनकी भाषा है, उनका जीवन नहीं। यों भाषा और जीवन का अद्‌भुत राहित्य है—भारतीय अंग्रेज़ी साहित्य। इसीलिए अंग्रेज़ी भाषा-भाषी समाज, जिसको ध्यान में रख कर यह साहित्य प्रस्तुत होता है, इस साहित्य का उपभोग करता है, आस्वादन नहीं। और तब वापस इस आस्वादन का रचना में लौटने का प्रश्न ही नहीं उठता। पाठकीय सहभागिता यहाँ अनुपस्थित है, जिससे भावक-आलोचक द्वारा रचना में अर्थावेश (अर्थादेश नहीं) संभव होता है, जिसका उल्लेख पहले किया गया। तब इस भारतीय अंग्रेज़ी साहित्य के ग्रंथों की औसत आयु तीन बरस होती है, जिस अवधि में 'बुकर'-बी०बी०सी०-ब्रेकफ़ास्ट विद 'फ़ाइनेंशियल टाइम्स' के प्रकरण पूरे हो जाते हैं, और एक पुस्तक को ठेल कर दूसरी सामने आ जाती है। शशि थरूर से ले कर उपमन्यु चटर्जी, विक्रम सेठ, अरुन्धती रॉय होते हुए पंकज मिश्र तक क्रम देखा जा सकता है। सलमान रशदी की परिदृश्य पर उपस्थिति के कारण अधिकतर साहित्येतर हैं। कुल मिला कर यह कि विभाषा में सूचना मिलती है, ज्ञान भी मिल सकता है, पर उससे अनुभूति का तादात्म्य नहीं हो पाता, जो कि साहित्य का मूल गुण है। उल्लेखनीय यह भी है कि उपर्युक्त

दोनों उदाहरण शासकीय भाषाओं, फ़ारसी तथा अंग्रेज़ी के हैं, जिन्हें अनेक प्रकार के प्रोत्साहन-प्रयत्नों के बावजूद जनता की भाषा नहीं बनाया जा सका।

इस प्रसंग में अनुवाद का अपवाद एक विशेष रूप में हमारे सामने आता है, जो विश्व-साहित्य के इतिहास में एक लम्बे समय से चले आते हैं। अनुवाद के आस्वादन में पाठक समृद्ध होता है, पर उस भावात्मक समृद्धि को भाषिक अवरोध के कारण वापस रचना में कहीं लौटा नहीं सकता। 'अन्ना कैरेनिना' या 'गीतांजलि' के रचना-विधान में अर्थ का विस्तार रूसी या भारतीय पाठक-समाज ही कर सकता है, शेष भावक वर्ग के लिए वहाँ सम्पेषण एकतरफ़ा है रचना से भावक की ओर, भावक से रचना की ओर वापसी संप्रेषण की संभावना अनुवाद में नहीं होती। अज्ञात लेखकों की रचनाएँ इसी क्रम में अपनी स्वतंत्र जीवनी-शक्ति धारण कर लेती हैं। इस दृष्टि से यश की कामना लेखक के लिए सबसे ऊपर होती है, पर गुमनामी की महत्त्वाकांक्षा किसी-किसी रचनाकार ने ही ज़ाहिर की है। फ़िराक़ द्वारा पाकिस्तानी रिसाले 'नुक़ूश' को लिखे गये लंबे पत्र-क्रम में ऐसे संदर्भ कई बार आते हैं। इन पत्रों की उपयोगी हिंदी प्रस्तुति मेरे मित्र अक़ील रिज़वी ने की है, जिसका प्रकाशन अभी प्रतीक्षित है।

विभाषा में साहित्य-रचना वे कुछेक लेखक कर सके हैं जो किसी दूसरी देश की भाषा-संस्कृति की गोद चले गये हैं। ऐसे लेखकों को प्रसिद्ध आलोचक जॉर्ज स्टाइनर ने 'अतिरिक्त-क्षेत्रीय' (ऐक्स्ट्रा-टैरिटोरियल) कहा है, और इनमें कॉनरैड, नॉबाकोव, सैमुएल बैकेट को सम्मिलित किया है। इधर एक नया नाम जोड़ा जा सकता है—नोबुल विजेता वी० एस० नायपॉल का, जिनकी ख्याति मुख्यत: उनकी 'वृत्त-कथाओं' को ले कर हुई है। सीधे-सीधे गद्य-वृत्त में कैसे कथा की भंगिमा आ जाती है, ऐसे एक रचना-विधान का आविष्कार उन्होंने कैसे किया है, इसकी अच्छी व्याख्या लेखक ने अपने प्रसिद्ध यात्रा-विचार-वृत्त 'बियांड बिलीफ़' (१९९८) की भूमिका में की है। फिर मूल रचना स्वयं इस व्याख्या का अच्छा उदाहरण प्रस्तुत करती है। भूमिका और इस वृत्त-कथा रचना का यों बढ़िया ताल-मेल है।

तब हमारी मूल जिज्ञासा के समाधान में कहा जा सकता है कि एक ही सांस्कृतिक क्षेत्र या कि समगोत्रीय भाषाओं के बीच रचना और आस्वाद की ऐसी समरूपता रहती है कि रचनाकार का एक भाषा से दूसरी भाषा में गमन कोई सर्जनात्मक स्तर की कठिनाई उपस्थित नहीं करता—एक बोली-रूप से दूसरे बोली-रूप में जाना तो जैसे कुछ विशेष सर्जनात्मक ऊर्जा संभव करता है। पर विभाषा में रचना-कर्म असहज, और गहरे अर्थ में, निरर्थक हो जाता है; जैसे ग़ालिब का फ़ारसी दीवान या कि इधर बहुचर्चित भारतीय अंग्रेज़ी साहित्य। कुल मिला कर रचनाकार और उसके समाज के बीच भाषिक साझेदारी होनी चाहिए रचना के सम्यक उन्मीलन के लिए। हिंदी भाषा और रचना के इस अंतर-संबंध की समस्या, और व्यापक हिंदी क्षेत्र की भाषिक एकनिष्ठता के स्रोत रूप में हिंदी काव्यभाषा के स्वरूप पर कुछ विचार 'हिंदी साहित्य और संवेदना का विकास' के एकदम आरम्भिक प्रकरणों में भी किया है।

आलोचक-कवि : कुछ सामान्य पर्यवेक्षण

कवि-आलोचकों की साहित्य में बड़ी समृद्ध परंपरा रही है। हिंदी में याद करें तो पंत-निराला-अज्ञेय-मुक्तिबोध—एक पूरी नाम-माला ध्यान में आती है। उधर अंग्रेज़ी में कोलरिज-एलियट-आर्चीबॉल्ड मैक्लीश के नाम स्वतः उभरते हैं। एलियट विशेष रूप से महत्त्वपूर्ण हैं कि उनके व्यक्तित्व में ये दोनों पक्ष सहज अन्विति पाते हैं। दूसरी ओर आलोचक-कवियों की स्थिति है। हिंदी के तीन शीर्ष आलोचक कवि भी हैं। स्वयं आचार्य रामचन्द्र शुक्ल, डॉ० रामविलास शर्मा, जिनका प्रवेश 'तार सप्तक' जैसे ऐतिहासिक महत्त्व के काव्य संकलन में हुआ—और फिर डॉ० देवराज। इसी क्रम में दार्शनिक और कला-चिंतक गोविन्दचंद्र पांडे का भी नाम आता है। यह संयोग ही है कि इनमें से अंतिम तीन को मैंने अपनी पुस्तक 'हिंदी गद्य : विन्यास और विकास' संयुक्त रूप से समर्पित की थी, भारतीय चिंता-धारा में उनके योगदान को स्मरण करते हुए। अंग्रेज़ी में आलोचक-कवि की श्रेणी में रिचर्ड्स, एम्पसन, हर्बर्ट रीड जैसे बड़े नाम आते हैं। यहाँ ध्यान देने की बात यह है कि कवि को भाषा के लिए जैसे अर्थ-वैविध्य की सुगमता है, वैसी आलोचक को नहीं। और कविता में शब्द की महिमा है। प्रसिद्ध कवि मलार्मे ने अपने चित्रकार मित्र देगास को कहा था कि कविता विचारों से नहीं, शब्दों से लिखी जाती है। तुलनीय कोलरिज की कविता की परिभाषा—'द बेस्ट वर्ड्स इन द बेस्ट ऑर्डर'। या फिर नासिख़ : 'इल्म से शायरी नहीं आती'। यहीं रीतिकालीन कवि की बड़ी सटीक उक्ति याद आती है—'चरन धरत चिंता करत चितवन चारिहुँ ओर। सुबरन कौ खोजत फिरत कवि बिभिचारी चोर।' पाणिनि ने श्वन्, मघवन्, युवन् को एक सूत्र में बाँधा था, रीतिकालीन रचनाकार कवि, व्यभिचारी, चोर को एक उक्ति में बाँधता है कि तीनों की खोज एक ही है—सुवर्ण की। आलोचक-कवि को तो शायद इस मंडली में बैठते संकोच होगा। स्वयं कवि को तो पहले से मायावी-पागल-वातुल कहा जाता रहा है। लगता है कि आलोचक-कवि के यहाँ, मैलार्मे के प्रयोग में, 'वर्ड' से अधिक बल 'आइडिया' पर है; हिंदी कवि की शब्दावली में, सुवर्ण की उतनी चिंता नहीं।

'बेस्ट वर्ड्स इन द बेस्ट ऑर्डर' अथवा 'चरन धरत चिंता करत' में शब्द या कि उसके और बुनियादी अवयव वर्ण का संबंध स्पष्ट ही लय से है। लय का संबंध है छंद से और छंद का भाषिक उच्चारण-व्यवस्था से। संस्कृत की संश्लिष्ट प्रकृति है तदनुकूल छंद वार्णिक है, हिंदी विश्लिष्ट होती है—प्रकृति परसर्ग अलग होते हैं, उसका छंद सरलतर मात्रिक आधार पर हो जाता है। उर्दू में मात्राओं की बहुत बार अवहेलना होती है। गुरु को लघु करके पढ़ा जाता है। तब वहाँ छंद की गणना वर्ण या मात्रा से न हो कर यादृच्छिक 'वज़न' पर चलती है। छंद में लय का महत्त्व उस कवि ने सर्वाधिक पहिचाना जिसने मुक्त छंद का प्रवर्त्तन किया—निराला ने। 'शक्ति-पूजा' में बड़ा छंद और 'सरोज-स्मृति' में छोटा छंद उन कविताओं के मूल संवेदन के एकदम अनुकूल है।

तब प्रस्तुत संदर्भ में रचना-प्रक्रिया का एक और बिंब ध्यान में आता है। आरंभ में ही कारीगर को दीवार बनाते देखने में बहुत मन लगता था। यहाँ कुछ अचरज यह देख कर होता कि कारीगर हर ईंट को हाथ में उठा कर जैसे कुछ तौलता, फिर ध्यान से उलट-पुलट कर देखता, और अंततः अपनी बसूली से उसकी-भले बहुत छोटी-मोटी काट-छाँट, तराश करके तब दीवार में उसे बैठाता। मुझे लगता कि सब ईंटें तो एक ही आकार में पक कर आती हैं, उनका वज़न भी एक-जैसा लगता है, फिर यह कारीगर क्यों हर ईंट की इतनी पड़ताल कर रहा है! क्या कुछ कामचोरी का ढंग है यह! बाद में समझ में आया कि दीवार की सीध सही रखने के लिए इतनी महीन पड़ताल ज़रूरी है। इसी तरह कारीगर दीवार की लय बाँधता है, साधता है।

क्या इस बिंब से कवि-कर्म पर कुछ प्रकाश पड़ता है? वास्तु शिल्पी ईंट-से-ईंट, पत्थर-से-पत्थर जोड़ता है, संगीतकार सुर-से-सुर और कवि शब्द-से-शब्द। इस ठीक-ठीक जोड़ने में—जो जड़ने से एकदम अलग, और बुनियादी रचना-कर्म है—लय बनती है। कवि-आलोचक और आलोचक-कवि के बीच इस लय बाँधने की क्षमता में कहीं कुछ अंतर हो सकता है, जिसके कारण विचार और शब्द-लय में फाँक रह जाती है। कहना न होगा, दृश्य कलाओं—स्थापत्य, मूर्त्ति और चित्र की समग्रता में, तथा मुख्यतः पठ्य-श्रव्य काव्य-नाटक-संगीत की क्रमिकता में यह लय अपने-अपने ढंग से उतरती है, और इस रूप में प्राण तत्त्व की ही तरह सूक्ष्म-अमूर्त्त जीवनदायिनी है।

●

आलोचक का रास्ता दायाँ-बायाँ राजमार्ग पर होता है, बीच रास्ते में चलना तो लाचारी हुई। अच्छा है पगडंडी पर चलना, जहाँ दायें-बायें का प्रश्न नहीं, सामने ही चलना है। उससे अच्छा है अपने चलने से पगडंडी बनाना। मेरे लिए तो ब्रज-क्षेत्र की कहावत प्रिय है—ढूँडी गैया, न्यारौ सैरु ('सैरु' अर्थात सरणि/रास्ता)। इसी दृष्टि से कक्षा में दलगत राजनीति और पक्षधरता से ऊपर उठ कर उन्मुक्त विचार-प्रक्रिया को बराबर प्रोत्साहन दिया। १९५८-५९ के परिसर आंदोलन के दौरान अध्यापक-विद्यार्थियों के बीच बढ़ते तनाव में इस विचार-प्रक्रिया के बाधित होने के प्रतिवाद स्वरूप डॉ० श्रीरंजन के कुलपति-काल में अपने पद से त्याग-पत्र दे दिया था, जिसे लंबे विचार-विमर्श के बाद अंततः विश्वविद्यालय प्रशासन और समाज ने स्वीकार नहीं किया।

आलोचना में आक्रामकता मुझे कभी अच्छी नहीं लगी। पर जब-जब किसी बड़े नामवर आलोचक ने आक्रमण किया है तो अपना पक्ष रखने में कोताही नहीं की। यहाँ भी मुझे लगता है कि संवाद के दौरान यदि आपके तर्क में तेज़ी है तो आवाज़ को तेज़ करने की ज़रूरत नहीं।

लिखने की समस्या : लिखने की एक बड़ी नाजुक समस्या है। कई-कई कार्य-योजनाएँ मन में, और कई बार काग़ज़ पर उतारता रहता हूँ। चिंता इसलिए नहीं कि

कुछ महत्त्वपूर्ण कार्य करना है, माँ धरती की गोद में कुछ और भेंट देनी है, आदि, बल्कि इसलिए कि आगे यदि लिखने को कुछ न रहा तो करूँगा क्या ? अज्ञेय की पंक्ति स्मरण आती है—"...क्योंकि उन्माद से बचने के लिए सृजन अनिवार्य है, वह (ईश्वर) सृष्टि नहीं करेगा तो पागल हो जाएगा"। तब समस्या इसी बिंदु पर उपस्थित होती है—कोई लेखन-कार्य आरंभ करने पर उसको ले कर तरह-तरह के विचार मन में उमड़ते-घुमड़ते हैं—लगता है कि इनमें 'जो जल बरसा' उसे जल्दी-जल्दी एकत्र कर लो, अन्यथा सब बह जाएगा : जल भी मेघ भी! तो दूसरी ओर चिंता सताती है कि यह काम भी यदि शीघ्र पूरा हो गया तो आगे दिमाग़ की चक्की को फिर कुछ देने की तलाश शुरू हो जाएगी। काम जल्दी पूरा हो जाए तो मुश्किल, न पूरा हो तो मुश्किल!

और एक-दूसरे स्तर पर, यह समस्या तो अपनी जगह है ही—'कहे बिनु रह्यो न परत, कहे राम! रस न रहत।'

नये सहस्राब्द में सभ्यताओं का संघर्ष और संस्कृति का बचाव

❑

अमरीका—पहले इतनी उन्मुक्तता, स्वाधीनता, निश्चिंतता कहीं और न थी। अब इतना डर और कहीं नहीं होगा, अपनी अपार शक्ति और क्षमता के बावजूद। व्यक्ति रात को सोते समय यही ध्यान रखता है कि सवेरा पता नहीं कैसे परिवेश में होगा। ट्रेन-हवाई यात्रा में भय, दुकानों के मॉल में भय, डाक खोलते समय आशंका कि अंदर पता नहीं क्या हो; समाचार-पत्र/संचार-माध्यम सवेरे से देर रात तक भय-आशंका के इस घनीभूत वातावरण की सूचना और समीक्षा में व्यस्त। सरकार ने राष्ट्रीय स्तर पर नारंगी कोड की घोषणा कर रखी है, जिसका आशय है कि दुश्मन कहीं भी, कैसे भी हमला कर सकता है। इसके ऊपर सिर्फ़ लाल कोड होता है, जिसकी घोषणा वास्तविक आक्रमण के समय होती है। यह है आतंकवादियों का आतंक।

'कामायनी' याद आती है, और यह भी ध्यान आता है कि कवि को हमारे यहाँ मनीषी-क्रांतदर्शी क्यों कहा गया है। प्रसंग यह है कि मनु ने काम-पुत्री कामायनी श्रद्धा को वंचित किया है, गर्भवती स्थिति में उसका परित्याग कर। ऐसे 'श्रद्धा-विहीन' मनु का अगले इड़ा सर्ग में लंबा स्वगत-कथन खुलता है—

> **''किस गहन गुहा से अति अधीर**
> **झंझा-प्रवाह-सा निकला यह जीवन विक्षुब्ध महासमीर**
> **ले साथ विकल परमाणु पुंज नभ अनिल अनल क्षिति और नीर**
> **भयभीत सभी को भय देता भय की उपासना में विलीन**
> **प्राणी कटुता को बाँट रहा जगती को करता अधिक दीन''**

ऐसे में गांधी के अभय का मूल्य और समझ में आता है।

●

अमरीकी सभ्यता का पूरा रूपक भरत मुनि के 'नाट्यशास्त्र' के आरंभ में दी गई नाटक के जन्म की कथा में जैसे आ जाता हो। उसी के अनुरूप अमरीका ने यंत्र की कामधेनु-कल्पवृक्ष के सहारे देवताओं की तरह ही शारीरिक श्रम को उत्तरोत्तर समाप्त किया है। कुछ काम न होने पर देवताओं ने ब्रह्मा से शिकायत की थी कि यहाँ स्वर्ग में जीवन-यापन की तो सारी सुविधाएँ हैं। पर हमारा मन लगने का कुछ साधन नहीं। तो कथा आगे बताती है कि ब्रह्माजी ने चारों वेदों का स्मरण किया, और उनसे कुछ-कुछ

तत्त्व ले कर पाँचवें नाट्य वेद की रचना की, जो दृश्य भी होगा, श्रव्य भी, और जो सब वर्णों के लिए सुलभ होगा। देवताओं ने फिर ब्रह्माजी से कहा कि मनोरंजन का साधन तो आपने ठीक बनाया, पर नाटक के अभिनय में बड़ी तैयारी चाहिए, और बड़ा श्रम लगता है। इसलिए आप ही इसके अभिनय का प्रबंध भी कर दीजिए। तब ब्रह्मा ने अभिनय के लिए नाट्य वेद भरत मुनि को सौंपा, जिसको भरत ने अपने शिष्यों के साथ प्रस्तुत किया।

आधुनिक अमरीकी स्वर्ग के भद्रजन अपने मनोरंजन के विविध साधनों जैसे—तरह-तरह के खेल, अभिनय, संगीत—को भी स्वयं नहीं प्रस्तुत करना चाहते। इसके लिए वहाँ के काले लोग चुने जाते हैं, जिनके सहारे अमरीकी समाज का मनोरंजन होता है।

●

''मैं ही पुनर्जन्म और और जीवन हूँ
मैं अचर हूँ और चर भी
पति और पत्नी मैं दोनों जन हूँ
बलि पशु हूँ मैं ही यज्ञक्षुर पावन हूँ
मैं हवि हूँ और वैश्वानर भी।''

(मूल : आई ऐम द रिज़रेक्शन एंड द लाइफ़। आई ऐम द थिंग्ज़ दैट स्टे एंड दैट दोज़ फ़्लो। आई ऐम द हज़्बैंड एंड द वाइफ़। एंड द विक्टिम एंड द सैक्रिफ़िशियल नाइफ़। आई ऍम द फ़ायर, एंड द बटर ऑल्सो।)

'द वेस्ट लैंड' (१९२२) के लिए लिखित टी० एस० एलियट की पंक्तियाँ, बाइबिल और गीता के भावों का समाहार करते हुए। कविता में बौद्ध दर्शन के सूत्र हैं, समापन खंड तो बृहदारण्यक उपनिषद् में आई प्रजापति की द-द-द विषयक मेघ-गर्जन कथा की व्याख्या पर आधारित है, जिसका शीर्षक ही है—'मेघ-गर्जन ने क्या कहा' (ह्वाट द थंडर सेड), और अंत होता है उपनिषदों की शांति-प्रार्थना से; परन्तु कविता के अंतिम रूप में उपर्युक्त पंक्तियाँ नहीं गईं। पांडुलिपि-संस्करण से साभार! अनुवाद—प्रस्तुत लेखक।

बीसवीं शती में दो महायुद्धों के बीच की भाव-भूमि में एलियट ने 'द वेस्ट लैंड' लिखा था। मूलतः उसका समापन-वाक्य था—'विभीषिका! विभीषिका!' (द हॉरर! द हॉरर!') क्या तो सोच कर मनीषी कवि ने उसे उलट दिया—'शांतिः शांतिः'। 'सभ्यताओं का संघर्ष' के इस भयावह दौर में अब अंतिम प्रश्न बचता है कि इक्कीसवीं सदी की दुनिया इनमें से कौन-सा समापन चुनती है! अर्थात विजय सभ्यता की होनी है या कि संस्कृति की ? जो केन्द्रीय प्रश्न अपनी पुस्तक 'भारत और पश्चिम' में उठाया था ११ सितम्बर, २००१ के पूर्व। सभ्यता में अहंकार होता है, संस्कृति अहं के विलीनीकरण की प्रक्रिया है।

व्यवहार-बुद्धिविहीन विद्या भयानक—अमरीका के राष्ट्रीय अंतरिक्ष अनुसंधान केन्द्र के एक सामाजिक आयोजन में विशेष आहूत भारतीय मूल के कथा-वक्ता ने—इन दिनों अमरीका में विशेष अवसरों पर काव्य-पाठ की तरह कथा-पाठ के कार्यक्रम भी प्रचलित हो रहे हैं—पंचतंत्र की एक लोकप्रचलित कथा, सहज भाव से, सुनाई—

जंगल में चार मित्र घूमते-फिरते जा रहे थे; तीन ज्ञानी-विज्ञानी-कर्मठ, चौथा ज्ञानार्जन में सामान्य, पर व्यवहार-बुद्धि में सम्पन्न। चलते-चलते एक स्थान पर कुछ हड्डियाँ पड़ी मिलीं। मित्र-मंडली ने देख-समझ कर कहा कि ये तो शेर की हड्डियाँ हैं। एक ने कहा—मेरे पास इतनी विद्या है कि मैं इन्हें जोड़ कर शेर का ढाँचा पूर्ववत बना सकता हूँ। उसने ढाँचा खड़ा कर दिया। दूसरे ने कहा कि मैं इसे रक्त-मांस-स्नायु-तंत्र से भर सकता हूँ। उसने रक्त-मांस भर कर उस ढाँचे को त्वचा से मढ़ दिया। तीसरे ने अपने दोनों साथियों को तिरस्कार की दृष्टि से देखते हुए कहा कि तुम लोगों की विद्या अधूरी है, बिना प्राण के तो यह शव-मात्र है। मैं वह विद्या जानता हूँ, जिससे इसमें प्राण का संचार हो जाय। चौथा मित्र जो अब तक चुपचाप खड़ा था, उसने सावधान किया कि शेर को जीवित करके क्यों अपने प्राणों को संकट में डाल रहे हो! पर वहाँ तो मामला होड़ाहोड़ी-प्रतिस्पर्धा का था, कोई मानने को तैयार नहीं। इस पर व्यवहार बुद्धि ने ज्ञानियों से कहा कि ज़रा रुक जाओ, मुझे वृक्ष पर चढ़ जाने दो, मैं वहाँ से देखूँगा। वह तो वृक्ष पर चढ़ गया। इधर तीसरे मित्र ने अपनी विद्या का प्रदर्शन करते हुए उस सिंह के शरीर को जीवित कर दिया। प्राण-संचार होते ही सिंह ग़ुर्रा कर उठा और तीन मित्रों को मार कर खा गया।

पंचतंत्र की कथा यहीं समाप्त होती है, और नहीं भी होती। नये देश-काल-परिवेश के अन्तर्गत अंतरिक्ष केन्द्र के उस सभागार में कथा, अपने उपजीव्य की भाँति, नये सिरे से जीवित हो उठी।

•

एक प्रकार से कितना आश्वस्तिकर है यह जानते रहना कि आदमी अपना ख़र्राटा स्वयं नहीं सुनता!

•

प्रदर्शन-कलाओं, जैसे संगीत या नाटक की प्रस्तुतियों के रिकॉर्ड-टेप वीडियो में बंद करना उस तात्कालिक संवेदनीयता को नष्ट करना है जो प्रदर्शन-कलाओं का मौलिक-विशिष्ट गुण है। कला-रचनाओं की यांत्रिक आवृत्तियों में आस्वाद-अवरोध की समस्या से इधर पश्चिम के कला-आलोचक भी चिंतित हुए हैं। अपनी पुस्तक 'हू नीड्स क्लासिकल म्यूज़िक ? कल्चरल थॉमस एंड म्यूज़िकल वैल्यूज़' (ऑक्सफोर्ड) में जूलियन जौनान रिकॉर्डिंग को दुरुखा हथियार मानते हैं, जिसके कारण श्रेष्ठ कला-कृतियों की आवृत्ति बटन दबाने मात्र से सुनने को सुलभ हो जाती है, पर साथ-ही-साथ इससे संगीत के प्रति सम्मान और अवधान कम होता है। अधिकतर लोग ऐसे

संगीत की पृष्ठभूमि में एक अनुकूल ध्वनि-प्रवाह के रूप में बरतते हैं। अच्छा लगा यह देख कर कि 'साहित्य के नये दायित्व' (१९९१) में यंत्र द्वारा इधर जो कला-अवमानना की प्रवृत्ति बढ़ी है, उसकी ओर जिस रूप में मैंने संकेत किया था, उसकी संपुष्टि एक़ दशक बाद के अनुभव से पश्चिम के कला-चिंतकों में द्रष्टव्य है।

प्रकारांतर से, १९३६ में प्रकाशित वाल्टर बेंजामिन के निबंध 'द वर्क ऑफ़ आर्ट इन द एज ऑफ़ मैकेनिकल रिप्रोडक्शन' का यह विलक्षण प्रतिपक्ष है, इतिहास को किसी क़दर उलटते हुए।

पश्चिमीकरण (वेस्टरनाइज़ेशन) से पश्चिमविषोन्माद (वेस्टॉक्सीफ़िकेशन) : सभ्यताओं का संघर्ष : नया सहस्त्राब्द—अभी तक पश्चिमीकरण से वे देश चिंतित थे जिनके सांस्कृतिक-सामाजिक जीवन में पश्चिमी मूल्यों-मानदण्डों का अंधानुकरण हो रहा था। अब यह पश्चिमीकरण क्रमशः पश्चिमी विषोन्माद में परिणत हो रहा है, जिसके लिए पश्चिम में ही नया नाम निकला है 'द इकोनामिस्ट' आदि पत्रों में वेस्टॉक्सीफ़िकेशन'। ११ सितम्बर, २००१ को अमरीका में आतंकवादी आक्रमण के बाद अब तरह-तरह से पश्चिम के विचारक-पत्रकार उस मन:स्थिति का विश्लेषण कर रहे हैं जिसके कारण ऐसा बर्बर कृत्य संभव हुआ। इस क्रम में ध्यान इस ओर जा रहा है कि तीसरी दुनिया के बहुत-से देश, विशेषत: इस्लामी राज्य इस पश्चिमी विषोन्माद में साँस लेना मुश्किल पा रहे हैं। अंधानुकरण में तो नेत्रों का काम छूट रहा था, विषोन्माद तो सोचने-समझने की शक्ति को, और अंतत: जातीय-राष्ट्रीय अस्मिता को ही समाप्त कर देगा। ११ सितम्बर के बाद प्रसिद्ध अमरीकी राष्ट्रीय साप्ताहिक 'न्यूज़वीक' के संपादक फ़रीद ज़करिया—प्रख्यात भारतीय राजनेता और चिंतक तथा इस्लाम विशेषज्ञ डॉ० रफ़ीक़ जक़रिया के सुपुत्र—ने अपने साप्ताहिक में इसी तरह का विस्तृत विश्लेषण करते हुए देखना चाहा है। वे अमरीका से नफ़रत क्यों करते हैं ? (अक्टूबर १५, २००१)। यों पूर्व की समस्या अब पश्चिम में पहुँची है, विलोम चिंता के रूप में। समाधान में फ़रीद यहाँ तक जाते हैं कि पश्चिम को अब सावधान रहना चाहिए कि वे इन देशों की जीवन-व्यवस्था एक सीमा के बाद प्रभावित-विकृत न करें। यह कुछ ऐसी बात हुई कि जैसे किसी की लाचारी का फ़ायदा उठा कर उसका धर्म-परिवर्तन करना ग़लत है, वैसे ही उसकी संस्कृति को दबाना-दबोचना भी आगे चल कर विस्फोटक हो सकता है। यों भी संस्कृति धर्म का इतिहास-प्रक्रिया में उतरा सत है।

याद आता है कि 'क ग ख' त्रैमासिक के प्रथम अंक (१९६३) में ही एक लम्बा निबंध लिखा था 'आधुनिक भारतीय साहित्य में पूर्व और पश्चिम के मूल्यों के बीच अवरोध की स्थिति'। वहाँ से ले कर 'भारत और पश्चिम' (१९९९) पुस्तक तक अनेक बार इस समस्या पर लिखा, एडवर्ड सईद और हंटिंग्टन पर भी टिप्पणी करते हुए। पहले-पीछे औरों ने भी लिखा-कहा होगा। पर पश्चिम मानस जागा ११

सितम्बर के बाद ही। तब पश्चिम के एक और विचारक लॉर्ड कीन्स की भी उक्ति याद आई कि मनुष्य अंततः सही काम करेगा, पर पहले अन्य सभी विकल्पों को आज़मा कर।

यों, अभी तक 'सभ्यताओं का संघर्ष' यहूदी-ईसाई-इस्लामिक जिन तीन भ्रातृ सभ्यताओं के बीच चला, उनकी प्रेरक शक्ति अधिकतर धर्म-संस्कृति थी—अब जिस अकेली महाशक्ति अमरीकी सभ्यता का आतंक सारे संसार को दबा रहा है, वहाँ सभ्यता के केन्द्र में टेक्नॉलॉजी है। अमरीका को अपनी इतिहासहीनता से सुविधा है कि अपने विपुल प्राकृतिक संसाधनों के दोहन के लिए वह समूचे संसार के उत्कृष्ट मानवीय संसाधन को छाँट कर अपने यहाँ, निश्चय ही एक खुले समाज में ढाल रहा है, जिसको लाक्षणिक रूप में 'द ग्रेट मेल्टिंग पॉट'—गलाने का बड़ा बरतन—कहते हैं। 'न्यूज़वीक' संपादक ज़करिया स्वयं इस चयन के एक अच्छे उदाहरण हैं। इस ढलाई की अंततः एक ही परिणति है कि यहाँ के प्रधानतः उपभोक्ता जीवन में प्रतिकृतियाँ-पुतलियाँ ढलेंगी, जिनके लिए इतिहास और संस्कृति के कोई दबाव नहीं होंगे। यह परिदृश्य स्पष्ट ही विश्व की सभी प्राचीन संस्कृतियों—उनके देशों के लिए आतंककर है, क्योंकि गलाई अमेरिका में ही नहीं, आगे-पीछे अन्य देशों में भी, पहुँचेगी। तभी इन देशों के संबंध अमरीका से सहज प्रीतिकर नहीं बनते, वे चाहे ईरान-इराक़ हों, फ्रांस-रूस हों या भारत-चीन। यहाँ तक कि छोटा-सा देश जापान भी सारे भौतिक विकास के बीच अपनी भाषा-संस्कृति को अक्षुण्ण बनाये रखने को तत्पर रहता है। लगभग वैसी ही मुद्रा में 'प्राचीन संस्कृतियों' के देश 'नयी सभ्यता' अमरीका से भौतिक स्तर पर सहायता-सहकार चाहते हैं, पर अपनी सांस्कृतिक अस्मिता की कीमत पर नहीं। यह अकारण नहीं कि इराक़ पर प्रस्तावित आक्रमण के प्रसंग में संयुक्त राष्ट्र संघ में अपने को अलग-थलग पड़ते देख कुछ चिढ़ और व्यंग्य की मुद्रा में अमरीकी रक्षा-सचिव ने फ्रांस-जर्मनी को 'ओल्ड यूरोप' कह कर पुकारा था।

इस संदर्भ में 'न्यूज़वीक' संपादक भारत-अमरीकी फ़रीद ज़करिया का विश्लेषण सार्थक और सामयिक है। समझने की बात अब फ़रीद और हंटिंग्टन (सभ्यताओं का संघर्ष' मुहाविरे के प्रवर्त्तक) दोनों के लिए यही है कि नये सहस्राब्द में सभ्यताओं का संघर्ष परंपरागत संस्कृतियों और इतिहासविहीन अमरीका के बीच चलना है—इसी में उत्तर मिलता है फ़रीद के शीर्षक-प्रश्न का कि 'वे अमरीका से नफ़रत क्यों करते हैं?' 'भारत और पश्चिम' के आमुख से आरंभ करके अंत तक, ११ सितम्बर-पूर्व १९९९ ई० के संसार में मैंने अपने ढंग से यह उत्तर देना चाहा था।

९/११ के बाद इस अवधि में डॉ० रफ़ीक़ ज़करिया इधर 'टाइम्स ऑफ़ इंडिया' के अपने लेखों में इस समूचे दुखद प्रकरण पर अपनी मानसिक व्यथा व्यक्त करते हुए इस्लाम के मूल शांति-संदेश की व्याख्या करते रहे हैं। उन्हें इस बात से बहुत तकलीफ़ हुई जब उनके एक मित्र ने कहा कि यह ठीक है कि सारे मुसलमान आतंकवादी नहीं है, पर सारे आतंकवादी मुसलमान हैं। विद्वान लेखक ने यहाँ

इस्लामी सभ्यता के विशिष्ट और व्यापक योगदान का स्मरण किया है, और किसी भी तरह के आतंकवाद को इसका विरोधी कहा है। इस प्रसंग में पिता-पुत्र दोनों के विश्लेषण अंतर्दृष्टिपूर्ण और संघर्ष के शमन में उपयोगी हैं, यदि दोनों पक्ष इस ओर कुछ भी ध्यान दें।

भारतीय और पश्चिमी समाज— पश्चिम में स्त्री को 'सेकंड सेक्स' कहा जाता है, दूसरे दर्जे की व्यंजना में। ऐतिहासिक कारण यह कि बाइबिल के अनुसार ईश्वर ने पहले आदम को बनाया, और फिर उसकी पसली निकाल कर उससे 'ईव' को। हमारे यहाँ पहले-पीछे की कल्पना नहीं है; यहाँ 'अर्द्धनारीश्वर' की परिकल्पना और तदनुरूप अंकन है। 'सेकंड सेक्स' और 'अर्द्धनारीश्वर'। 'अर्द्धांगिनी' जैसे भाषिक प्रयोग दोनों सामाजिक विधानों का अंतर स्पष्ट करते हैं, अंग्रेज़ी, 'ईव' और 'ईविल' का संबंध भी।

मध्यकाल के भारतीय समाज में कुछ आंतरिक और बाह्य कारणों में स्त्री और निम्न वर्गों का सामाजिक धरातल नीचा हुआ। इसका महत्त्वपूर्ण प्रतिकार १९५० में स्वतंत्र भारत के संविधान में हमारे मनीषी करते हैं—सबको समान मताधिकार दे कर—अनुसूचित जातियों के लिए दस प्रतिशत आरक्षण की व्यवस्था करके—प्रतीकात्मक रूप में अंबेडकर को आधुनिक मनु का दर्जा दे कर और अंततः राष्ट्र द्वारा व्यवहार रूप में अनुसूचित जाति के सदस्य को राष्ट्रपति चुना जा कर। प्रतिकार-प्रक्रिया अभी जारी है; स्त्रियों के लिए संसद में आरक्षण की व्यवस्था के रूप में। संपूर्ण विश्व में ऐसे क्रांतिकारी परिवर्तन अतुलनीय है; पर यह ठीक है कि इन संवैधानिक व्यवस्थाओं और व्यवहारों का पूरे समाज में प्रसारण और अवरोहण क्रमशः ही हो रहा है।

सेकुलर बम— भारतीय राष्ट्रीयता के स्वतः सेकुलर होने का सबसे बड़ा प्रमाण उसके ऐटम बम का रूप है। राजनैतिक चर्चाओं में क्रिश्चयन-इस्लामिक-यहूदी-कन्फ़्यूशियाई बम का उल्लेख प्रायः होता है। पाकिस्तान को कई इस्लामी देशों ने यह कहकर ही प्रेरित किया कि सभी प्राचीन सभ्यताओं के पास अणु बम है, इस्लाम का भी होना चाहिए। इस संदर्भ में भारत का बम सेकुलर है जिसके बनने में हिन्दू प्रधानमंत्री (अटल बिहारी वाजपेयी), मुसलमान वैज्ञानिक सलाहकार (डॉ० अबुल कलाम) और ईसाई रक्षामंत्री (जार्ज फ़र्नांडीज़) का सम्मिलित उपक्रम था। और यह संभव हुआ हिन्दू राष्ट्रवादी कही जाने वाली भारतीय जनता पार्टी के कार्यकाल में। अल्पसंख्यकों में से राष्ट्रपति तो पहले से ही बनते आ रहे हैं। गणतंत्र के प्रथम पचास वर्षों की अवधि में चार अल्पसंख्यक प्रायः सर्वसम्मति से राष्ट्रपति चुने गये हैं। अमरीका के जनतंत्र में अभी यह अकल्प्य है।

ऊहापोह

❑

- **सूत्र-त्रयी :** *पारकिन्सन का सूत्र*—कर्मचारी जिस अनुपात में बढ़ते हैं, कार्य-कुशलता उस अनुपात में कम होती है।

- *मर्फ़ी का सूत्र*—काम बिगड़ेगा अगर सके तो (ए थिंग विल गो रौंग इफ़ इट कैन।)।

- *चतुर्वेदी सूत्र*—जिसे किए बिना चल जाए उस काम को नहीं करना चाहिए।

- एक ग्रामीण कहावत : खसम किया तो बुरा किया।
  करके छोड़ दिया तो और बुरा किया।
  मार्क्सोत्तर कम्युनिस्ट की विडंबना कुछ ऐसी ही है।

- **खेल**—हार-जीत का खेल मुझे कभी रुचिकर नहीं रहा। जीतने की जितनी प्रसन्नता होती है कम-से-कम उसका आधा दु:ख होता है दूसरे पक्ष की पराजय पर। खेल तो वह जिसमें दोनों पक्ष जीत सकें।

- विज्ञान के क्षेत्र में एक उक्ति बहुप्रचलित है—'फ़ैक्ट इज़ द ग्रेटेस्ट किलर ऑफ़ थ्योरी।' उसी के वज़न पर साहित्य में कह सकते हैं कि 'टेक्स्ट इज़ द ग्रेटेस्ट किलर ऑफ़ थ्योरी।' विज्ञान में कोई भी नया-पुराना तथ्य सिद्धांत से मेल न खाने पर उस सिद्धांत को हटा देता है। साहित्य में सिद्धांत-कथन या कि सामान्यीकरण आसानी से होता है बहुत बार अपने पूर्वाग्रहों के, विचारधारा के आधार पर, बिना रचना की सच्चाई की ओर ध्यान दिए। जैसे ही किसी ऐसे रचना-पाठ से उसका सामना होता है जो उस सिद्धांत की पुष्टि नहीं करता, वह सिद्धांत-कथन/सामान्यीकरण धराशायी हो जाता है। विचारधारा से आविष्ट हिंदी की प्रगतिशील आलोचना में ऐसे उदाहरण आरंभ से अब तक मिलते हैं।

- उत्तर प्रदेश का पुराना नाम *'संयुक्त प्रांत आगरा और अवध'* भाषा-प्रसार क्षेत्र की सृष्टि से एकदम सार्थक कहा जा सकता है। ब्रज और अवधी क्रमश: आगरा और अवध क्षेत्र की बोलियाँ हैं, जो मिल कर हिंदी काव्यभाषा का केन्द्र बनाती हैं। *'विनयपत्रिका'* और *'रामचरितमानस'* के कवि तुलसी जिस केन्द्र के बीचोंबीच अवस्थित हैं।

- मास्को-वाशिंगटन, समाजवाद और स्वातंत्र्य के दावेदारों के बीच हमारे विचार की कोई गिनती नहीं, हम तो जैसे ख़ामख़ा हैं।

- जैसे उदर को भोजन चाहिए ताकि पाचन-क्रिया का यंत्र चले नहीं तो वह अपने को ही रगड़ता रहेगा, उसी तरह मस्तिष्क में कुछ नया विचार डालना ज़रूरी है नहीं तो वह अपना घर्षण स्वयं करता जाएगा। अनविचार का आनंद ऊँचा है, पर दुष्प्राप्य!
- सब कुछ कृष्ण की लीला है। जब वह यह बात ध्यान से उतर जाती है—और बहुत बार उतर जाती है—तो यह भी कृष्ण की ही लीला है।
- रचना-रचनाकार-भाष्यकार/आलोचक के संबंधों पर संस्कृत सूक्तिकार की टिप्पणी—बेटी के सौंदर्य का अनुभव पिता नहीं कर पाता, जैसा जामाता करता है।
- सुविधा अपनी असुविधा साथ लाती है, भले उसका अनुभव बाद में हो। अमरीका की काली जनसंख्या इसका सबसे रोचक और प्रबल प्रमाण है।
- किसी की भलाई कर सकना संसार में कठिन काम है; जाने-अनजाने किसी की बुराई न हो जाए तो यही बहुत है।
- ईश्वर का अस्तित्व है या नहीं, यह तो ईश्वर ही जाने। मैं स्वयं यही सोच सकता हूँ। पर इस अस्तित्व का एक रोचक व्यावहारिक प्रमाण मेरे पास यह है कि किसी विशेष घटना-क्रम पर कभी उस समय बहुत खेद होता है; पर लंबे अंतराल के बाद घूम कर देखने पर लगता है कि ऐसा होना यह तो मेरे अपने ही हित में था। यों भूतविज्ञानी परम तत्त्व के शोध में जिस 'ग्रैंड यूनिफ़िकेशन'—विराट् योग—को सिद्ध करने की चिंता में हैं कि सृष्टि की चार शक्तियाँ—गुरुत्वाकर्षण, चुंबकीय क्षमता, सबल-निर्बल विद्युतावेश— अंततः एक ही हैं, वही आध्यात्मिकों के लिए ईश्वर का अस्तित्व है। आध्यात्मिक उसे सहज ज्ञान से जानता है, वैज्ञानिक उसे अपने ज्ञान-प्रयोग से जानना चाहता है। 'तत्त्वमसि' का यही अभिप्राय है, दोनों संदर्भों में।
- यंत्र का आविष्कार करके जब मनुष्य उसके साथ स्वयं भी चलता है तो मानवीय संबंध वहाँ बना रहता है; जब वह यंत्र का आविष्कार करके उसे स्वतंत्र छोड़ देता है तो मानवीय संबंध क्षरित होता है। इन दोनों स्थितियों के बीच विवेक कर सकना आधुनिक मनुष्य का सर्वाधिक महत्त्वपूर्ण दायित्व है।
- राम से पहले नाम है अथवा नाम से पहले राम?
- बिजली अट्टालिकाओं पर ही गिरती है, खँडहर पर नहीं।
- गाँव के अध्यापक पं० दयाशंकर दुबे की उक्ति, संदर्भ—कई तरह के रोगों से ग्रस्त व्यक्ति को मौत जल्दी नहीं आती।)
- स्मृति (मेमरी) और स्मृति-सम्मोहन (नौस्टैल्जिया) का अंतर विशेषतः आत्मचरित और उपन्यास में ध्यान देने योग्य है। स्मृति-विधान गत्यात्मकता संभव करता है, सम्मोहन जड़ीभूत बनाता है।

- पुस्तक-पाठक पुस्तकों को पढ़-पढ़ कर यह तय नहीं करता कि कौन-सी पुस्तक पढ़नी है, कौन-सी नहीं। वह गाय की तरह सहज बुद्धि रखता है कि कौन-कौन सी घास नहीं खानी है।

- दक्षिण-वाम राजमार्ग पर होता है, पगडंडी पर नहीं।

- जीवन के कठिन, दुविधा-भरे क्षणों को बहुत बार पूर्व-प्रभावी (रिट्रौस्पेक्टिव) ढंग से जिया है, पूरे आनंद में। यह कुछ ऐसे हुआ कि कला का आनंद लिया जीवन की तरह, और जीवन का आनंद कला की तरह। इस प्रसंग में 'आरण्यक' उपन्यास में विभूति बाबू का वह गुणात्मक अंतर भी ध्यान आता है जो उनहोंने *'उन्नति' और 'आनंद'* के बीच किया है।

- 'चतुर्वेदी जीवन-शैली' के अनुरूप पश्चिमी समाचार-पत्रों की कार्टून-शृंखला में 'हैगार' तथा 'बीटल' के चरित्र अच्छे लगते हैं।

- संगीत में अनुभूति सर्वाधिक सघन है, दर्शन में विचार। साहित्य की अवस्थिति दोनों के बीच है, कहें तो दोनों का साहित्य।

- 'परिमल'/कॉफ़ी हाउस के दो मुख्य भाषा-खेल—'इसे (अप्रिय प्रसंग को) किसी और तरह से कहो', तथा 'स्वशब्दावाच्यत्व' दोष से बचना। इन भाषा-खेलों से लेखक को शैली सँवारने में किसी क़दर प्रशिक्षण मिलता है।

- गांधी के प्रभाव—प्रेमचंद-जैनेन्द्र, प्रसाद-निराला-पंत-महादेवी पर अपने-अपने ढंग से।

- बच्चे के लिए 'अबोल-तबोल' (बँगला प्रयोग) का व्यवहार ही अधिक सार्थक है, अतः शिशु-गीत सभी भाषाओं में तर्कसंगत अर्थ नहीं रखते। सूर ने भी लिखा है—'हलराऐ मलराय जसोदा जोइ-सोइ कछु गावै।' बच्चे से संवाद के लिए यों अर्थ-हीन भाषा—कुछ ध्वनियाँ मात्र—सार्थक है।

- अप्रवासी भारतीय की स्थिति समझ में आती है। पर इधर कुछ समय से मानसिक रूप में अप्रवासी भारतीयों का एक वर्ग बना है, जो सामाजिक-सांस्कृतिक समरसता के लिए समस्या होता जाता है।

- विश्वविद्यालय जीवन के कुछ खेद-प्रसंग—अध्ययापन-काल के कई स्खलन याद आते हैं। 'खोई' (कबीर) का ग़लत अर्थ बताया, इसी प्रकार से 'कारण जलधि' (कामायनी') का पारिभाषिक अर्थ अस्पष्ट रहा। प्रसाद-काव्य में प्रेम और सौंदर्य जैसे सूक्ष्म विषय पर, दोनों पक्षों के अनवरत प्रयत्न के बावजूद, शोध-कार्य सम्पन्न नहीं करा पाया। या कि एक शोध-वृत्ति अपने ही द्वारा आयोजित, अस्वीकृत हो जाने दी, अपने अनिर्णय के कारण।

- आलोचक में एक तरह का 'प्यूरिटन' तत्त्व होता है। वह न चैन से बैठेगा न बैठने देगा।
- आलोचक-अध्यापक के लिए अच्छे विद्यार्थी उसकी हाड़-मांस में चलती-फिरती पुस्तकें हैं।
- जीवन में दुख-सुख का अनुपात वाक्य में शब्द और विराम चित्रों जैसा है।
- मनुष्य यदि ईश्वर की सर्वश्रेष्ठ निर्मिति है तो ईश्वर मनुष्य की सर्वश्रेष्ठ मति। मनुष्य इस रूप में ईश्वर को जान लेता है, भले पहिचान न पाए।
- कितने ही जीवन-चरित्रों/आत्मकथाओं को पढ़ने पर लगता है कि कितनाहूँ बेतरतीबी से जिए गए जीवन को जब किसी एक बिंदु से देखा जाता है तो उसमें एक विधान या कि 'डिज़ाइन' नज़र आने लगता है, बादल में आकृतियों की तरह। यों जीवन में अर्थहीनता की बात अपने में ही अर्थहीन है।
- रुअँटा मन जो अपने और सामने वाले दोनों की चिंता में दुखी रहता है। वह चाहे टेनिस का खेल हो, या कि यात्रा में घर और बाहर से चलना। इस स्वभाव का कई बार प्रदर्शन भी हुआ। पिता कड़े स्वभाव के थे, माँ परम भावुक—दोनों का संस्कार आया है।
- समकालीन हिंदी साहित्य के परिदृश्य पर बहुत-से लेखक गाँवों-क़स्बों से नगरों-महानगरों में आए हैं। शायद इसीलिए यहाँ नौस्टैल्जिया में अनुभव आपको दबोच लेता है, जबकि होना यह चाहिए कि लेखक अनुभव को दबा सके और उसे अनुभूति में रूपान्तरित करे।
- रचनाकार ऊपर से अलग-अलग दिखते अनुभव-प्रसंगों को एक सूत्र में बाँध कर जीवन को गहरा अर्थ प्रदान करता है; आलोचक इसी तरह फैले हुए पर्यवेक्षणों को एक-दूसरे से जोड़ कर उनमें नया आलोक उत्पन्न करता है।
- हर घटना-क्रम का अपना ऐतिहासिक -सामाजिक संदर्भ होता है जिसकी अनदेखी करके हम उस घटना-क्रम को ठीक-ठीक नहीं समझ सकते। कबीर से बड़ा विद्रोही कवि इस देश में नहीं हुआ—पंडितों-मुल्लाओं की खाल जैसी उन्होंने खींची है, दूसरा कोई सोच नहीं सकता। ऐसे कबीर ने न केवल यह कि सती-प्रथा की निंदा नहीं की, वरन सती को भक्त की निष्ठा का आदर्श माना है। युद्ध में लड़ने वाला शूर और चिता पर जलने वाली सती जैसे उनकी अपनी भक्ति की परीक्षा के लिए आदर्श हो। यह तुलसी की 'कामिहि नारि पिआरि जिमि' की तरह हीनोपमा नहीं, आदर्श चरित्र का प्रतिमान है कबीर के लिए। इसी क्रम में जायसी द्वारा पद्मावती-नागमती और उनकी सखियों का जौहर 'पद्मावत' के समापन में पूरे सम्मान के साथ वर्णित हुआ है। आधुनिक कवियों में रवीन्द्रनाथ ठाकुर—स्वयं ब्रह्मसमाजी—सती की निर्भीकता के सम्मान में कविता लिखते हैं।

- 'चरम प्रतिकार' ('स्कन्दगुप्त' नाटक में प्रसाद का प्रयोग जब गुप्त साम्राज्य के तीन शीर्षस्थ अधिकारी राज्य की एकता के हित में छुरा मार कर आत्म-बलिदान करते हैं।) का ऐसा ही उदाहरण जापानी समाज में मिलता है जहाँ किसी आदर्श की रक्षा के लिए पूरे विधि-विधान के साथ सार्वजनिक रूप में 'हाराकीरी' की जाती है। एक बड़े लेखक द्वारा बीसवीं शताब्दी तक में ऐसा आत्म-बलिदान हुआ जिसे वहाँ हत्या/आत्महत्या नहीं माना जाता। सती या 'हाराकीरी' आज के संदर्भ में निश्चय ही अकालिक हैं, पर मध्यकालीन भारत अथवा जापान में अब तक इन्हें सम्मान की दृष्टि से देखा गया है। हमारी ही आत्मालोचन वृत्ति बहुत बार अपने अतीत को ले कर आत्मघृणा में बदल जाती है, जो इतिहास और समाज के प्रति न्यायसंगत नहीं। कोई भी आत्म-बलिदान ऐच्छिक ही हो सकता है।

- सामान्यत: मनुष्य की प्रवृत्ति होती है कि उसका जो-जो काम बनता है उसका श्रेय मानसिक रूप से वह स्वयं लेता जाता है। पर जहाँ कोई काम बिगड़ता है तो इसके लिए वह किसी को ढूँढ कर उसे ज़िम्मेदार ठहराता है। मैं कई बार स्वेच्छा से ऐसा 'ज़िम्मेदार' बन जाता हूँ।

- तर्क करने का एक परिसंवादी तरीका यह है कि एक लचर और बहुत-कुछ काल्पनिक प्रतिपक्ष तैयार कर लिया और फिर मज़े-मज़े उसे ध्वस्त करते चले गए। यह हुई 'लोग कहते हैं, परंतु—' शैली।

- अंग्रेज़ी उपन्यासकार आइरिस मरडॉक की नयी कथा-कृति पढ़ कर एक मित्र ने लिखा—आइरिस, तुम्हारी रचना में जो अमुक प्रयोग है उसका साक्ष्य हमारी भाषा में कहीं नहीं मिलता। मिस मरडॉक ने उत्तर दिया—समझ लो अबसे यह प्रयोग अंग्रेज़ी में आ गया।

- रचनाकार के आत्मविश्वास का एक और उदाहरण : इलाहाबाद के किसी क़दर अर्द्ध-विस्मृत, पर अत्यंत प्रतिभाशाली भुवनेश्वर से किसी ने कहा—यार, तुमने अपने अमुक नाटक का प्लाट शॉ (जॉर्ज बर्नार्ड) से उठाया है। भुवनेश्वर ने उत्तर दिया—मैं क्यों शॉ से उठाने लगा, मैंने तो इसे इब्सन से लिया है, जहाँ से स्वयं शॉ ने उठाया।

- इसी क्रम का एक तथ्य-प्रसंग : नंददुलारे वाजपेयी ने 'भारत' पत्र (लीडर प्रेस, इलाहाबाद) के मालिकों से मतभेद होने पर त्यागपत्र देते हुए लिखा—जिसे मैं सच मानता हूँ उसे कहने में मैं अकेले अपने को काफ़ी समझता हूँ।

- **ग्रीस देश के तीन नगर अंधे होमर ने जहाँ उम्र भर माँगी भीख,**
  कवि के जन्म-स्थल होने का अब दावा करते हैं चीख़!

  (निराला के संदर्भ में तीन नगर : कलकत्ता-लखनऊ-इलाहाबाद)

- निराला के निधन पर कवि-महापौर बालकृष्ण राव द्वारा अंग्रेज़ी कवि पोप की पंक्तियाँ उद्धृत/हिंदी अनुवाद तथा टिप्पणी : प्रस्तुत लेखक)

- कुछ व्यक्ति होते हैं जो कहीं जाने का बहाना ढूँढते हैं, हम न जाने का बहाना ढूँढते हैं।

- कुछ धर्म-संप्रदाय ही-वर्ग के हैं, जो मानते हैं कि उनका मत अकेला ही सत्य है, उसके बाहर अंधकार का क्षेत्र है। कुछ भी-वर्ग के हैं, जो मानते हैं कि उन्होंने सत्य का साक्षात्कार किया है, औरों ने भी अपने-अपने ढंग से किया है। हिंदू धर्म इस भी-वर्ग का है, इसीलिए यहाँ धर्मान्तरण जैसी परिकल्पना ही नहीं। वस्तुतः बहुलतावाद (pluralism) का रूप यहाँ द्रष्टव्य है।

- न किसी से चिढ़ो, न किसी पर तरस खाओ।
  जो बन सके सब के लिए करो
  और फिर सृष्टि को लीला रूप में देखो।
  क्षमा सब के लिए माँगो।

  (रघुवीर सहाय को स्मरण करते हुए)

- पं० भीमसेन जोशी की संगीत-कला : वह उमरियाती नहीं/न आवृत्ति करती है उसे बासी। (शेक्सपियर के प्रति क्षमा-याचना सहित)

- जहाँ स्नेह अधिक है वहाँ शंका अधिक है (कालिदास)। जहाँ स्नेह अधिक है वहाँ अपेक्षा भी।

- गांधी किसी समय पक्ष थे, आज प्रतिपक्ष हो गये हैं; फिर भी अब याद आ रहे हैं प्रदूषण के इस ज़माने में नीम की तरह—जो वे सदा से थे।

- शारीरिक विकास पूरा हो चुकने पर, फिर मानसिक वृत्तियाँ बढ़ती और कड़ी पड़ती हैं। उनमें से भी दुष्प्रवृत्तियाँ कुछ अधिक ही।

- जनमत : क्या अर्थ यह है कि मत के पहले जन को मत रक्खो, अर्थात जन से कहीं महत्त्वपूर्ण है। मत?

- प्राचीन कथा : नया अर्थ—एक और प्राचीन कथा गणितज्ञ पंडितजी की है जो दावत खाने के लिए सपरिवार दूसरे गाँव जा रहे थे। रास्ते में नदी पड़ी, जहाँ नाविक उस समय कोई था नहीं। भोज के लिए व्यग्र पंडितजी ने परिवार के छोटे-बड़े सभी सदस्यों की लंबाई का औसत निकाल लिया और पाया कि वह नदी की धार की गहराई से अधिक है। उन्होंने परिवार के सदस्यों से कहा कि सब निर्भय हो कर पैदल-पैदल नदी पार कर लें। वे एक-एक करके नदी में घुसते गए और बीच धार के गहरे जल में डूबते गए। पंडितजी बहुत दुखी, पर परिवार के डूबने से उतने नहीं जितने अपने गणित की असफलता से।

- कम्यूनिज़्म के पतन और सोवियत संघ के विघटन पर कम्युनिस्टों की मन:स्थिति भी कुछ ऐसी ही है। सोवियत विघटन की उन्हें चिंता नहीं, उनकी चिंता है कि कम्युनिज़्म के सिद्धांत कहाँ और कैसे ग़लत हो गए।
- प्रात: भ्रमण का सूर्य-स्पर्श। यह सोच कर प्रीतिकर विस्मय होता है कि सूर्य के जो हाथ मेरा स्पर्श कर रहे हैं कितनी शताब्दी-सहस्राब्दी पूर्व उसने पसारे होंगे।
- यूनिवर्सिटी अध्यापक जैसे पी०एच०डी० बनाने। बढ़ाने के फेर में रहते हैं, वैसे साहित्यिक गुरु कवि-लेखक बनाने में। पी०एच०डी० तुरन्त हो भी जाएँ, रचनाकार बिना सर्जनात्मक संघर्ष स्वयं झेले कहीं कुछ होते नहीं। दुर्योग यह है कि हिंदी में दोनों तरह के तुरंतों की बढ़ती हुई है।
- वासना को कविता बना सकना—निराला के 'तुलसीदास' की तरह—सबसे बड़ा रचना-कर्म है।
- पहले सोचा था कि जीवन-यापन के लिए बहुत अधिक बुद्धिमत्ता चाहिए। फिर बहुतों को देख कर धीरे-धीरे लगा कि शायद ऐसा नहीं है : काफ़ी कम से काम चलता है।
- अपने लिए सम्मान का भाव नहीं बन पाता, न तो व्यक्तिगत जीवन में, न साहित्यिक जीवन में। जो सम्मान पिछली पीढ़ी के लिए बचपन में था, बाद में उनकी कुछ कमज़ोरियाँ पहिचान कर भी प्राय: यथावत है। अपने तो लल्लू ही बने रहे।
- समकालीनों के प्रति अकारण ईर्ष्या का भाव प्रेम से भी तीव्र हो जाता है। जो जितना निकट स्पर्धा—और कभी ईर्ष्या—उतनी तीव्र, 'कामायनी' में मनु के प्राय: प्रथम उग्र मनोविकार की तरह। बहुत-सा समय और यत्न उसके शमन में लगता है।
- आलोचना को सर्जनात्मक व्यापार समझ और बना कर मन में एक तरह का आध्यात्मिक तोष हुआ।
- यह संयोग है कि सजग जीवन का आरम्भ यमुना किनारे के बीहड़ों में हुआ था और अब उत्तरार्द्ध का एक हिस्सा जंगलों से घिरे बृहत्तर वाशिंगटन क्षेत्र में बीतता है।
- विकसित देशों में अब समस्या जीवन के स्तर की नहीं, चिंता जीवन की गुणवत्ता की है।
- विकसित देशों में आदमी मँहगा है, चीज़ें सस्ती हैं—विकासशील देशों में चीज़ें मँहगी हैं, आदमी सस्ता है। यह भी क्या विकास का एक लक्षण है। पश्चिमी सभ्यता में पशु-परिवार जैसा है, जहाँ बच्चे जब तक छोटे रहते हैं उनसे बेहद लगाव है, पर जब वे बड़े हो जाते हैं तो आपस की पहिचान भी नहीं रह जाती। अप्रवासी इसमें मानवीय संस्पर्श लाते हैं।

- इतने सारे कष्ट और कठिनाई के झेलने के बाद भी यदि भगवान मनुष्य से पूछते हैं कि क्या तुम संसार में वापस जाना चाहते हो या नहीं तो मनुष्य के लिए एकाएक 'ना' कहना मुश्किल होगा। भगवान से उसकी लीला का आकर्षण इतना अधिक है। भगवान के स्वर्ग में उसको सब भौतिक सुविधाएँ होंगी, पर उसका मन शायद वहाँ नहीं लग सकता, जैसे कि मनुष्य के पूर्व स्वयं देवताओं का मन स्वर्ग में नहीं लगा। तभी उनके मनोरंजन के लिए ब्रह्मा को पाँचवें नाट्यवेद की रचना करनी पड़ी। उस समय जो प्रथम नाटक देवासुर संग्राम भरत मुनि के शिष्यों द्वारा अभिनीत हुआ, वही जैसे हम सब अपने जीवन में बराबर खेले जा रहे हैं। लीला चल रही है और कई स्तरों पर। मनुष्य के भीतर भी और बाहर भी।

- युद्ध और प्रेम में सब कुछ जायज़ माना जाता है। परिसंवाद / सेमिनार में दोनों का योग है। 'स्कंदगुप्त' में विदूषक मुद्गल का संवाद है कि ब्राह्मण की मुक्ति होती है पत्तल पर खाते-खाते, क्षत्रिय की युद्ध में लड़ते-लड़ते, शूद्र की सेवा करते-करते। उस न्याय से परिसंवादी की मुक्ति है सभागार में माइक के सामने बोलते-बोलते।

- गांधी का नाम लेते-लेते जवाहरलाल ने उनकी आर्थिक-सामाजिक नीतियाँ साम्यवादी आधार पर बदल दीं; उनके उत्तराधिकारियों ने फिर उन्हीं को श्रद्धांजलि देते-देते कई दशक बाद उन नीतियों को मुक्त व्यापार के आधार पर बदल दिया। यह इतिहास का न्याय है या इतिहास का विकास?

- मेरे लेखन में बहुत बार पिछले लेखन के कुछ अंश आवृत्त होते रहते हैं, पर वैचारिक संदर्भ नया होने से उस आवृत्त अंश का गुणात्मक मूल्य फ़र्क होता है, जैसे मैं 'मैं' भी रहता हूँ और नित नया भी हो जाता हूँ। संगीत में सुविधा है कि एक ही बोल और राग बार-बार गाए जाने पर भी अपना आकर्षण नहीं खोता। पर लेखक-विचारक-वक्ता को, भाषा में होने के कारण, अपने को नवीकृत करते रहने के लिए कई प्रकार की युक्तियाँ अपनानी पड़ती हैं। वह अपने को दुहरा नहीं सकता, पुराने लिखे को घुमा कर नया नहीं कर सकता, एकदम नया नहीं लिख सकता। हाँ, इन सब प्रक्रियाओं से कुछ-कुछ ले कर अपना रास्ता निकाल सकता है। इस दृष्टि से आचार्य रामचंद्र शुक्ल के लेखन में बहुत-कुछ सीखने को मिलता है।

❑

- सारी कठिनाइयों और क्रूरताओं के बावजूद मनुष्य जीवन का आकर्षण ऐसा प्रबल है कि भगवान यदि मनुष्य से कहे कि ठीक है, बहुत हुआ। अब तुम्हारी 'फ़ाइल' बंद। अब तुम्हें संसार में जन्म नहीं लेना है, तो मोक्ष की सारी महिमा के बाद मनुष्य को यह विकास शायद ही अच्छा लगे।

- Daily Prayer : Charging/Recharging the batteries/गर्व करना है तो प्रभु को करने दो। (मन का स्नान)

- दुर्योधन के अंतिम समय की तरह बहुत अधिक सुख और बहुत अधिक दुख जीवन में अनेक बार मिले-जुले आते हैं, और यों दुर्योधन की कई मौतों का सामना मनुष्य को एक ही जीवन में करना पड़ता है।

- मंत्र/रति-क्रिया को एक शब्द से जोड़ना/शिवलिंग का स्वरूप-भारतीय मानस की विराट् परिकल्पना के ये साक्ष्य हैं।

- अपना है क्या? शरीर माता-पिता का दिया हुआ है, कपड़े इधर बहुत दिनों से लड़के लाते हैं, थोड़ा कुछ दिमाग़ है जिसे अपना कह सकते हैं (Ref. ऑस्कर वाइल्ड : The only precious item is this brain), जो भी परिचालित होता है प्रभु-कृपा से। - ६ मई, १९९९

- प्रीतिकर प्रसंग—रामविलास शर्मा का राजामंडी पुल पर गले भेंटना निराला—रवीन्द्र तुलना को ले कर कि 'शक्ति-काव्य' का जो रूप 'शक्तिपूजा' में है वह रवीन्द्र में नहीं! इससे पिछली 'टिप्पणी' का भद्दापन कुछ धुल गया। न किसी से चिढ़ो, न किसी पर तरस खाओ - जो बन सके सहायता सब की करो, और प्रार्थना बिना कहे।

- हर उपन्यासकार के पास एक कहानी होती है, अपनी, और एक 'हीरो' होता है, वह स्वयं।

- देवी कक्का के प्रति दृष्टिकोण पहले समझ में नहीं आता था, बहुत बाद में USS-VV संबंध सामने आया : निकटता→प्रेम→लगाव-असंतोष-ईर्ष्या (भी)।

- अच्छाई-बुराई तो मिली रहती हैं—सवाल उनके अनुपात का है।

- जो मिले उसकी अवमानना नहीं, जो न मिले उसकी कांक्षा नहीं!

- सारी व्यवस्था 'इन्हीं' की रही है—मेरे प्रेम-संबंधों की भी!

- अंतिम चरण में श्रेष्ठ रचनाकार भक्ति की ओर जाता है, घटिया, 'पोर्नोग्राफ़ी' की तरफ़।

- सृष्टि क्षमा-योग्य है क्योंकि तुम्हारी ही रचना है।

- Euphemism : Disabled—Handicapped—Impaired—challenged— Differently abled : gone full circle

- RSS का गणवेश Powell के scout-dress का ही रूपांतर है।

- कर्नाटक संगीत में शब्द-महिमा कुछ अधिक तो स्वर-महिमा कुछ कम है।

- हम पुरानी ग़लतियों को ठीक करते हैं और उस क्रम में कुछ नयी ग़लतियाँ कर लेते हैं, जिन्हें अगली पीढ़ी फिर इसी तरह ठीक करती है।

- मालगाड़ी के डिब्बों पर वापसी की तारीख़ (R) अंकित देख कर कभी-कभी शक होता है कि अपने पीछे भी शायद कोई ऐसी तारीख़ अंकित न हो।
- कर्म/पुनर्जन्म सिद्धान्त की व्याख्या में एक कठिनाई यह आती है कि पहले जन्म का आधार तब क्या रहा होगा?
- दिक् अनंत है, काल भी, जीव असंख्य हैं। इन तीनों का गुणनफल होगा परम तत्त्व।
- साम्यवाद की असफलता ज्यों-ज्यों उजागर होती गई त्यों-त्यों उसके रूपांतर कठोर होते गए—CPI-CPM-CPML कम्यूनिज़्म परिवार में PUCL की भेड़ एक ओर है PWG का बाघ दूसरी ओर। बीच में CPI-CPM-CPML.
- संदर्भ सैफ्रनाइजेशन : चटख लाल से गेरुआ तो कुछ हल्का ही रंग है।
- रूस में लेनिन के शव की पूजा जैसे मृत मार्क्सवाद की ही पूजा है।
- Marxism, in secular astrological tones made several predictions. All these failed except-one. The State did wither away, but not the state as an institution but the State of USSR.
- शरीर के व्यापारों—भोजन, मलत्याग और संभोग—को मनुष्य अर्द्ध-गोपन/गोपन रखता है। विशेषत: अंतिम दो व्यापार यदि गोपन नहीं हैं तो मनुष्य और पशु की जीवन-क्रिया में कोई भेद नहीं रहेगा।
- Can different stages of economic growth be designed in a single economy ?
- बकौल निराला यदि पखाना-पेशाबघर साथ-साथ लगा है तो पाप भी वहीं भरा है मन में और फिर प्रभु भी साथ ही है।
- हमसे बड़े होने में किसी की कुछ महत्ता नहीं क्योंकि हम तो सबसे छोटे हैं।
- 'कुछ अंतिम प्रसंग' का पूर्वार्द्ध : 'खोई'/ 'कारण जलधि' का अर्थ : अटपटा अहंकार और सिलबिल्लापन : LSV/RKV/रामविलास—'अज्ञेय' : गोरखपुर संगोष्ठी में उनके काव्यपाठ को परिसंवाद के लिए उदाहरण-रूप बताना। 'खोई' का ग़लत अर्थ बताना। उत्तरार्द्ध - कोरा छोड़ देना।
- 'आलोचना' में पहले विचारों की टकराहट थी, अब विचारधारियों की है: ना० की निष्पत्ति।
- रावण की नाभि में अमृतकुंड था : जिसके सुखाने पर उसके दस सिर/बीस हाथ निष्क्रिय हो गए। साम्यवाद के संदर्भ में यह कुंड मास्को में था।

- कर्म/पुर्नजन्म सिद्धांत की व्याख्या में एक जिज्ञासा यह आती है कि पहले जन्म का आधार तब क्या रहा होगा!

- भूत-तत्त्व के लिए विज्ञानी कहते हैं कि सृष्टि में उसकी कुल मात्रा घटती-बढ़ती नहीं, रूपान्तरित होती रहती है। कुछ वैसी ही स्थिति राजनैतिक शक्ति की कही जा सकती है जिसके केन्द्र घटते-बढ़ते-बदलते रहते हैं। शक्तिशाली राष्ट्र नहीं चाहते हैं कि ये केन्द्र बढ़ें। केन्द्र जितने कम होंगे उनकी शक्ति अधिक होगी। रूस की शक्ति जितनी कम हुई अमरीका की उतनी बढ़ गई। इस तुलना में रचनात्मक क्षमता असीमित है। अनेक बड़े रचनाकार व्यक्तित्व एक समय में वर्तमान हो सकते हैं, होते हैं।

- जो तत्त्व जितना सूक्ष्म-अमूर्त्त होता है, उतना ही शक्तिशाली। पंचभूतों में अग्नि अपेक्षया सूक्ष्म है, पर उतनी ही शक्तिशाली। आग-पानी से बनी भाप व्यवहार जगत में अग्नि से सूक्ष्मतर है, और उससे अधिक शक्तिशाली, जो बड़े-बड़े इंजन को आसानी से खींच सकती है, जिस बिंदु से आधुनिक टेक्नालॉजी का आरंभ होता है। इसी प्रकार कोयला या जल से बनी बिजली और सूक्ष्म-अदृश्य अस्पृश्य है, और भाप से कहीं अधिक शक्तिशाली होती है। आणविक शक्ति अब तक सबसे अधिक शक्तिशाली है, और सबसे अधिक सूक्ष्म। इस क्रम में परम तत्त्व जो संपूर्णतः सूक्ष्म-अमूर्त्त है, यदि संपूर्ण शक्ति का स्रोत है तो यह उचित ही है।

- भारत-यात्रा पर आने के पूर्व अमरीकी राष्ट्रपति बिल क्लिंटन ने कश्मीर का वर्णन किया था—समूचे संसार में रहने की दृष्टि से सबसे अधिक ख़तरनाक क्षेत्र! तब उन्हें यह गुमान न रहा होगा कि जिस नगर न्यूयॉर्क को उन्होंने कार्यमुक्त होने के बाद रहने के लिए चुना है वह समूचे संसार में, समूचे इतिहास में सितंबर २००१ को सबसे अधिक ख़तरनाक क्षेत्र हो जाएगा। इतिहास बहुत बार बड़बोलेपन की सज़ा देता है।

- समाज में मध्यवर्ग सबसे अधिक स्वार्थी-पाखंडी होता है। कसम खाएगा ग़रीबों की पर उसकी उन्मुखता सदैव रहती है उच्च वर्ग की ओर। यहाँ साधु-संन्यासी वर्ग का योग-दान विशेष ढंग से उल्लेखनीय हो जाता है। वे स्वयं भौतिक उत्पाद संभव न करते हों, पर जीवन-यापन के विरल साधनों को पाने की होड़ा-होड़ी में शामिल भी नहीं होते।

- आधुनिक बैठक की व्यवस्था गृहस्वामी नहीं टेलीविजन सेट की स्थिति के अनुकूल की जाती है। जीवन-मूल्यों में परिवर्तन का यह प्रतीकात्मक रूप है। किताबें तो ऐसे परिवेश में फ़र्नीचर हो जाती हैं और एक निपट यंत्र घर के कर्त्ता का स्थान ग्रहण कर लेता है।

- चिड़ियों की आवाज़ एक उम्र के बाद सुनाई पड़ने लगती है।

- लौकी की तरह सुपुष्ट जंघाएँ ('दिव्या')। वह पढ़ कर छोड़ने के लिए दो विकल्प थे। उनमें से आसान विकल्प चुन लिया।

- कुछ अनदेखी करके ही दुनिया में रहा जा सकता है, जैसे हलवाई का कारख़ाना जब तक न देखो मिठाई तभी तक खाई जा सकती है।

- अद्वैतवाद का चरम रूप आत्माद्वैत है। एक मन के दो हिस्से हो जाते हैं—आत्मा और परमात्मा। एक मन से व्यक्ति आराधक होता है, दूसरे से आराध्य। इन दोनों की फिर एकात्मता चरम अद्वैत की अनुभूति है। यों, आत्मा की चरम आकांक्षा परमात्मा बन जाना है। इसे यों भी कह सकते हैं कि मनुष्य हर समय ब्रह्म है सिवा उस वक्त के जब उसमें अहंकार आ जाता है। इस दृष्टि से हर काम में कुछ अधूरापन रहता है ताकि आगे उसे पूरा करने की संभावना बनी रहे। ईश्वर की सृष्टि में भी इसीलिए कमियाँ हैं, जिन्हें सुधारने में उसकी व्यस्तता रहती है। परमात्मा का आत्मा बनना और आत्मा का परमात्मा—यह शाश्वत प्रक्रिया है।

- अहंकार भगवान का भोजन है : गाँव के गुरु परमेश्वरदास की उक्ति।

- ब्रह्माजी प्रत्येक प्राणी का निर्माण करने के बाद उसमें प्राण फूँकते समय कान में धीरे से कह देते हैं : तुझे मैंने सबसे बुद्धिमान बनाया है—पितृव्य मेघराज की उक्ति सांसारिक मतभेदों के प्रसंग में।

- निराला ने 'कुल्लीभाट' के आरंभ में लिखा—'कितने जीवन-चरित पढ़े, सबमें जीवन से चरित ज़्यादा'। प्रस्तुत कथा का विन्यास करते यत्न यही रहा कि इसमें जीवन और चरित दोनों हों और ठीक अनुपात में।

- जो कुछ दिया उससे कहीं अधिक मिला।
जो नहीं मिला उसकी चिंता क्या!
कुछ जो स्मरणीय है, स्मरण नहीं; कुछ जो स्मरण नहीं, वह स्मरणीय नहीं!
